高职高专新商科系列教材——商务数据分析系列

Python 财经应用基础

吴小平　刘　洋　陈哲夫　主　编
唐　丽　郭　俊　夏敏纳　黄　海　刘嘉顺　副主编

电子工业出版社
Publishing House of Electronics Industry
北京·BEIJING

内 容 简 介

《Python 财经应用基础》是一本采用项目化形式编写，以财经类典型范例与实例贯穿全书的会计大数据综合型理实一体化教材。教材内容分为 7 章，第 1 章初步介绍了处理会计数据的工具——Python，以及利用 Python 处理财经类数据的思想和方法；第 2、3 和 4 章为教材主体部分，主要讲解了 Python 的基础语法及对应的基于 Python 的财经类经典案例；第 5、6 和 7 章是教材项目开发的核心部分，每章都设计了企业实操项目，通过本部分基于 Python 的财务数据处理实训项目，可以满足会计专业教师对信息化教学的需求，也可以让会计专业学生掌握高效、准确地处理财务数据的思维和方法，适应大数据时代对会计专业学生的能力要求。

本书可作为高等职业院校大数据与会计等财务专业、应用型本科财经类专业的教学和实训用书，也可以作为职业院校会计技能大赛的辅导用书。

未经许可，不得以任何方式复制或抄袭本书之部分或全部内容。
版权所有，侵权必究。

图书在版编目（CIP）数据

Python 财经应用基础/吴小平，刘洋，陈哲夫主编. —北京：电子工业出版社，2023.6
ISBN 978-7-121-45333-5

Ⅰ. ①P… Ⅱ. ①吴… ②刘… ③陈… Ⅲ. ①财务管理—数据处理—应用软件—高等学校—教材 Ⅳ. ①F275-39

中国国家版本馆 CIP 数据核字（2023）第 055555 号

责任编辑：王　花
印　　刷：三河市华成印务有限公司
装　　订：三河市华成印务有限公司
出版发行：电子工业出版社
　　　　　北京市海淀区万寿路 173 信箱　邮编：100036
开　　本：787×1 092　1/16　印张：14.75　字数：336.96 千字
版　　次：2023 年 6 月第 1 版
印　　次：2023 年 8 月第 2 次印刷
定　　价：47.00 元

凡所购买电子工业出版社图书有缺损问题，请向购买书店调换。若书店售缺，请与本社发行部联系，联系及邮购电话：(010) 88254888，88258888。
质量投诉请发邮件至 zlts@phei.com.cn，盗版侵权举报请发邮件至 dbqq@phei.com.cn。
本书咨询联系方式：(010) 88254173，qiurj@phei.com.cn。

前　言

数字化的浪潮深刻改变着当今社会，催生了传统会计行业转型的趋势。针对高等职业院校会计及财务类专业学生的专业能力难以满足当今大数据时代的要求，编者为会计及财务相关专业的学生编写了这本书，旨在培养学生的大数据思维，引导学生入门 Python 财经类项目的基础知识，让其了解项目开发流程，并能够进行企业案例实操。

本书以 Python 在财务中的应用为主要教学内容，将传统的财经教学案例与 Python 数字化处理密切结合，化繁为简、由浅入深地引导学生用 Python 编程思维解决财经项目问题。本书以学生为中心，以"实用、够用、能用、会用"为原则，旨在培养学生的财务数据分析能力。

本书的特点如下。

（1）内容比较新颖。本书的财经项目案例与当下最热门的程序语言——Python 深度绑定，结合大数据时代高效、准确的数据处理方法详细讲解财务项目。

（2）语言简洁、通俗易懂。本书充分考虑每个学生的编程基础不同，从零开始介绍 Python 语言，由简入深、层层递进地讲解财经项目案例，为编程基础不同的学生快速入门基于 Python 的财务数据处理提供了便利。

（3）配套资源丰富。本书配有多媒体课件和电子教案等，后续还将开发其他涉及财经行业知识的配套资源，方便教师备课和学生学习。

本书共 7 章，主要包含初识 Python；Python 变量及基本数据类型；运算符及常用语句；Python 函数和类；Python 异常处理和文件操作；Python 模块、包和库；大数据会计 Python 综合实践。每章分为导言、学习目标、素质目标、知识探索、项目实践、拓展阅读、本章小结和思考测试 8 个部分。书中的内容与财务类专业项目案例紧密结合，旨在提升会计和财务类专业学生高效处理海量财务数据的能力，提高学生学习财务知识的兴趣。

本书由湖南汽车工程职业学院、湖南文理学院、永州职业技术学院联合编写，吴小平、刘洋、陈哲夫担任主编，唐丽、郭俊、夏敏纳、黄海、刘嘉顺担任副主编，张扬帆、卢晴阳、何俊艺、李世盈、张乐林、徐娜、张宇轩、李晓雯、欧阳智伟、唐珍参与编写，具体编写情况如下：吴小平负责第 1 章内容的编写，刘洋负责第 2 章内容的编写，陈哲夫负责第 3 章内容的编写，夏敏纳负责第 4 章内容的编写，黄海负责第 5 章的编写，唐丽负责第 6 章内容的编写，郭俊负责第 7 章内容的编写，刘嘉顺负责全书项目实践的编写，全书拓展阅读由何俊艺、张扬帆、卢晴阳、李世盈、张乐林、徐娜、张宇轩、李晓雯、欧阳智伟、唐珍共同编写。

在本书的编写过程中，得到了用友新道科技有限公司刘玲工程师等的大力帮助和支持，在此谨向他们表示深深的感谢！

由于编者水平有限，本书难免存在疏漏和不足之处，敬请使用本书的教师和读者批评指正。

编　者

2022 年 12 月

目 录

第 1 章 初识 Python··1

【导言】··1

【学习目标】··1

【素质目标】··1

【知识探索】··1

    1.1 Python 简介··4

    1.2 Python 编程语言的特点···6

    1.3 Python 环境配置··9

    1.4 Python 的应用领域··18

【项目实践】··22

    任务一 Python 代码初体验···22

    任务二 员工信息管理··33

【拓展阅读】深耕 AI 基础技术，开辟人工智能发展新空间·································38

【本章小结】··38

【思考测试】··39

第 2 章 Python 变量及基本数据类型···41

【导言】··41

【学习目标】··41

【素质目标】··41

【知识探索】··41

    2.1 变量···43

2.2 数字 ... 45
2.3 字符串 ... 47
2.4 列表 ... 52
2.5 元组 ... 58
2.6 字典 ... 62
2.7 集合 ... 67

【项目实践】 ... 71
　　任务一　Python 应用之往来客户信息 ... 71

【拓展阅读】Python 在财务方面的应用——财务数据分析 ... 78

【本章小结】 ... 79

【思考测试】 ... 80

第 3 章　运算符及常用语句 ... 82

【导言】 ... 82

【学习目标】 ... 82

【素质目标】 ... 82

【知识探索】 ... 82
　　3.1　Python 运算符 ... 83
　　3.2　input 输入语句 ... 87
　　3.3　print 输出语句 ... 89
　　3.4　条件判断语句 ... 91
　　3.5　Python 循环语句 ... 93
　　3.6　continue、break、pass 语句 ... 98

【项目实践】 ... 99
　　任务一　实战案例引入——员工薪酬计算 ... 99

【拓展阅读】Python 运算符优先级和结合性 ... 105

【本章小结】 ... 107

【思考测试】 ... 107

第 4 章　Python 函数和类 ... 109

【导言】 ... 109

【学习目标】 ... 109

【素质目标】……………………………………………………………………… 109

【知识探索】……………………………………………………………………… 109

    4.1 Python 的函数……………………………………………………………… 110

    4.2 Python 的类………………………………………………………………… 119

【项目实践】……………………………………………………………………… 130

    任务一 Python 应用之银行理财收益……………………………………… 130

    任务二 Python 应用之项目工作量计算…………………………………… 134

【拓展阅读】大数据在财务管理中的应用研究：以 Python 技术为例 ………… 137

【本章小结】……………………………………………………………………… 138

【思考测试】……………………………………………………………………… 138

第 5 章　Python 异常处理和文件操作 ………………………………………… 141

【导言】…………………………………………………………………………… 141

【学习目标】……………………………………………………………………… 141

【素质目标】……………………………………………………………………… 141

【知识探索】……………………………………………………………………… 141

    5.1 异常处理…………………………………………………………………… 142

    5.2 Python 的编码和文件、文件夹的操作…………………………………… 147

【项目实践】……………………………………………………………………… 153

    任务一 Python 异常的捕获——任务实战………………………………… 153

    任务二 文件和目录的操作…………………………………………………… 154

【拓展阅读】深度剖析 Python 异常处理机制的底层实现 ……………………… 156

【本章小结】……………………………………………………………………… 158

【思考测试】……………………………………………………………………… 158

第 6 章　Python 模块、包和库 ………………………………………………… 160

【导言】…………………………………………………………………………… 160

【学习目标】……………………………………………………………………… 160

【素质目标】……………………………………………………………………… 160

【知识探索】……………………………………………………………………… 160

    6.1 Python 的模块……………………………………………………………… 161

    6.2 Python 的包………………………………………………………………… 163

6.3　Python 的库 ·· 165

　　6.4　六大方向常用库简介 ·· 169

【项目实践】 ·· 172

　　任务一　Pandas 入门财务实战 ·· 172

　　任务二　Matplotlib 入门财务实战 ··· 185

【拓展阅读】数据可视化概述 ·· 196

【本章小结】 ·· 198

【思考测试】 ·· 198

第 7 章　大数据会计 Python 综合实践 ·· 200

【导言】 ·· 200

【学习目标】 ·· 200

【素质目标】 ·· 200

【知识探索】 ·· 200

　　7.1　Python 应用之 CSV 数据处理 ·· 202

　　7.2　Python 应用之数据可视化 ··· 208

【项目实践】 ·· 214

　　任务一　案例引入——CSV 文件数据处理 ······································· 214

　　任务二　案例引入——数据可视化 ··· 220

【拓展阅读】浅析大数据时代背景下会计面临的机遇和挑战 ··············· 224

【本章小结】 ·· 225

【思考测试】 ·· 225

参考文献 ·· 226

第 1 章　初识 Python

教案　　教学课件

> **导　　言**

在热门的大数据分析技术领域，Python 的热度可谓是如日中天。Python 语言因其简洁的语法、出色的开发效率及强大的开发功能，迅速在多个领域占据一席之地，成为最符合人类期待的编程语言之一。然而对于没有接触过 Python 的人来说，Python 是神秘而遥远的。不过不要因此而烦恼，通过本章对 Python 的初步学习，我们将一起走进神奇的 Python 世界，一起揭开 Python 的神秘面纱。

通过本章的学习，能够初步培养学生运用 Python 思维处理财务工作的能力，并培养学生养成正确的商业伦理和职业道德，引导学生德技双修，成为品学兼优的会计专业人才。

> **学习目标**

- 理解编译型语言和解释型语言的区别
- 理解 Python 语言的特性及优缺点
- 了解 Python 的应用领域
- 熟练搭建 Python 的环境配置
- 掌握 Python 的基本语法，并熟练运用于具体的财务项目中

> **素质目标**

- 培养运用 Python 思维高效处理财务工作的能力
- 树立正确的权利观和责任观
- 培养热爱国家、恪尽职守、敬业奉献、艰苦奋斗的精神力量

> **知识探索**

Python 作为一种面向对象的、解释型的高级语言，具有简单、易学、开发效率高及调试运行方便等特点，深受广大编程人员的喜爱，被誉为最好的人工智能语言之一，已经被

广泛应用于 Web 开发、网络编程、数据分析与可视化、人工智能、大数据处理、科学计算、图形图像处理和游戏设计与策划等领域。

随着人工智能和大数据时代的来临，Python 成了人们学习编程的首选语言。各高等职业院校的计算机相关专业逐渐把 Python 作为程序设计课程的首选语言，如大数据技术与应用、计算机网络技术等专业。

2021 年 10 月，程序语言流行指数的编译器 TIOBE 将 Python 加冕为最受欢迎的编程语言，这是 20 年来，Python 首次置于 Java、C 语言和 JavaScript 之上，TOP 10 编程语言的走势图如图 1-1 所示。

扫码看彩图

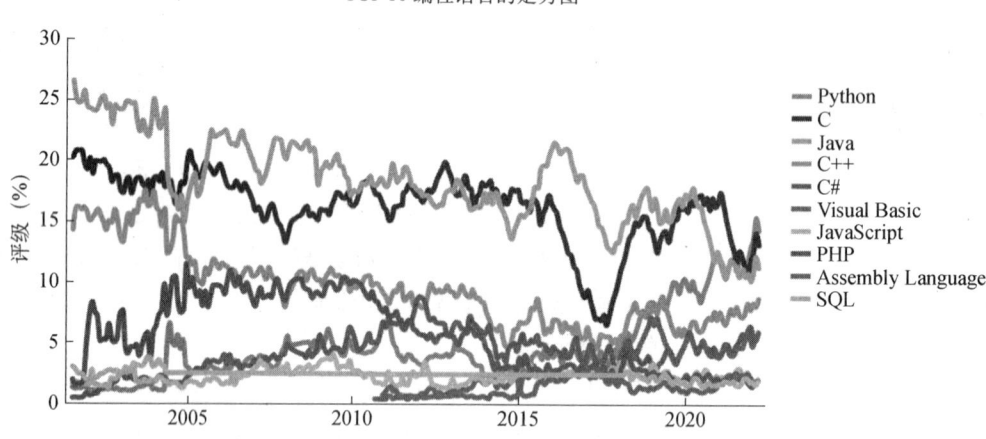

图 1-1　TOP 10 编程语言的走势图

对于未来从事财务工作的学生而言，掌握 Python 可以更好地适应行业发展变化，为国家的财务事业安全做出贡献，同时也可以让具有中国特色的商业伦理和职业道德得到世界的认同。

本章思维导图如图 1-2 所示。

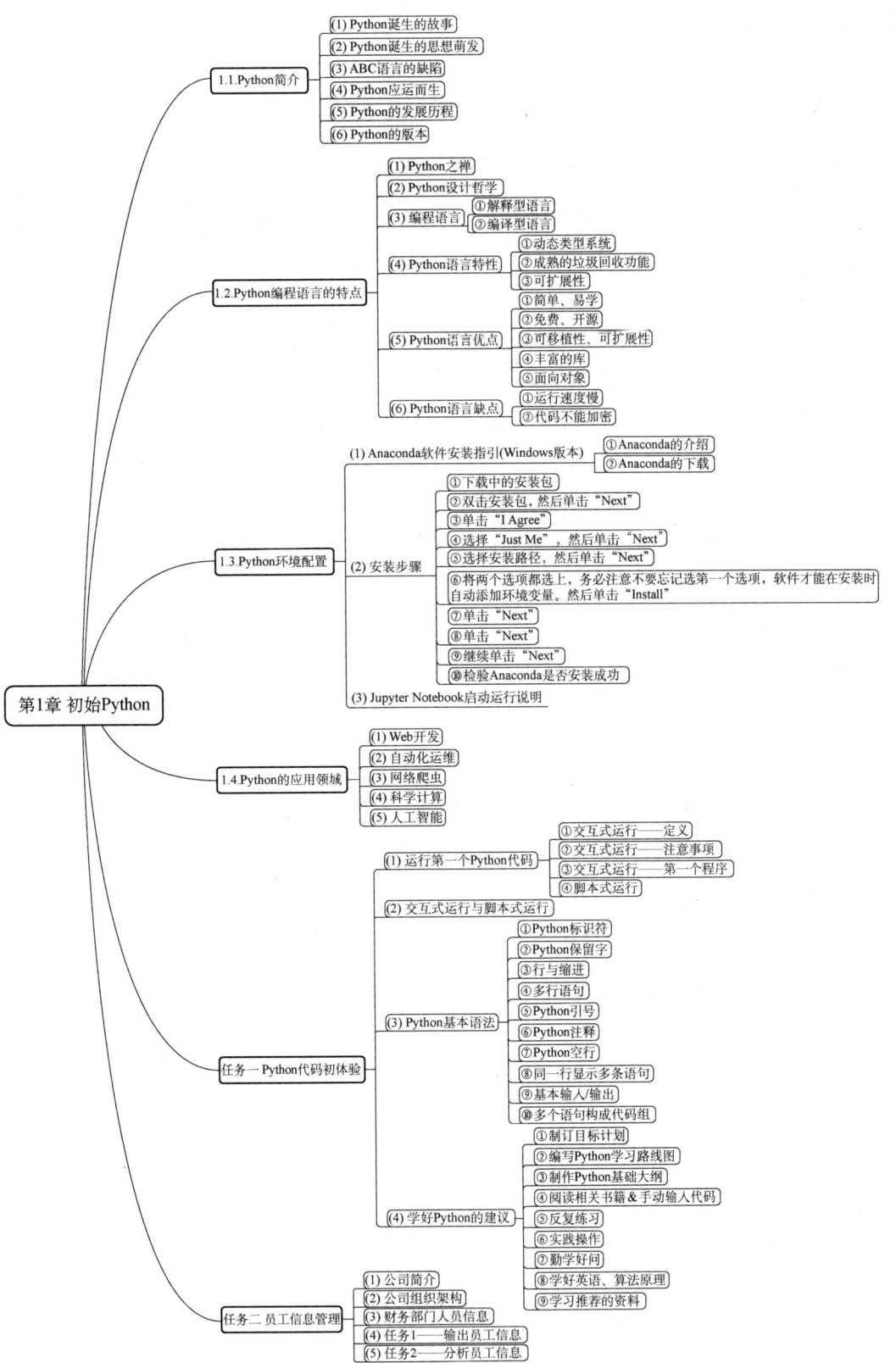

图 1-2　第 1 章思维导图

1.1　Python 简介

Python 是一种解释型、面向对象的计算机编程语言，由荷兰数学和计算机科学研究学会的吉多·范罗苏姆（Guido Van Rossum）于 1989 年发明，随后在 1991 年正式公布。在使用 Python 之前，有必要先了解 Python 的发展历程。

1. Python 诞生的故事

1989 年的圣诞节，荷兰程序员吉多·范罗苏姆为了打发无聊的圣诞节假期，于是开始写 Python 语言的编译/解释器。然而吉多·范罗苏姆选择创造 Python 是有原因的。20 世纪 80 年代已经掀起个人 PC 浪潮，然而其配置与今天相比还处于相当低的水平。于是所有编译的核心都是做优化，以便程序在极小的内存条件下仍能运行。这使得程序员在编程时恨不得榨干计算机每一寸的能力，甚至连指针都被认为是在浪费内存，而动态类型、面向对象只会让计算机陷入瘫痪。吉多·范罗苏姆对此感到很不满，即使是像他这样熟练掌握 C 语言的人，在编写程序时也不得不耗费大量的时间。在这种情况下，他的一个选择是 ABC 语言，ABC 语言的代码通量常为 C 语言的四分之一，并且具有更强的可读性。但在吉多·范罗苏姆看来，ABC 语言的平台迁移能力弱，难以添加新功能，并不适合有经验的编程人员。同时他还有另一个选择，就是 Bourne Shell。Bourne Shell 作为 UNIX 系统的解释器已经存在了很长一段时间，它可以像胶水一样将 UNIX 系统的许多功能连接在一起。许多用 C 语言编写的上百行代码，在 Bourne Shell 下只用几行就可以完成。然而，Bourne Shell 的本质是调用命令，并不是一种真正的语言，不能全面地调动计算机性能。

2. Python 诞生的思想萌发

吉多·范罗苏姆当时脑海里萌发出开发一种满足下面特点的新型编程语言：
◆ 兼具 C 语言和 Bourne Shell 优点的语言。
◆ 能全面调用计算机的功能接口。
◆ 实现轻松编程。
◆ 参与 ABC 语言的开发。

3. ABC 语言的缺陷

ABC 语言的缺陷，如图 1-3 所示。

   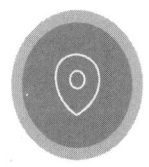

可扩展性差　　　　不能直接进行 I/O　　　过度革新　　　　传播困难

ABC 语言不是模块化语言，想在 ABC 中增加功能就必须改动很多地方。　　尽管可以通过文本流等方式导入数据，但 ABC 语言无法直接读写文件。　　ABC 语言太贴近自然语言，虽然很特别，很易于新手学习，但对于大多数已掌握其他语言的程序员会非常不适应，实际增加了学习难度。　　ABC 编译器所需的内存很大，必须被保存在磁带上。安装时必须有一个大磁带，使传播变得困难。

图 1-3　ABC 语言的缺陷

4. Python 应运而生

（1）Python 解释器诞生

1982 年，吉多·范罗苏姆获得阿姆斯特丹大学数学和计算机硕士学位。1989 年圣诞节，吉多·范罗苏姆为了在阿姆斯特丹打发时间，决心开发一个新的解释器。1991 年，第一个 Python 解释器诞生了，Python 语言的图示如图 1-4 所示。

图 1-4　Python 语言的图示

（2）Python（蟒蛇）

Python 翻译为中文是蟒蛇的意思。吉多·范罗苏姆是 BBC 电视剧《蒙提·派森的飞行马戏团》（Monty Python's Flying Circus）的爱好者，因此将其发明的计算机编程语言命名为"Python"。

（3）来源于 C 语言

Python 是用 C 语言实现的，并且能够调用 C 库（.so 文件）。Python 已经具有类、函数和异常处理，包括表和词典在内的核心数据类型，以及以模块为基础的拓展系统。

（4）可拓展性强

Python 程序员可以快速地使用 Python 写 .py 文件作为拓展模块。当性能是需要考虑的重要因素时，Python 程序员可以深入底层写 C 语言程序，然后编译为 .so 文件引入到

Python 中使用。

5. Python 的发展历程

Python 的发展历程如图 1-5 所示。

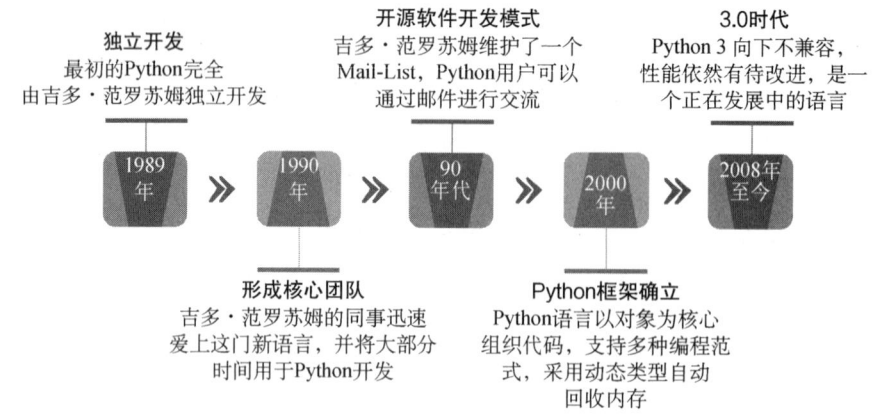

图 1-5　Python 的发展历程

6. Python 的版本

1991 年，第一个 Python 版本正式公开发行。1994 年，Python1.0 诞生。2020 年，Python 3.9 正式发行，至此 Python 已经经历了 3 个版本。

目前，市场上 Python 2 和 Python 3 两个版本并行。相比于早期的 Python 2，Python 3 经历了较大的变革。为了不带来过多的累赘，Python 3 在设计之初没有考虑向下兼容，所以许多使用 Python 2 开发的程序无法在 Python 3 上正常运行。因此，Python 官网推荐使用 Python 3。

1.2　Python 编程语言的特点

1. Python 之禅

在 Python 开发环境中输入"import this"会显示以下句子：

Beautiful is better than ugly.优美胜于丑陋。
Explicit is better than implicit.明晰胜于晦涩。
Simple is better than complex.简单胜过复杂。
Complex is better than complicated.复杂胜于繁芜。
Readability counts.可读性很重要。

> Although that way may not be obvious at first unless you're Dutch.
> 最佳的途径只有一条，然而它并非显而易见——谁叫你不是荷兰人。（特指吉多）
> ……

上面只列举了 Python 自带的开发环境（IDLE）里的 Python 之禅的部分句子，感兴趣的同学可以在 IDLE 中输入"import this"查看完整的句子。

2. Python 设计哲学

（1）Python 格言：优雅、明确、简单。
（2）Python 的哲理：人生苦短——我用 Python，如图 1-6 所示。

图 1-6　Python 的哲理

3. 编程语言

（1）解释型语言
特指程序不需要编译，程序在运行时才被翻译成机器语言，每执行一次都要翻译一次，因此效率比较低。比如 Basic 语言有一个专门的解释器用来直接执行 Basic 程序，每个语句都是执行时才翻译的。

（2）编译型语言
特指程序在执行之前需要一个专门的编译过程把程序编译成机器语言的文件，运行时不需要重新翻译，可直接使用编译的结果。程序执行效率高，但是依赖编译器，跨平台性较差。

4. Python 语言特性

（1）动态类型系统
Python 在运行时才进行类型检查，并且可以随时改变变量的类型。
（2）成熟的垃圾回收功能
能够自动管理内存使用，并且支持多种编程范式，包括面向对象、命令式、函数式和过程式编程，其本身就拥有一个巨大的标准库。

（3）可扩展性

提供了丰富的 API（Application Programming Interface，应用程序编程接口）和工具，以便程序员能够轻松地使用 C 语言、C++和 Python 来编写扩展模块。

5. Python 语言优点

（1）简单、易学

Python 语法简单，非常接近自然语言，它仅需少量关键字便可识别循环、条件、分支和函数等程序结构。与其他编程语言相比，Python 可以使用更少的代码实现相同的功能。

（2）免费、开源

Python 是一款开源软件，这意味着开发人员可以免费获取 Python 源代码，并能自由复制、阅读和改动源代码；Python 在被使用的同时也被许多优秀人才改进，进而不断得到完善。

（3）可移植性、可扩展性

Python 作为一种解释型语言，可以在任何安装有 Python 解释器的环境中运行，因此，Python 程序具有良好的可移植性，在某个平台编写的程序无须或仅须少量修改便可在其他平台运行。

（4）丰富的库

Python 不仅内置了庞大的标准库，而且定义了丰富的第三方库，可以帮助开发人员快速、高效地处理各种工作。例如，Python 提供了与系统操作的 os 库、正则表达式 re 模块及图像用户界面 Tkinter 库等标准库。只要安装了 Python，开发人员就可以自由地使用这些库提供的功能。除此之外，Python 支持许多高质量的第三方库，例如，图像处理库 Pillow、游戏开发库 Pygame 及科学计算库 NumPy 等，这些第三方库可通过 pip 工具安装后使用。

（5）面向对象

面向对象程序设计的本质是建立模型以体现抽象思维过程和面向对象的方法，基于面向对象编程思想设计的程序质量高、效率高、易维护、易扩展。Python 正是一种支持面向对象的编程语言，因此使用 Python 可开发出高效、高质、易于维护和可扩展的优秀程序。

6. Python 语言缺点

（1）运行速度慢

代码在执行时会一行一行地被翻译成 CPU 能理解的机器码，翻译过程非常耗时。

（2）代码不能加密

Python 程序就是源代码，而 C 语言不用发布源代码，只需把编译后的机器码发布出去。

1.3　Python 环境配置

1. Anaconda 软件安装指引（Windows 版本）

（1）Anaconda 的介绍

Anaconda 指的是一个开源的 Python 发行版本，它包含 Conda、Python 等 180 多个科学包及其依赖项。Conda 是一个开源的包和环境管理器，可以用在同一个机器上安装不同版本的软件包及其依赖，并能够在不同的环境之间切换。

（2）Anaconda 的下载

可以从官网下载与计算机操作系统、计算机系统位数相对应的软件。

Anaconda 对应系统和对应位数可以单击方框里的"archive"进入链接查看，Anaconda 的下载界面如图 1-7 所示。

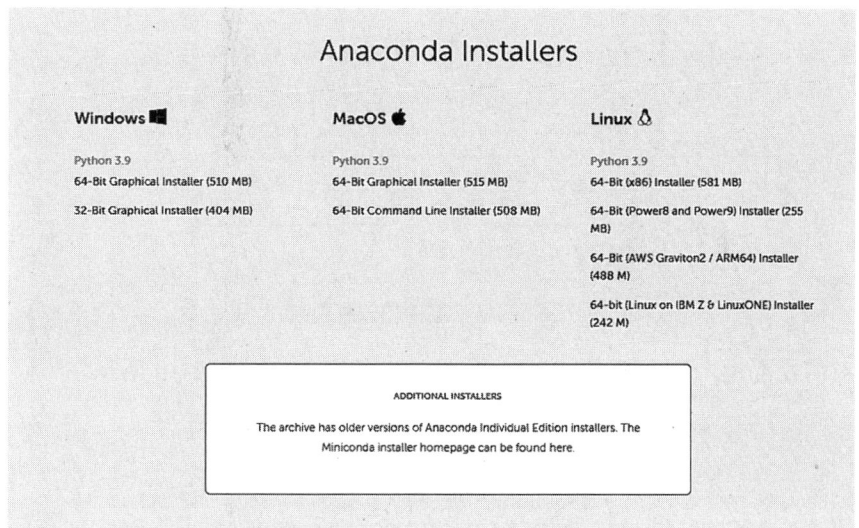

图 1-7　Anaconda 的下载界面

若计算机安装的是 Windows 64 位操作系统，请安装 64 位安装包；如果是 32 位的，则请安装 32 位安装包，请勿混淆；若计算机安装的是 Mac 系统，请前往官网下载对应的安装包。

通过右击"此电脑"选择"属性"，即可查看本机操作系统类型，查看 Windows 系统类型如图 1-8 所示，从框中所圈的信息可知本台计算机的系统类型是 64 位的，需要安装 64 位安装包。"此电脑"在 Windows 不同版本的操作系统中的名称可能有区别（如"我的电脑"等）。

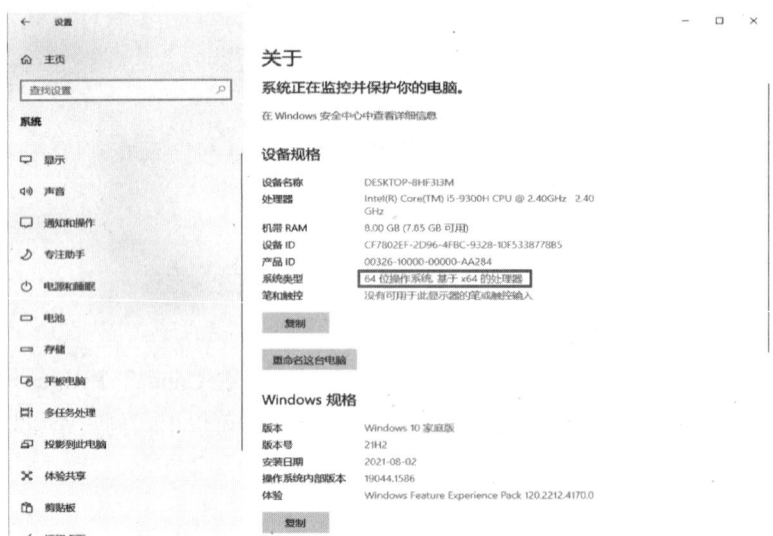

图 1-8　查看 Windows 系统类型

2. 安装步骤

（1）下载中的安装包如图 1-9 所示。

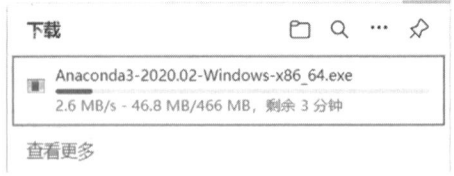

图 1-9　下载中的安装包

（2）双击安装包，然后单击"Next >"按钮安装程序，如图 1-10 所示。

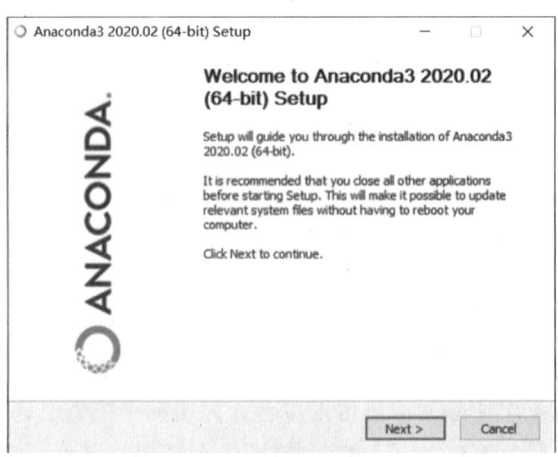

图 1-10　安装程序

（3）单击"I Agree"按钮，如图 1-11 所示。

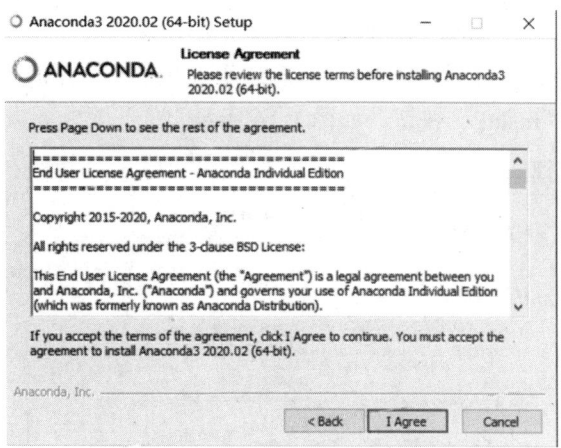

图 1-11　单击"I Agree"按钮

（4）选择"Just Me"，然后单击"Next >"按钮，如图 1-12 所示。

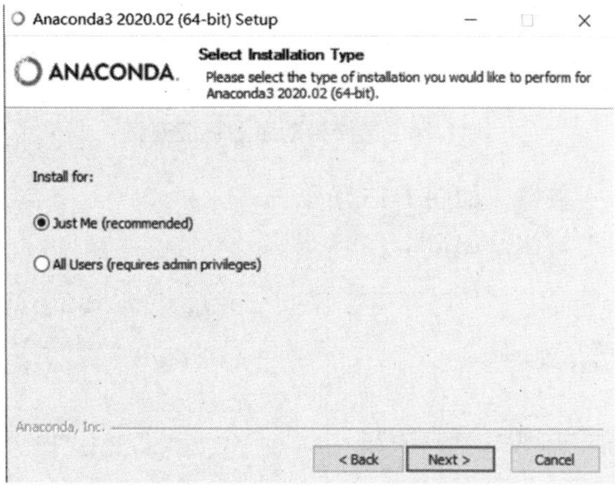

图 1-12　选择"Just Me"

（5）选择安装路径，然后单击"Next >"按钮，如图 1-13 所示。

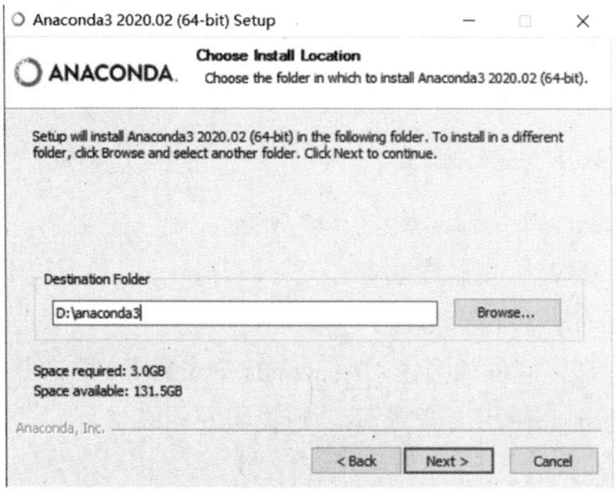

图 1-13　选择安装路径

注意：自己创建的文件路径名不能包含空格。

（6）将两个选项都选上，务必注意不要忘选第一个选项，软件才能在安装时自动添加环境变量。然后单击"Install"按钮，如图1-14所示。

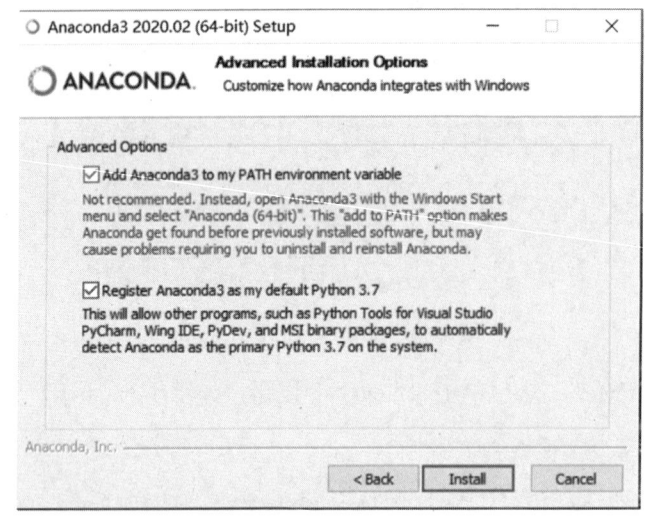

图1-14　选择自动添加环境变量

（7）单击"Next>"按钮，如图1-15所示。

（8）单击"Next>"按钮，如图1-16所示。

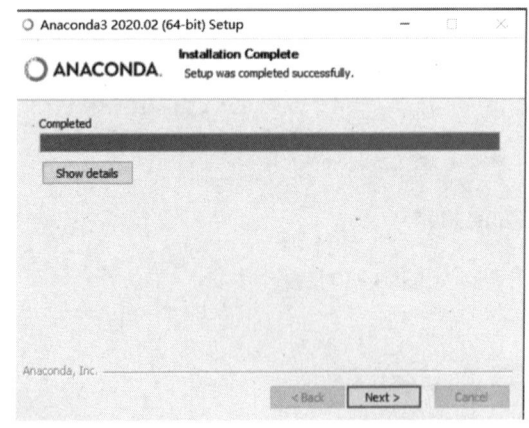

图1-15　单击"Next>"按钮界面1　　　图1-16　单击"Next>"按钮界面2

（9）继续单击"Next>"按钮，如图1-17所示。

（10）检验Anaconda是否安装成功。

下面是安装成功后的两种检查方法。

第一种检查方法：在询问框中搜索"Anaconda Prompt"，单击并启动，输入"Python"并回车，如果出现如图1-18所示字符提示，则说明安装成功。

第 1 章　初识 Python

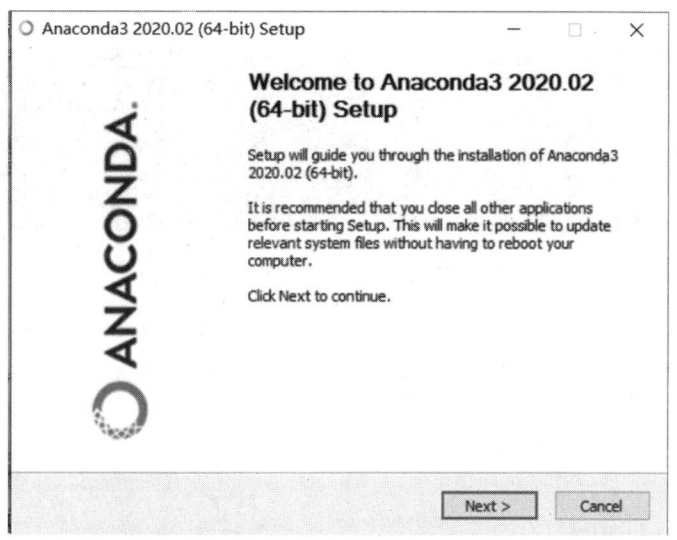

图 1-17　单击"Next >"按钮界面 3

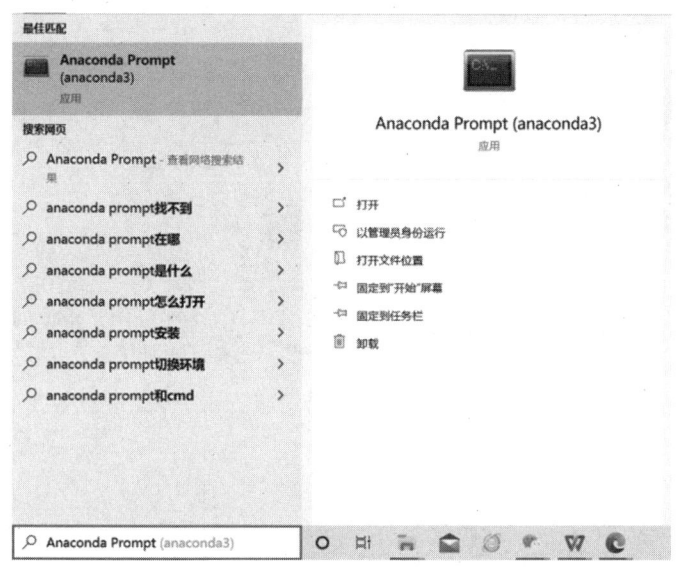

图 1-18　Anaconda 安装成功的字符提示 1

补充：询问框搜索"Anaconda Prompt"如图 1-19 所示。

图 1-19　询问框搜索"Anaconda Prompt"

第二种检查方法：搜索并打开计算机的命令提示符，在命令提示符中输入"python"并回车，如果出现如图 1-20 所示字符提示，说明安装成功。

```
管理员: 命令提示符 - python
Microsoft Windows [版本 10.0.19044.1645]
(c) Microsoft Corporation。保留所有权利。

C:\Users\Administrator>python
Python 2.7.6 (default, Nov 10 2013, 19:24:18) [MSC v.1500 32 bit (Intel)] on win32
Type "help", "copyright", "credits" or "license" for more information.
>>>
```

图 1-20　Anaconda 安装成功的字符提示 2

📋 小提示：对于如何找到命令提示符，有如下方法：①在询问框中搜索"cmd"或者"命令提示符"，单击并启动。②在"开始"菜单中寻找 Windows 系统文件夹，在里面有命令提示符。③同时按住键盘上的 Win+R 键，在桌面左下角弹出运行 run，在里面输入"cmd"并回车，即可打开命令提示符。

3. Jupyter Notebook 启动运行说明

本地安装好 Anaconda 之后，启动 Jupyter Notebook（下文简称 Jupyter），按下键盘上的 Win 键或单击屏幕左下角的"开始"图标■，打开"开始"菜单，如图 1-21 所示。

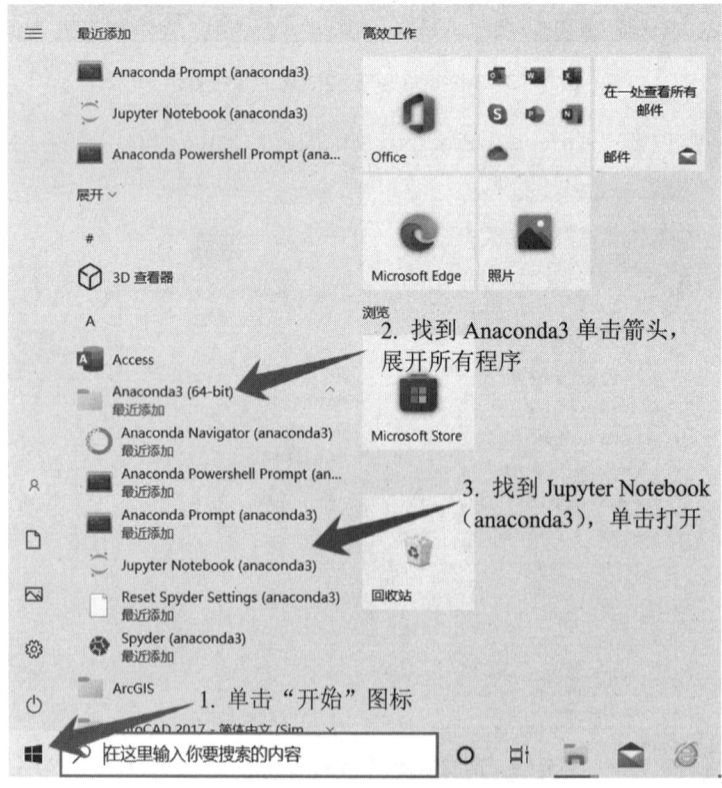

图 1-21　Jupyter Notebook 启动运行

在"开始"菜单中找到并单击 Anaconda3 右侧的箭头扩展标志，展开下面的程序，找到 Jupyter Notebook（anaconda3），单击左键快速打开 Jupyter Notebook。随后屏幕先后自动弹出一个 Jupyter Notebook（anaconda3）窗口和一个默认窗口，如图 1-22 和图 1-23 所示。

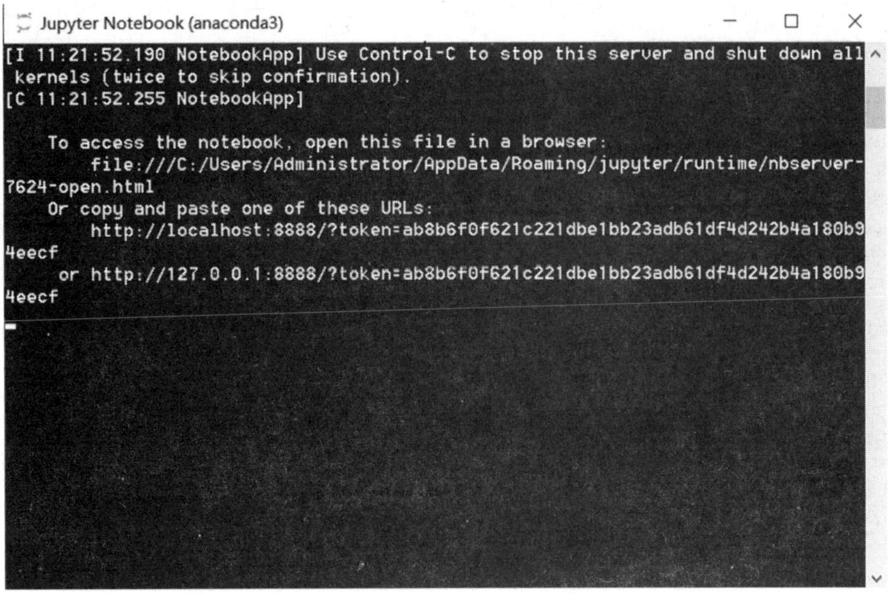

图 1-22　Jupyter Notebook（Anaconda3）窗口

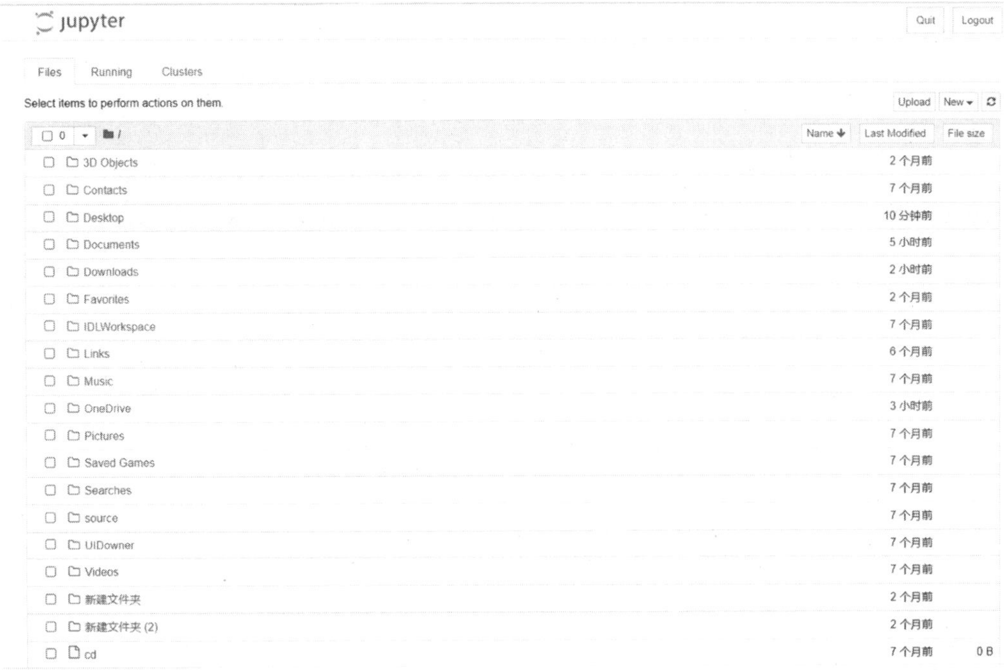

图 1-23　默认窗口

自动打开的默认窗口是编程时的实际操作界面。Jupyter 交互操作界面功能强大，这里我们仅介绍本教程中需要用到的功能，感兴趣的同学可以课后自学。

弹出这两个窗口说明已经成功打开了 Jupyter。可以看到 Jupyter 初始的页面上有很多文件夹或文件，这是 C 盘中当前用户目录下的文件，如果当前用户目录是 C:\Users\Administrator，则可以打开计算机进入用户文件夹，找到当前用户文件夹，双击进入该文件夹，对比一下文件名是否与 Jupyter 页面显示的文件名一致。该路径是默认路径，可以根据需要修改 Jupyter 默认路径。

第二步，新建或进入上次编辑的 Jupyter Notebook 文件夹。这里我们新建一个名为"First_python_notebook"的 Jupyter 文件。操作步骤如图 1-24 所示。

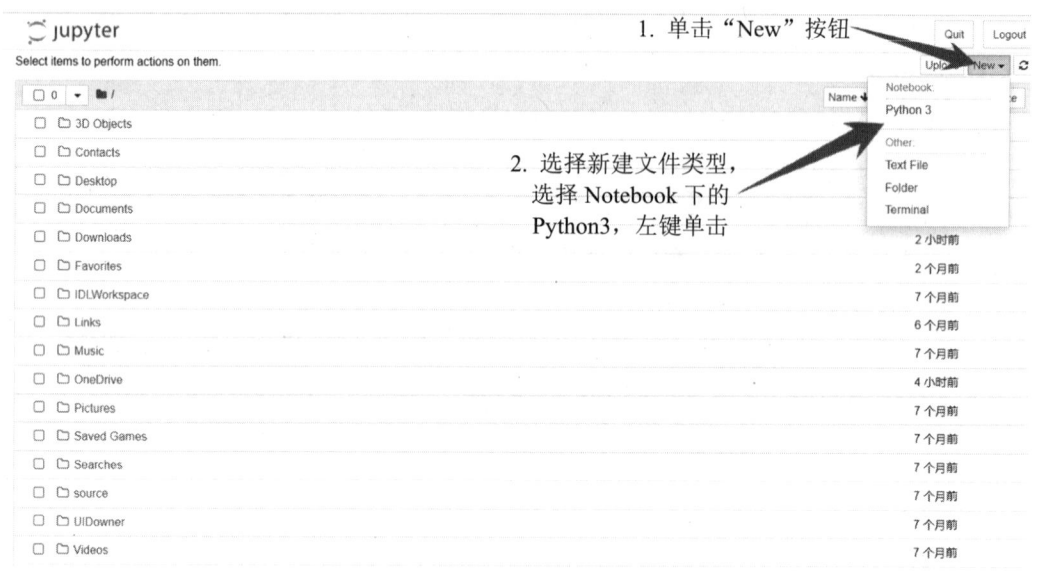

图 1-24　新建 Jupyter 文件的操作步骤

单击"Python 3"之后，Jupyter 会在该窗口下自动打开一个新标签页，如图 1-25 所示。

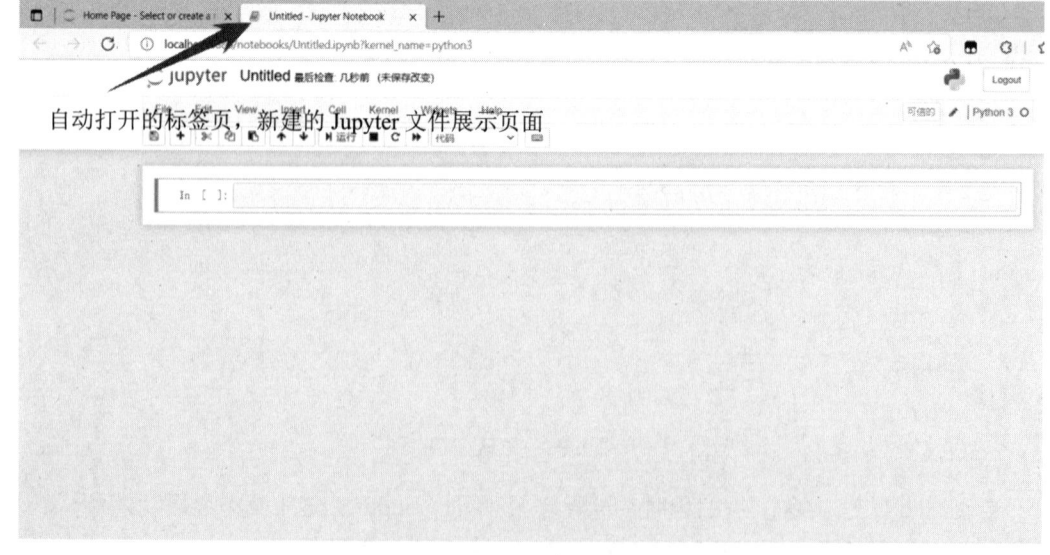

图 1-25　打开一个新标签页

下面我们重命名该 Jupyter Notebook，具体步骤如图 1-26～图 1-28 所示。

图 1-26　重命名该 Jupyter Notebook

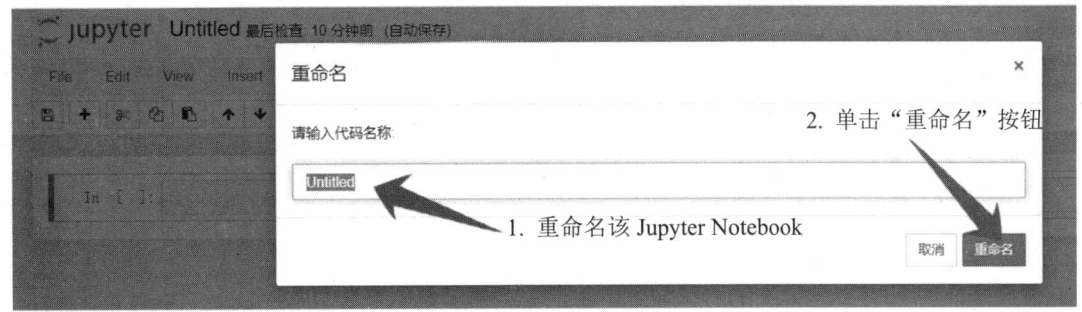

图 1-27　重命名界面

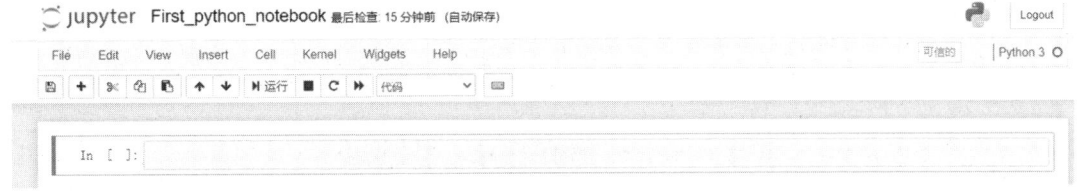

图 1-28　重命名成功界面

到这里，新建 Jupyter Notebook 并进行重命名都成功了。

关于 Jupyter 的使用，我们简单介绍一下如何执行一行代码。按上面的步骤建立了一个 Jupyter 笔记，可以看到界面包含绿色标识的输入框，如图 1-29 所示。

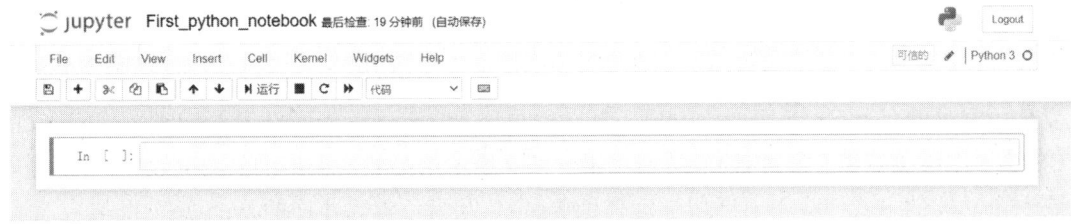

扫码
看彩图

图 1-29　建立的一个 Jupyter Notebook

输入一行 Python 代码：print("Good luck today")，输入完成之后，标识还是绿色的，说明该输入框一直处于编辑状态，如图 1-30 所示。

我们可以按回车键，对该输入框进行多行编辑。输入完成后，按下 Shift+Enter 组合键，即先按下 Shift 键，再按 Enter 键（回车键），让 Jupyter 运行该单元格的代码。也可以单击菜单栏中的"运行"按钮运行该单元格的代码。代码运行结果如图 1-31 所示。

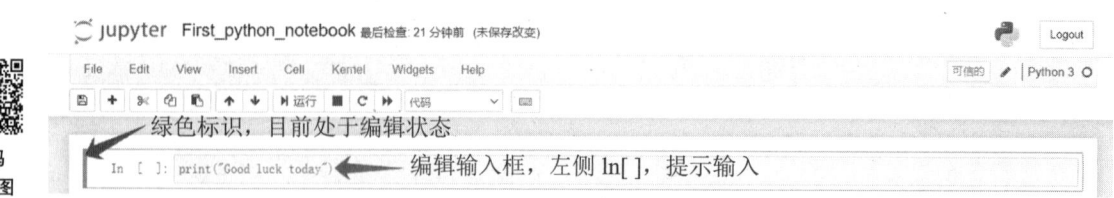

图 1-30　输入框一直处于编辑状态

图 1-31　代码运行结果

我们在看到 ln[1] 下，成功运行 Python 程序，并输出了我们想要的内容。至此，我们成功打开 Jupyter Notebook 并运行了 Python 程序。

1.4　Python 的应用领域

Python 作为一门功能强大且简单易学的编程语言，主要应用在下面几个领域。

1. Web 开发

互联网早期，开发网页的业务逻辑相对简单，Web 开发人员把网页 HTML 页面内容和业务逻辑混合在一个文件中编写。随着计算机性能的提升，Web 应用的业务逻辑越来越复杂，常见的有 HTML5 页面、网页游戏、网页版 Microsoft Office，甚至出现了像 chrome OS 这样围绕浏览器开发的操作系统，如图 1-32 所示。显然，以前的一个文件、一个网页或一个功能的方式已经不再适用于现代的 Web 开发了，各式各样的 Web 开发框架应运而生。

图 1-32　chrome OS

（1）Web 开发示例

Web 开发示例如图 1-33 所示。

图 1-33　Web 开发示例

（2）成熟的 Web 开发框架

例如，进行"微框架"设计的 BottleFak、CherryPy；拥有异步非阻塞 I/O 的 Tornado、Sanic；功能强大而齐全的 Django、Pyramid、TurboGears 和 Web2Py；基于现有 Web 开发框架再次开发的 Dash、Django REST framework 等。

（3）Web 开发常用工具

Web 开发常用工具主要有：Django、Pyramind、Tornado 和 Flask 等。具体功能在第 6 章展开介绍。

2. 自动化运维

自动化运维的发展历程见图 1-34。

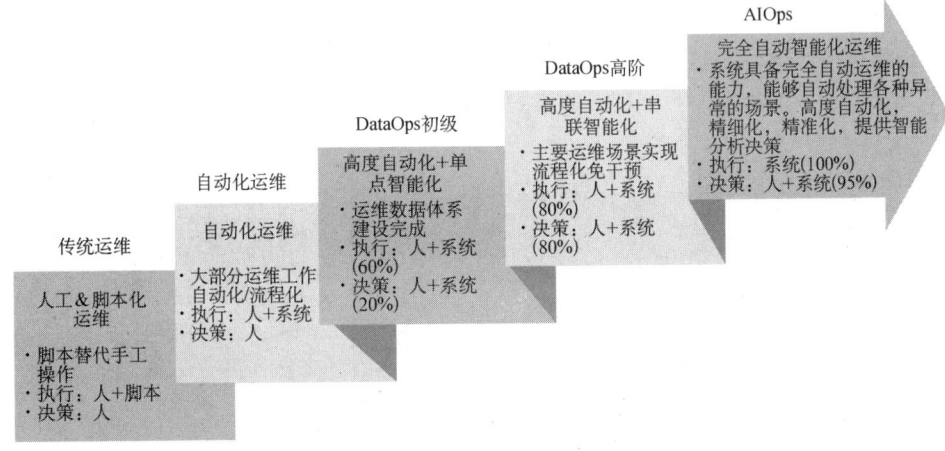

图 1-34　自动化运维的发展历程

（1）自动化运维平台

自动化运维平台见图 1-35。

图 1-35　自动化运维平台

（2）Python 自动化运维常用工具

Python 自动化运维常用工具包括 SALTSTACK、Ansible，见图 1-36 和图 1-37。

图 1-36　SALTSTACK

图 1-37　Ansible

3. 网络爬虫

网络爬虫又被称为网页蜘蛛或网络蜘蛛，是大数据行业获取数据的核心工具。网络爬虫示例如图 1-38 所示。在 FOAF（Friend of a Friend）社区中，网络爬虫被称为网页追逐者，是一种按照一定规则，自动抓取万维网信息的程序或者脚本。网络爬虫的具体功能将在第 6 章展开介绍。

图 1-38　网络爬虫示例

4. 科学计算

科学计算是指利用计算机再现、预测和发现客观世界的运动规律和演化特征的全过程。可将科学计算看作解决科学和工程中的数学问题而利用计算机进行的数值计算，如图 1-39 所示。

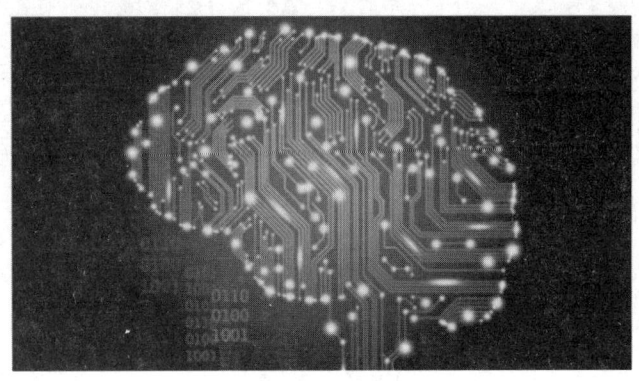

图 1-39　科学计算

（1）Python 科学计算常用工具

Python 科学计算常用工具，见图 1-40。

图 1-40　Python 科学计算常用工具

（2）Python 数据分析

数据分析是为了提取有用信息和形成结论，而对数据加以详细研究和概括性总结的过程。在大量数据的基础上，结合科学计算、机器学习等技术，对数据进行清洗、去重、规格化和有针对性的分析是大数据行业的基石。Python 数据可视化示例如图 1-41 所示。

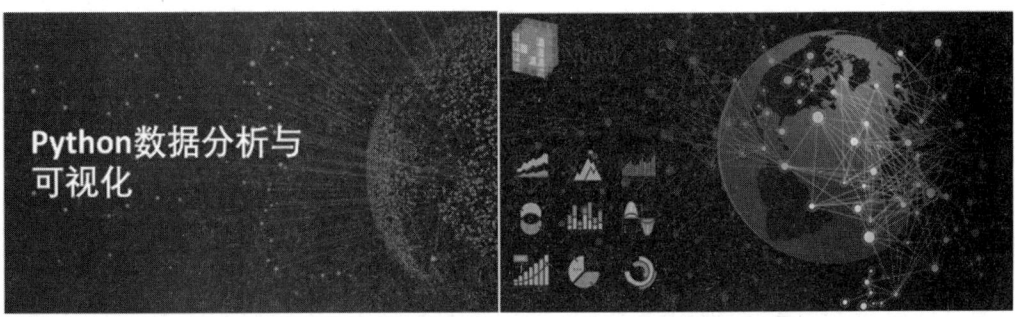

图 1-41　Python 数据可视化示例

5. 人工智能

人工智能（Artificial Intelligence），英文缩写为 AI。它是研究、开发用于模拟、延伸和扩展人的智能的理论、方法、技术及应用系统的一门新的技术科学，如图 1-42 所示。

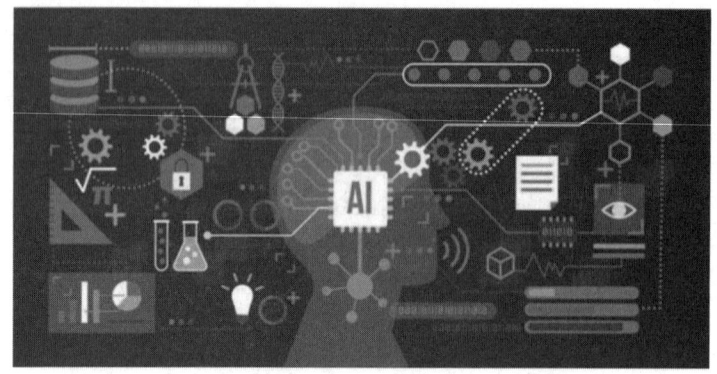

图 1-42　人工智能

Python 人工智能常用的工具包括：TensorFlow、Keras、Caffe 和 Theano 等，我们将在第 6 章做详细介绍。

项目实践

任务一　Python 代码初体验

1. 运行第一个 Python 代码

（1）交互式运行——定义

我们可以利用终端进行交互式运行，如图 1-43 所示。终端是 Mac 计算机上的一个应用程序，可以在终端里执行命令；在 Windows 计算机上，也有一个类似的应用程序，叫 cmd，大部分学习者使用的是 Windows 计算机，这里以 Windows 计算机为例展开讲解。

通过 Win+R 键打开 cmd 命令窗口。在输入框内输入"cmd"并回车，即可进入 cmd 命令窗口，这表示进入到命令行模式，提示符为"C:\Users\Y>"。

在命令行模式下输入命令"python"并回车，看到有文本输出，随即进入 Python 交互模式，此时的提示符是">>>"。

在 Python 交互模式下输入"exit()"并回车，此时退出了 Python 交互模式，并回到了命令行模式。

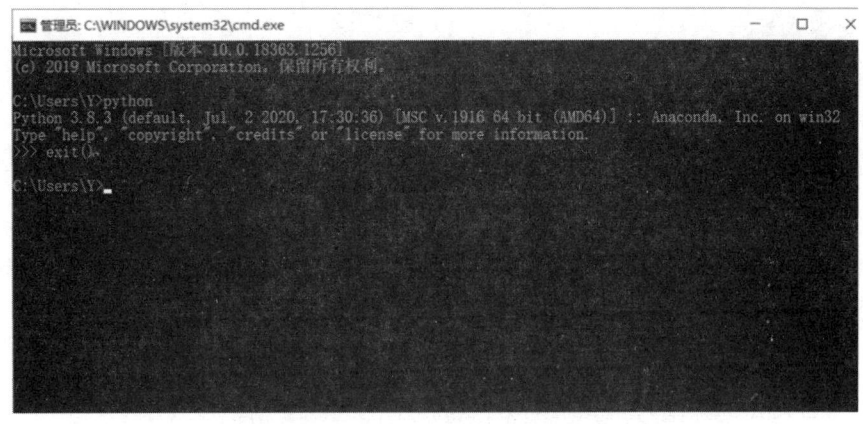

图 1-43　利用终端进行交互式运行

（2）交互式运行——注意事项

交互式运行的注意事项如图 1-44 所示。

图 1-44　交互式运行的注意事项

（3）交互式运行——第一个程序

世界上的第一个程序是 HelloWorld，中文意思：你好世界，由 Brian Kernighan 创作。

如果要让 Python 打印出指定的文字，可以用 print()函数，然后把希望打印的文字用单引号或者双引号括起来，但不能混用单引号和双引号。

现在开始运行第一个程序 HelloWorld。输入：print("hello,world!")，如图 1-45 所示。

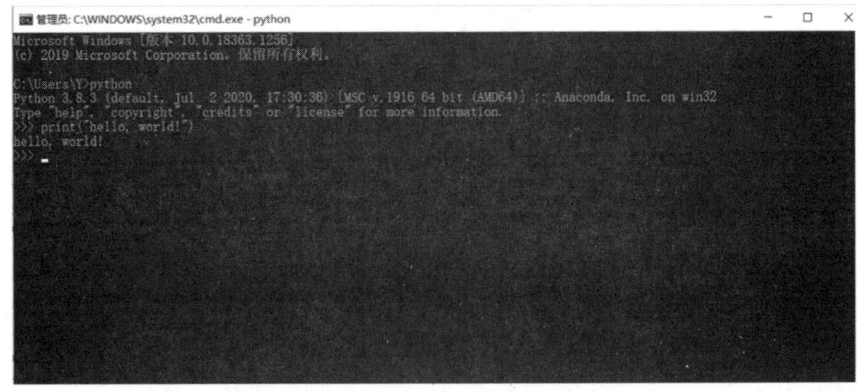

图 1-45　运行的第一个程序 HelloWorld

（4）脚本式运行

脚本式编程指的是通过脚本参数调用解释器执行脚本，直到脚本执行完毕。当脚本执行完成后，解释器不再有效。

让我们编写一个简单的 Python 脚本程序。所有 Python 文件以 .py 为扩展名，将以下源代码复制至 hello.py 文件中。

```
print("Hello,World!")
```

打开终端，进入命令行模式，输入命令"python hello.py"，如图 1-46 所示。

输出结果：Hello,World!

注意：hello.py 这个文件应该放在 C:\Users\Y 路径的 Y 文件夹下。

图 1-46　脚本式运行

2. 交互式运行与脚本式运行

交互式运行与脚本式运行的对比如图 1-47 所示。

交互式运行
- 进入到命令行模式，它的提示符类似"C:\"
- 输入命令和"python"，进入到 Python 交互模式，它的提示符是">>>"
- 输入"Print("Hello,World!")"并回车

脚本式运行
- 将源代码"print("Hello,World!")"复制至 hello.py 文件中
- 打开终端，进入命令行模式，输入命令"python hello.py"并回车

图 1-47　交互式运行与脚本式运行的对比

3. Python 基本语法

Python 基本语法如图 1-48 所示。

图 1-48　Python 基本语法

（1）Python 标识符

简单地理解，标识符就是一个名字，就好像我们每个人都有属于自己的名字一样。Python 标识符的主要作用是作为变量、函数、类、模块及其他对象的名称。

Python 标识符的命名不是随意的，要遵守一定的命令规则，具体如下。

◆ 标识符由字母（A～Z 和 a～z）、下画线和数字等字符组成，并且第一个字符不能是数字。

◆ 标识符不能和 Python 中的保留字相同。有关保留字，后续会做详细介绍。

◆ 标识符不能包含空格、@、%及$等特殊字符。

例如，在如图 1-49 所示的 Python 标识符中，左边是合法的标识符，右边是不合法的标识符。

UserID	4word	#不能以数字开头
name	try	#try 是保留字，不能作为标识符
mode12	$money	#不能包含特殊字符
user_age	ab c	#不能含空格

图 1-49　合法的、不合法的 Python 标识符

◆ 在 Python 中，标识符中的字母是严格区分大小写的。也就是说，如果两个单词的大小写格式不一致，它们代表的意义就会完全不同。比如说，如图 1-50 所示的 3 个变量是完全独立、毫无关系的个体。

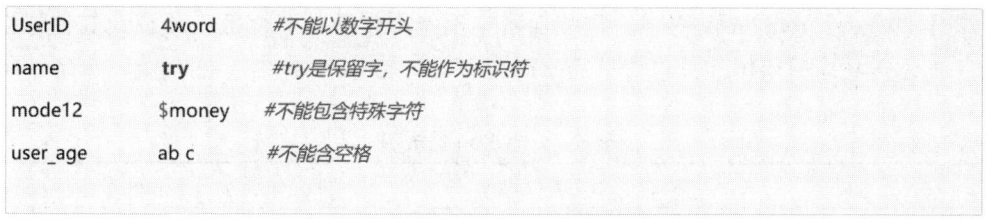

图 1-50　标识符严格区分大小写

- 在 Python 中，以下画线开头的标识符有特殊含义，例如：
  ◇ 以单下画线开头的标识符（如_width），表示不能直接访问的类属性，无法通过 from...import*的方式导入。
  ◇ 以双下画线开头的标识符（如__add），表示类的私有成员。
  ◇ 以双下画线作为开头和结尾的标识符（如__init__），表示专用标识符。
  因此，除非特定场景需要，应避免使用以下画线开头的标识符。
- 另外需要注意的是，Python 允许使用汉字作为标识符，如图 1-51 所示。
  但我们应尽量避免使用汉字作为标识符，以避免很多意想不到的错误。

C语言中文网="http://c.biancheng.net"

图 1-51　Python 允许使用汉字作为标识符

- Python 标识符命名的常用小技巧。
  ◇ 当标识符用作模块名时，应尽量短小，并且全部使用小写字母，还可以使用下画线分割多个字母，例如 game_mian、game_register 等。
  ◇ 当标识符用作包的名称时，应尽量短小，也全部使用小写字母，例如 com.mr、com.mr.book 等，不推荐使用下画线。
  ◇ 当标识符用作类名时，应采用单词首字母大写的形式。例如，定义一个图书类，可以命名为 Book；模块内部的类名，可以采用"下画线+首字母大写"的形式，如_Book。
  ◇ 函数名、类中的属性名和方法名，应全部使用小写字母，多个单词之间可以用下画线分割；常量命名应全部使用大写字母，单词之间可以用下画线分割。

（2）Python 保留字

表 1-1 展示了 Python 保留字。这些保留字不能用作常数、变数，或任何其他标识符名称。Python 的所有保留字只包含小写字母。

表 1-1　Python 保留字

and	exec	not
assert	finally	or
break	for	pass
class	from	print
continue	global	raise
def	if	return
del	import	try
elif	in	while
else	is	with
except	lambda	yield

（3）行与缩进

学习 Python 与其他语言最大的区别在于，Python 的代码块不使用花括号"{}"来控制类、函数及其他逻辑判断。

Python 最具特色的是用缩进写模块。缩进的空格数量是可变的，但是所有代码块语句必须包含相同的缩进空格数量，这点必须严格执行。以下实例为缩进 4 个空格，如图 1-52 所示。

```
if a==b:
    print("Answer")
    print("True")
else:
    print("Answer")
 print("False")      #没有严格缩进，在执行时会报错
```

图 1-52　缩进 4 个空格

但执行以上代码时，出现了如下的错误提示，如图 1-53 所示。

```
File "<tokenize>", line 6
    print("False")

IndentationError: unindent does not match any outer indentation level
```

图 1-53　错误提示

错误提示表明缩进的空格不一致，有的使用 Tab 键缩进，有的使用空格缩进，因此需改为一致。

如果提示错误是"IndentationError:unexpectedindent"，则表示"文件格式不对，可能是格式没有对齐"。可见，Python 对格式的要求非常严格。因此，在 Python 的代码块中必须在行首使用相同数目的缩进空格。建议在每个缩进层次使用单个制表符、两个空格或四个空格，切记不能混用。

（4）多行语句

Python 语句一般以新行作为语句的结束符。但是我们也可以使用反斜杠"\"将一行语句分为多行显示，如图 1-54 所示。

```
a=1
b=2
c=3
total=a+\
      b+\
      c
print(total)
```
6

图 1-54　一行语句分为多行显示

若语句中包含"[]"、"{}"或"()"，就不需要使用多行连接符，如图 1-55 所示。

```
days=['Monday','Tuesday',
    'Wednesday','Thursday',
    'Friday']
print(days)
```
['Monday', 'Tuesday', 'Wednesday', 'Thursday', 'Friday']

图 1-55　不需使用多行连接符

(5) Python 引号

Python 可以使用单引号"'"、双引号"""、三引号""""或""""""来表示字符串，引号的开始与结束必须使用相同的类型。其中，三引号可以由多行组成，用于编写多行文本的快捷语法，常用于文档字符串，在文件的特定地点被当作注释，如图 1-56 所示。

```
word='word'
sentence="这是一个句子。"
paragraph="""这是一个段落。
包含了多个语句"""
```

图 1-56　Python 引号

(6) Python 注释

在 Python 中单行注释采用"#"开头，也可以将注释放在表达式行末，如图 1-57 所示。

```
In [12]: #!/usr/bin/python
         #-*-coding:UTF-8-*-
         #文件名: test.py
         #第一个注释
         print("Hello,Python!")#第二个注释
```

图 1-57　Python 注释

在 Python 中多行注释使用 3 个单引号"'''"或 3 个双引号"""""""，如图 1-58 所示。

```
'''这是多行注释，使用单引号。
这是多行注释，使用单引号。
这是多行注释，使用单引号。'''

"""这是多行注释，使用双引号。
这是多行注释，使用双引号。
这是多行注释，使用双引号。"""
```

图 1-58　多行注释使用 3 个单引号"'''"或 3 个双引号"""""""

(7) Python 空行

函数之间或类方法之间用空行分隔，表示一段新代码的开始。类和函数入口之间也用一行空行分隔，以突出函数入口的开始。

空行与代码缩进不同，空行并不是 Python 语法的一部分，所以书写时不插入空行，Python 解释器运行也不会出错。空行的作用在于分隔两段不同功能或含义的代码，便于日后代码的维护或重构。

注意：空行也是程序代码的一部分。

(8) 同一行显示多条语句

Python 可以在同一行中使用多条语句，语句之间使用分号";"分割，如图 1-59 所示是一个简单的实例。

```
import os
print('hello');print('world')
```

图 1-59　同一行中使用多条语句

执行上述语句，结果如下：

```
hello
world
```

（9）基本输入/输出

print()函数用于向控制台中输出数据，并且可以输出任何类型的数据，该函数的语法格式如下：

```
print（*objects,sep = ' ',end = '\n',file = sys.stdout）
```

print()函数中各个参数的具体含义如下。

◇ objects：表示输出的对象。输出多个对象时，需要用逗号分隔。

◇ sep：用于间隔多个对象。

◇ end：用于设置结尾方式。默认值是换行符"\n"。

◇ file：表示数据的文件对象。

下面通过一个打印个人名片的案例演示 print()函数的使用，具体如图 1-60 所示。

```
#打印个人名片
print("姓名：李晓明")#打印字符串
age = 13 #定义整型变量age
print("年龄：",age)#注意这里的逗号要有英文逗号哦
print("地址：河北")
```

图 1-60　打印个人名片的案例

程序运行结果，见图 1-61。

```
Python 3.6.8 (tags/v3.6.8:3c6b436a57, Dec 24 2018, 00:16:47) [MSC v.1916 64 bit
(AMD64)] on win32
Type "help", "copyright", "credits" or "license()" for more information.
>>>
============== RESTART: C:/Users/Administrator/Desktop/py01.py ==============
姓名：李晓明
年龄： 13
地址：河北
>>>
```

图 1-61　程序运行结果

input()函数用于接收一个标准输入数据，该函数返回的是一个字符串类型的数据，其语法格式如下：

```
input(*args,**kwargs)
```

下面通过一个模拟用户登录的案例演示 input()函数和 print()函数的使用，具体如图 1-62 所示。

```
#模拟用户登录
user_name = input('请输入账号：')#定义变量user_name
password = input('请输入密码：')
print('登录成功！')
```

图 1-62　模拟用户登录的案例

程序运行结果，见图 1-63。

```
Python 3.6.8 (tags/v3.6.8:3c6b436a57, Dec 24 2018, 00:16:47) [MSC v.1916 64 bit (AMD64)] on win32
Type "help", "copyright", "credits" or "license()" for more information.
>>>
============== RESTART: C:/Users/Administrator/Desktop/py01.py ==============
请输入账号：username
请输入密码：12345
登录成功！
>>>
```

图 1-63　程序运行结果

（10）多个语句构成代码组

缩进相同的一组语句构成一个代码块，也称代码组。

像 if、while、def 和 class 这样的复合语句，首行以关键字开始，以冒号":"结束，该行之后的一行或多行代码构成代码组。

我们将首行及后面的代码组称为一个子句，实例如图 1-64 所示。

```
age=int(input('请输入年龄'))
sex=input('请输入性别')
if age>=19 and sex=='男':
    print('该上班了')
elif age<18 or sex=='女':
    print('上学吧还是')
elif not(sex=='男' and sex=='女'):
    print('既不是男也不是女')
else:
    pass
```

图 1-64　多个语句构成代码组

4. 学好 Python 的建议

（1）制订目标计划

学习一门编程语言，制订明确且具体的目标计划是快速掌握语言的关键。

（2）编写 Python 学习路线图

见图 1-65。

第 1 章 初识 Python

图 1-65 编写 Python 学习路线图

(3) 制作 Python 基础大纲

见图 1-66。

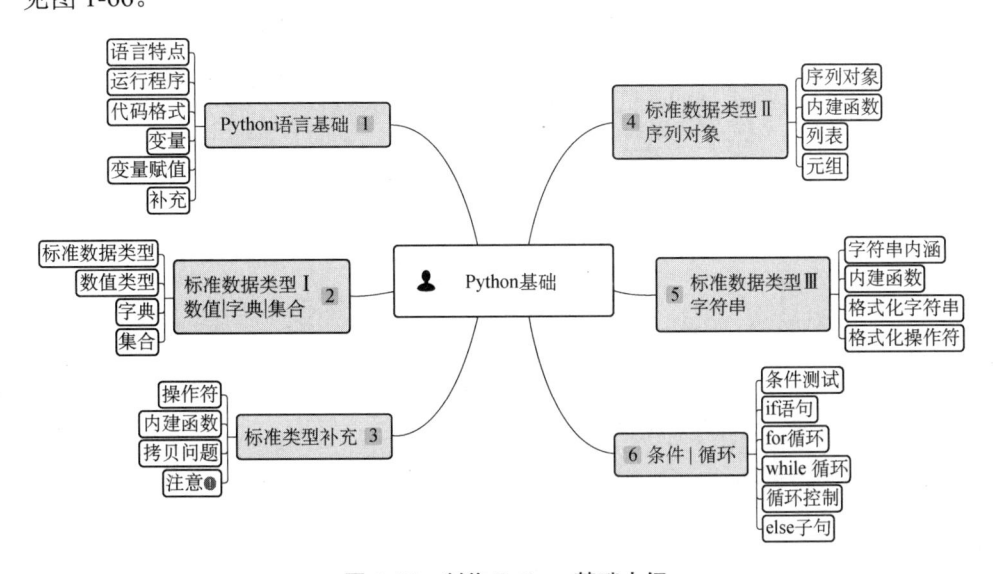

图 1-66 制作 Python 基础大纲

（4）阅读相关书籍&手动输入代码

见图 1-67。

图 1-67　阅读相关书籍&手动输入代码

（5）反复练习

在经过不断练习，对很多语法有了一定的认识之后，开始举一反三。比如在学习文件操作时，主动思考用 Python 写文件会遇到的疑问：

◇ Python 有几种写文件的方式？

◇ 这几种写文件方式的执行结果分别是什么？

◇ 如果两个 Python 程序同时向一个文件写内容会怎么样……

学习新知识的时候，要不断地提出问题，然后通过编写代码进行测试才会找到答案，这样知识覆盖面才会更广。

（6）实践操作

见图 1-68。

图 1-68　实践操作

（7）勤学好问

除了书籍，我们还可以在代码仓库（代码托管平台）、博客等地方找开源代码学习，阅读他人的代码可以快速提高编程思维与能力；使用他人的代码，可以避免闭门造车。

开源代码通常可以通过访问 GitHub、码云、博客园、CSDN、V2EX 和牛客网等网页获取。

（8）学好英语、算法原理

见图 1-69。

图 1-69　学好英语、算法原理相关参考资料

（9）学习推荐的资料

推荐书籍见图 1-70。另外也可以在 Python 官网查阅相关文档和教程来学习。

图 1-70　推荐书籍

任务二　员工信息管理

1. 公司简介

欢迎来到广东美迪电器销售有限公司（简称美迪公司），本公司创建于 2008 年 4 月，位于广东省深圳市东凤镇美和穗工业园西区 128 号，是集研发、生产、销售、服务于一体的加湿设备专业制造商。目前注册资本 1000 万元，2017 年营业收入 9000 多万元，连续三年营业收入增长 10%以上，其主营产品"美迪加湿器"为国内名牌产品。

公司地址：广东省深圳市东凤镇美和穗工业园西区 128 号。

公司法人：佘峰。

纳税人识别号：91440300708461****。

开户行：工商银行深圳东凤支行。

银行账号：95580786301****。

2. 公司组织架构

公司组织架构如图 1-71 所示。

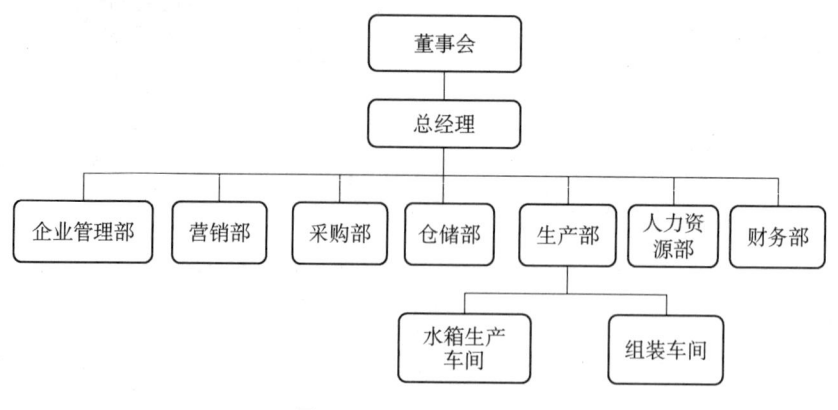

图 1-71 公司组织架构

3. 财务部门人员信息

财务部门人员信息如表 1-2 所示。

表 1-2 财务部门人员信息

部门	员工姓名	职位
财务部	钱丹	财务部经理
	赵晓阳	出纳
	王菁	税务会计
	程实	成本会计
	高敏	财务会计
	李小新	实习生

财务会计高敏听说 Python 是当下最流行的大数据技术之一，于是暗下决心好好学习 Python 来提升自身的职业技能，为自己从传统的核算财务岗位转向业务财务或战略财务岗位奠定坚实的基础。为了让自己学习 Python 更加轻松有趣，高敏打算一边学习，一边结合自己工作的场景来编写一些小程序。高敏在处理薪资业务中经常接触员工的相关信息，她打算从管理员工信息开始自己的 Python 之旅。

4. 子任务 1——输出员工信息

财务会计高敏希望在学完 Python 课程后，能够利用 Python 开发小程序帮助人力资源部改善员工信息的管理工作。鉴于目前刚刚开始学习 Python，高敏给自己制定了一个小目标：用不同的方法将员工信息表正确地打印到计算机屏幕上。为此，她向人力资源部经理要来部分员工信息，如表 1-3 所示。

表 1-3　部分员工信息

员工编码	一级部门	员工姓名	职位	性别	年龄	工龄	基本工资
1003	人力资源部	胡然	人力资源部经理	女	45	20	5000
1006	财务部	钱丹	财务部经理	女	37	15	5000
1011	营销部	周进	营销部经理	男	41	19	5000

为了实现使用不同的方法打印员工信息的学习目标，高敏将任务具体分解如下：

① 请打印出"胡然"的姓名。
② 请打印出"胡然"的基本工资。
③ 请打印出"胡然"的员工编码。
④ 请打印出以下一句话：
"胡然"是人力资源部经理。
⑤ 请按格式打印出以下三句话：

人力部经理是：胡然

财务部经理是：钱丹

营销部经理是：周进

⑥ 请打印出以下内容：钱丹是财务部经理，员工编码 1006，性别"女"。

5. 子任务 2——分析员工信息

通过上一个任务的学习，高敏掌握了多种打印员工信息的方法，她对学好 Python 充满了信心。有了前面的小试牛刀，高敏决定对员工信息进行整理分析，从中提取一些有用的信息。这次她找来了财务部的员工信息表，如表 1-4 所示。

表 1-4　财务部的员工信息表

员工编码	员工姓名	职位	性别	身份证号	手机号	邮箱
1006	钱丹	财务部经理	女	210110197605066606	13910898988	Qiandan@qq.com
1007	赵晓阳	出纳	女	220123199209086607	17610898989	5002368@qq.com
1010	高敏	财务会计	女	320116198503056610	18010898992	gaomin@qq.com

结合 Python 字符串操作的相关知识，高敏打算完成以下几个具体任务：

① 利用人机交互方式输入钱丹的姓名与身份证号。
② 判断钱丹的身份证号长度是否正确。
③ 从钱丹身份证号中提取出生日期，并打印出：

钱丹的出生日期是：1976年05月06日。
④ 从赵晓阳邮箱中把QQ号码分离出来。
⑤ 用"@"号把赵晓阳的QQ账号拼接成邮箱。
⑥ 统计高敏的手机号中有几个数字"8"。
⑦ 以下是美迪公司财务部员工的清单。

list_MD =["钱丹", "赵晓阳", "高敏"]

如果输入一个姓名，此姓名在员工清单中，则打印"XX是财务部员工"，否则打印"XX不是财务部员工"。

子任务1输出员工信息代码实例，如图1-72所示。

```
# (1)输出员工信息
#1.请打印出"胡然"的姓名
print('胡然')

#2.请打印出"胡然"的基本工资
#提示：胡然的基本工资为5000
print(5000)

#3.请打印出"胡然"的工号
#提示：胡然的工号为1003
print("1003")

#4.请打印出这一句话："胡然"是人力资源部经理。
#提示：完整打印出胡然姓名两边的双引号。
print('"胡然"是人力资源部经理。')

#5.请按格式打印出以下三句话
"""人力部经理是:胡然
财务部经理是:钱丹
营销部经理是:周进"""
#方法一
# 提示：添加 \n 换行符号，在每句话的结尾
print('人力部经理是：胡然\n财务部经理是：钱丹\n营销部经理是：周进')

#方法二
# 提示使用三引号（三个单引号或三个双引号），定义多行字符串
print('''
人力部经理是：胡然
财务部经理是：钱丹
营销部经理是：周进''')

#6.请打印出以下内容:钱丹是财务部经理，员工编码1006,性别"女"。
#第一种方法（知识技能点：直接输出，同字符串的输出方法）
print('钱丹是财务部经理，员工编码1006，性别"女"。')

#第二种方法（知识技能点：利用变量赋值来打印员工信息表的内容（变量、变量的赋值、变量命名规则））
staffName = '钱丹'  #定义员工姓名
post='财务部经理'  #定义员工岗位
staff_number = 1006  #定义员工编号
sex='女'  #定义员工性别
doc=','   #定义逗号字符
print(staffName,'是',post,doc,'员工编码',staff_number,doc,'性别',sex,'。')

#第三种方法（知识技能点：print函数"+"用法）
print(staffName + '是' + post + doc + '员工编码' + str(staff_number) + doc + '性别' + sex + '。')

#第四种方法(知识技能点：print函数f-string用法)
print(f'{staffName}是{post}，员工编码{staff_number}，性别"{sex}"。')
```

图1-72 输出员工信息代码实例

代码运行结果如图1-73所示。

```
胡然
5000
1003
"胡然"是人力资源部经理。
人力部经理是：胡然
财务部经理是：钱丹
营销部经理是：周进

人力部经理是：胡然
财务部经理是：钱丹
营销部经理是：周进
钱丹是财务部经理，员工编码1006,性别"女"。
钱丹 是 财务部经理 ， 员工编码 1006 ， 性别 女 。
钱丹是财务部经理，员工编码1006,性别女。
钱丹是财务部经理，员工编码1006,性别"女"。
```

图 1-73 代码运行结果

子任务 2 分析员工信息的代码实例，见图 1-74。

```
# (2)管理员工信息
#1.利用人机交互方式输入"钱丹"的姓名与身份证号 (知识技能点：input () 函数、sep参数)
name = input("请输入员工姓名：")   # 使用input函数获取用户输入的员工姓名
ID_NUMBER = input("请输入身份证号码：")   # 使用input函数获取用户输入的身份证号码
print("员工姓名：" + name, "身份证号码：" + ID_NUMBER, sep="\n")  # 设置sep参数，设置内容间隔符号

#2.判断钱丹的身份证号长度是否正确 (知识技能点：len () 函数，bool值)
len_id = len(ID_NUMBER)  # 获取之前输入的身份证号字符串的长度
if len_id != 18:  # 判断身份证号是否为18位
    print("您输入的身份证号码长度不正确！")
else:  # 非法身份证号执行else语句
    print("您输入的身份证号码长度正确！")

#3.从钱丹身份证号码中提取出出生日期，并打印出：钱丹的出生日期是1976年05月06日   (知识技能点：字符串切片)
birthday = ID_NUMBER[6:14]  # 使用切片法，获取身份证号的第7-14位，该内容为出生年月日信息
print(birthday)
year = birthday[:4]   # 获取出生年月日的前四位信息，即出生的年份
month = birthday[4:6]  # 获取出生年月日的第5-6位信息，即出生的月份
day = birthday[6:8]   # 获取出生年月日的第7-8位信息，即出生的日期
print("钱丹的出生日期是：",year,"年", month,"月", day,"日")

#4.从输入的赵晓阳邮箱中把QQ号码分离出来 (知识技能点：split () 函数)
MAIL = "5002368@qq.com"
LIST1 = MAIL.split("@")   # 使用split函数以 "@" 作为分隔符号，分隔MAIL字符串内容，返回列表。
print("赵晓阳的QQ账号是：", LIST1[0])  # LIST1 不能用小写，大小写是不同的两个变量

#5.用@号把赵晓阳的qq账号拼接成邮箱 (知识技能点：join () 函数)
mail = "@".join(LIST1)  # 使用join方法，将列表多个元素用 "@" 符号逐一连接起来，变成一个字符串。
print(f"该员工的邮箱地址是：{mail}")

#6.统计高敏的手机号码中有几个8 (知识技能点：count () 函数)
PHONE_NUMBER = input("请输入高敏的电话号码：")
num = PHONE_NUMBER.count("8")
print(f"高敏的手机号码中有{num}个8。")

#7让用户输入一个人的姓名，如果此姓名在员工清单中，打印：XX是财务部员工。否则打印：XX不是财务部员工。
list_MD = ["钱丹","赵晓阳","高敏"]
Name = input("请输入查询姓名：")
if Name in list_MD:  # 使用成员运算符 in 判断Name在不在 list_MD
    print(f"{Name}是财务部员工。")
else:
    print(f"{Name}不是财务部员工。")
```

图 1-74 分析员工信息的代码实例

代码运行结果如图 1-75 所示。

```
请输入员工姓名：钱丹
请输入身份证号码：210110197605066606
员工姓名：钱丹
身份证号码：210110197605066606
您输入的身份证号码长度正确！
19760506
钱丹的出生日期是： 1976 年 05 月 06 日
赵晓阳的QQ账号是： 5002368
该员工的邮箱地址是：5002368@qq.com
请输入高敏的电话号码：18010898992
高敏的手机号码中有3个8。
请输入查询姓名：钱丹
钱丹是财务部员工。
```

图 1-75 代码运行结果

> **拓展阅读**

深耕 AI 基础技术，开辟人工智能发展新空间

国务院印发的《新一代人工智能发展规划》（国发〔2017〕35 号）指出，全面贯彻党的十八大和十八届三中、四中、五中、六中全会精神，深入学习贯彻习近平总书记系列重要讲话精神和治国理政新理念新思想新战略，按照"五位一体"总体布局和"四个全面"战略布局，认真落实党中央、国务院决策部署，深入实施创新发展战略，以加快人工智能与经济、社会、国防深度融合为主线，以提升新一代人工智能科技创新能力为主攻方向，发展智能经济，建设智能社会，维护国家安全，构筑知识群、技术群、产业群互动融合和人才、制度、文化相互支撑的生态系统，前瞻应用风险挑战，推动以人类可持续发展为中心的智能化，全面提升社会生产力、综合国力和国家竞争力，为加快建设创新型国家和世界科技强国、实现"两个一百年"奋斗目标和中华民族伟大复兴中国梦提供强大支撑。

要实现党和国家在人工智能方面的战略目标，就必须在人工智能的基础领域深耕下去。

随着中美贸易战的打响，中美在高科技领域展开了激烈竞争，而人工智能已经成为高科技领域的主要战场之一。值得一提的是，中国在人工智能领域表现良好，已经成为仅次于美国的第二强国。但是我们还是应该冷静下来，仔细思考中国在世界上到底处于什么位置，与美国的差距有多大。

AI 基础技术是人工智能产业的基础，它主要包括计算硬件（AI 芯片）、计算系统技术（大数据、云计算和 5G 通信）和数据（数据采集、标注和分析）。接下来我们选择芯片和软件开发框架这两个 AI 基础技术来对比中美两国的差距。在芯片方面，美国比较知名的有英伟达的 GPU，英特尔、Xilinx 的 FPGA，谷歌推出的 TPU；中国有中科院的"寒武纪"芯片，但是无论在技术方面还是产业化方面，都跟美国存在一定差距。

在人工智能开发框架方面，比较知名的企业大多属于美国，如谷歌的 TensorFlow、Facebook 的 TorchNet、微软的 DMTK、英伟达的 CUDA。中国的百度于 2017 年 7 月推出了对话式人工智能系统 DuerOS 和自动驾驶 Apollo 开放平台，时间上比美国滞后一些，是语音和无人驾驶两个细分领域的人工智能开发框架，而不是通用型的人工智能开发框架。由此可见，我国与美国在 AI 基础领域还有着不小的差距。

随着近些年国家对人工智能发展的高度重视，各行各业在 AI 领域的投资占比也越来越大，这对从事 AI 领域的企业来说是一件值得高兴的事情。但是这也导致了国内出现越来越多的 AI 企业，企业间的竞争变得越来越激烈。因此 AI 企业要想发展得更好，就必须大力引进 AI 高科技人才，在 AI 基础技术方面进行大力投资，积极开辟人工智能发展的新空间。

> **本章小结**

本章主要介绍了一些 Python 的入门知识，包括 Python 简介、Python 编程语言的特点、Python 环境配置、Python 的应用领域和两个财经项目相关的任务。通过对本章的学

习，希望学生能够独立搭建 Python 开发环境，并对 Python 开发有一个初步的认识，为后续学习做好铺垫。

思考测试

一、选择题

1. Python 诞生于哪一年？（　　）（单选题）
   A．1990　　　　　　　　　　　B．1989
   C．1992　　　　　　　　　　　D．1988

2. 以下（　　）不是 ABC 语言没有最终流行的原因。（单选题）
   A．扩展性差　　　　　　　　　B．不能直接运行
   C．传播困难　　　　　　　　　D．运行速度慢

3. Python 程序的文件扩展名是（　　）。（单选题）
   A．.Python　　　　　　　　　　B．.p
   C．.py　　　　　　　　　　　　D．.pyth

4. 以下（　　）不是 Python 的设计哲学。（单选题）
   A．优雅　　　　　　　　　　　B．明确
   C．简单　　　　　　　　　　　D．稀疏

5. Python 是一门动态类型的（　　）语言。（单选题）
   A．解释型　　　　　　　　　　B．编译型
   C．脚本　　　　　　　　　　　D．集成

6. 以下（　　）不是 Python 语言的优点。（单选题）
   A．简单、易学　　　　　　　　B．免费、开源
   C．丰富的库　　　　　　　　　D．运行速度快

7. 以下（　　）不是 Python 的内置函数。（单选题）
   A．abs　　　　　　　　　　　　B．Scrapy
   C．min　　　　　　　　　　　　D．help

8. Python 第三方库可以通过以下（　　）进行安装。（单选题）
   A．pip install　　　　　　　　　B．pop install
   C．install　　　　　　　　　　　D．pip install 库名

9. 以下（　　）不是 Python IDE。（单选题）
   A．PyCharm　　　　　　　　　B．Spyder
   C．Rstudio　　　　　　　　　　D．Jupyter Notebook

10. Python 程序的运行方式正确的是（　　）。（单选题）

A．交互式   B．解释型
C．编译型   D．直接运行式

11．在 Python 交互模式下输入（　　）退出交互模式。（单选题）
A．exit   B．exit()
C．quit   D．quit()

12．如果要让 Python 打印出指定的文字，可以用（　　）函数。（单选题）
A．print   B．print()
C．printer   D．printer()

二、思考题

1．实例：海洋单位距离的换算。

在陆地上可以使用参照物确定两点的距离，使用厘米、米、千米等作为计量单位，而海上缺少参照物，无法采用同样的方法，于是人们将赤道上经度 1 分对应的距离记为 1 海里，并使用海里作为海上计量单位。千米与海里可以通过以下公式换算：

$$1 \text{ 海里} = 1.852 \text{ 千米}$$

本实例要求编写程序，实现将千米转为海里的换算。

2．简述 Python 语言的特点。

第 2 章　Python 变量及基本数据类型

导　言

在 Python 中，为了方便使用数据，我们使用变量来存储计算结果和表示值。变量不需要声明，变量在使用前必须先赋值，变量赋值以后才会被创建。Python 有 6 种标准的数据类型：Number（数字）、String（字符串）、List（列表）、Tuple（元组）、Dictionary（字典）和 Set（集合）。

本章主要介绍 Python 中的变量及基本数据类型。

学习目标

- 理解变量的概念、赋值、命名规则
- 理解 6 种基本数据类型的定义和操作
- 理解相关函数的应用方法

素质目标

- 具有良好的分辨和运用数据类型的能力
- 通过了解中国的超级计算机，培养民族自豪感

知识探索

本章将介绍 Python 基础知识——变量及基本数据类型，主要包括变量、数字、字符串、列表、元组、字典和集合，并结合实例分析使用技巧，希望通过本章能帮助大家理解、应用这部分内容。

本章思维导图如图 2-1 所示。

第2章 Python变量及基本数据类型

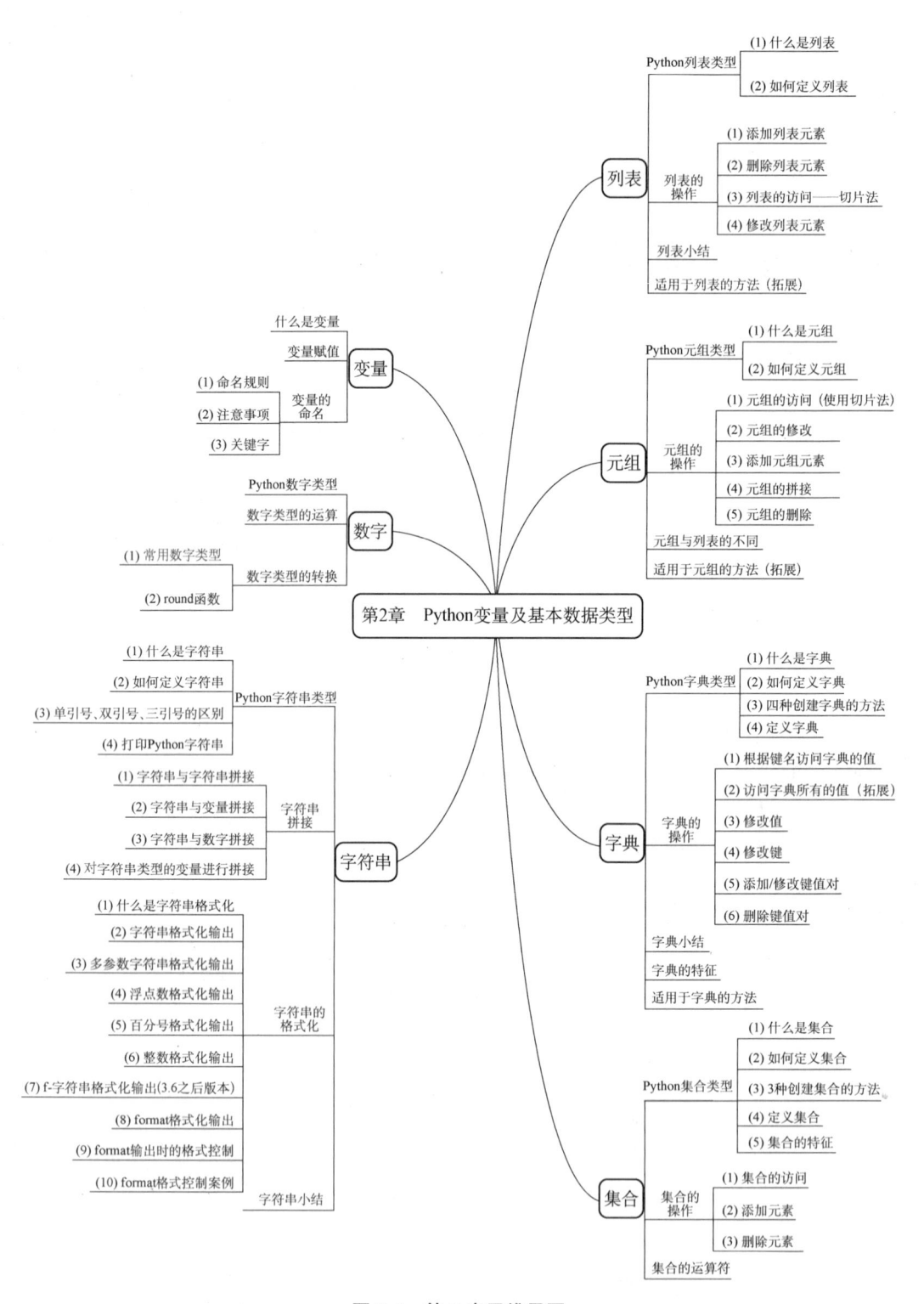

变量
- 什么是变量
- 变量赋值
- 变量的命名
  - (1) 命名规则
  - (2) 注意事项
  - (3) 关键字

数字
- Python数字类型
  - (1) 常用数字类型
  - (2) round函数
- 数字类型的运算
- 数字类型的转换

列表
- Python列表类型
  - (1) 什么是列表
  - (2) 如何定义列表
- 列表的操作
  - (1) 添加列表元素
  - (2) 删除列表元素
  - (3) 列表的访问——切片法
  - (4) 修改列表元素
- 列表小结
- 适用于列表的方法（拓展）

元组
- Python元组类型
  - (1) 什么是元组
  - (2) 如何定义元组
- 元组的操作
  - (1) 元组的访问（使用切片法）
  - (2) 元组的修改
  - (3) 添加元组元素
  - (4) 元组的拼接
  - (5) 元组的删除
- 元组与列表的不同
- 适用于元组的方法（拓展）

字符串
- Python字符串类型
  - (1) 什么是字符串
  - (2) 如何定义字符串
  - (3) 单引号、双引号、三引号的区别
  - (4) 打印Python字符串
- 字符串拼接
  - (1) 字符串与字符串拼接
  - (2) 字符串与变量拼接
  - (3) 字符串与数字拼接
  - (4) 对字符串类型的变量进行拼接
- 字符串的格式化
  - (1) 什么是字符串格式化
  - (2) 字符串格式化输出
  - (3) 多参数字符串格式化输出
  - (4) 浮点数格式化输出
  - (5) 百分号格式化输出
  - (6) 整数格式化输出
  - (7) f-字符串格式化输出(3.6之后版本)
  - (8) format格式化输出
  - (9) format输出时的格式控制
  - (10) format格式控制案例
- 字符串小结

字典
- Python字典类型
  - (1) 什么是字典
  - (2) 如何定义字典
  - (3) 四种创建字典的方法
  - (4) 定义字典
- 字典的操作
  - (1) 根据键名访问字典的值
  - (2) 访问字典所有的值（拓展）
  - (3) 修改值
  - (4) 修改键
  - (5) 添加/修改键值对
  - (6) 删除键值对
- 字典小结
- 字典的特征
- 适用于字典的方法

集合
- Python集合类型
  - (1) 什么是集合
  - (2) 如何定义集合
  - (3) 3种创建集合的方法
  - (4) 定义集合
  - (5) 集合的特征
- 集合的操作
  - (1) 集合的访问
  - (2) 添加元素
  - (3) 删除元素
- 集合的运算符

图 2-1 第 2 章思维导图

2.1 变量

1. 什么是变量

变量（Variable）是计算机语言用于存储计算结果或表示值的抽象概念。

简单地说，变量可以视为用来表示值的盒子，不同的变量代表了存储在计算机内存中的不同信息，如图 2-2 所示。

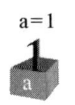

图 2-2　定义变量

2. 变量赋值

Python 的变量通过等号"="来赋值，例如：country = "China"。等号的左边 country 是变量名，等号的右边 China 是该变量所赋的值。

数字赋值：在 Python 中定义数字不需要引号，直接赋值即可。

字符串赋值：需要加上引号（通常使用双引号，引号应是英文状态下的）。变量的赋值代码如图 2-3 所示。

```
year = 2020
temperature = 36.5
url = "https://cloud.seentao.com/"
con = "人生苦短，我用Python"
```

图 2-3　变量的赋值

3. 变量的命名

（1）命名规则

命名规则如表 2-1 所示。

表 2-1　命名规则

正确	错误	错误原因
Module123	9bulid	起始字符不能为数字
UserName	Not Found|	不能包含特殊符号、空格和竖线
User_Name	return	不能为关键字
average_age	account$number	不能包含特殊符号
——	(smile)	不能用圆括号

◆ 只能由数字（0～9）、字母（a～z，A～Z）和下画线（_）组成，但不能以数字开头。

◆ 标识符不能和 Python 中的关键字相同。

◆ 标识符中不能包含空格、@、？、%、$ 等特殊字符。

（2）注意事项

◆ 变量名区分大小写字母，如图 2-4 所示的变量为 3 个不同的变量。

```
total = 10
Total = 20
TOTAL = 30
```

图 2-4　变量名区分大小写字母

◆ 同一变量名重复赋值，只有最后一个有效，如图 2-5 所示。

```
total = 10
total = 20
total = 30
```

图 2-5　同一变量名重复赋值

◆ 自定义变量名应尽量做到见名知意，可适当简写，如用 total 即可见名知意，又如 content 可简写为 con。

◆ Python 允许使用汉字作为变量名，但是应尽量避免使用汉字，以免程序运行时引发异常。

（3）关键字

◆ 变量名不能与关键字相同。Python 的关键字如图 2-6 所示。

```
In [1]: help('keywords')

Here is a list of the Python keywords.  Enter any keyword to get more help.

False               class               from                or
None                continue            global              pass
True                def                 if                  raise
and                 del                 import              return
as                  elif                in                  try
assert              else                is                  while
async               except              lambda              with
await               finally             nonlocal            yield
break               for                 not
```

图 2-6　Python 的关键字

◆ Python 的标准数据类型（6 种），如图 2-7 所示。

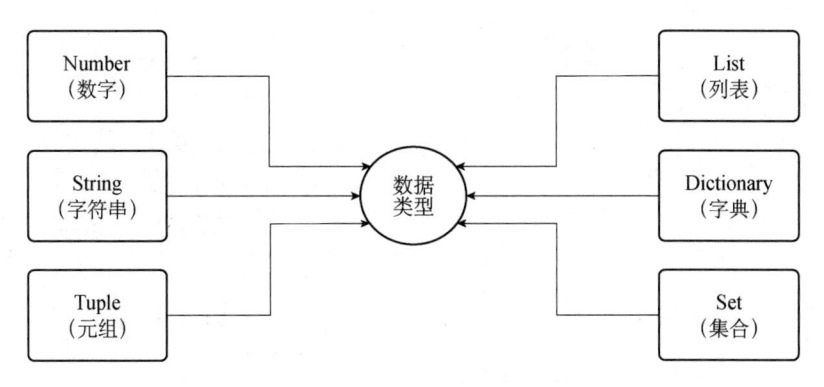

图 2-7 Python 的标准数据类型

2.2 数字

1. Python 数字类型

Python 用数字类型来描述数值型的数据，支持 3 种不同类型的数值：整型、浮点型、复数型。常用的是整型和浮点型，如表 2-2 所示。

整型（int）：通常被称为整数或整型，包括正整数、负整数和 0，不带小数点。

浮点型（float）：浮点型由整数部分和小数部分组成，带小数点。

表 2-2 整型与浮点型

int	float
12	12.30
0	0.1
-56	33.333

2. 数字类型的运算

数字类型可以用数学运算符进行计算，Jupyter 中的数字类型的计算示例如图 2-8 所示。

在整数除法中，使用运算符"/"总是返回一个浮点数。

Python 中的算术运算符，如表 2-3 所示。运算过程中会涉及运算优先级，如先乘除后加减。不确定运算顺序时，Python 也可像数学中一样使用圆括号"()"。

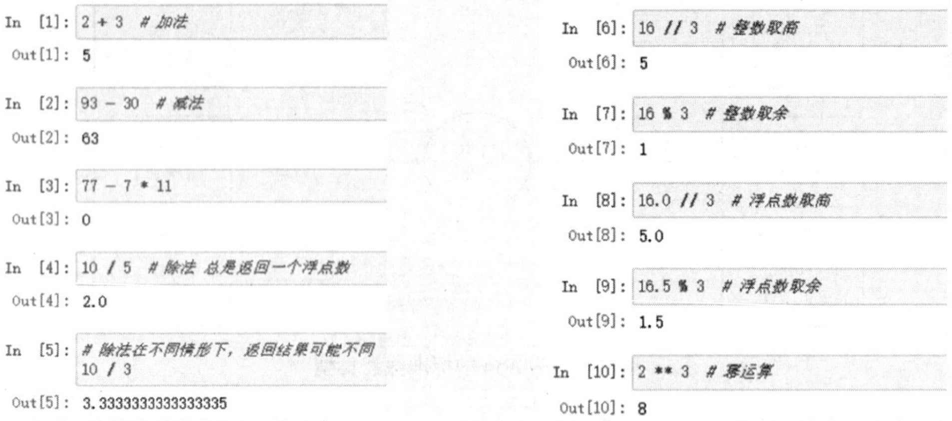

```
In [1]: 2 + 3  # 加法
Out[1]: 5

In [2]: 93 - 30  # 减法
Out[2]: 63

In [3]: 77 - 7 * 11
Out[3]: 0

In [4]: 10 / 5  # 除法 总是返回一个浮点数
Out[4]: 2.0

In [5]: # 除法在不同情形下，返回结果可能不同
        10 / 3
Out[5]: 3.3333333333333335

In [6]: 16 // 3  # 整数取商
Out[6]: 5

In [7]: 16 % 3  # 整数取余
Out[7]: 1

In [8]: 16.0 // 3  # 浮点数取商
Out[8]: 5.0

In [9]: 16.5 % 3  # 浮点数取余
Out[9]: 1.5

In [10]: 2 ** 3  # 幂运算
Out[10]: 8
```

图 2-8 Jupyter 中的数字类型的计算示例

表 2-3 算术运算符

运算名称	运算符
加法	+
减法	-
乘法	*
除法	/
除法取商（向下取整数）	//
除法取余数	%
幂运算	**

3. 数字类型的转换

（1）常用数字类型

常用数字类型包括整型（int）、浮点型（float）。这两种类型可以相互转换，示例如下：

◆ int 转 float，使用 float()函数。

```
float(1024)
```

结果为：1024.0。

```
a=33
float(a)
```

结果为：33.0。

◆ float 转 int，使用 int()函数。

```
int(36.5)
```

结果为：36。

```
c=66.6
int(c)
```

结果为：66。

注意：float() 函数和 int() 函数是 Python 的内置函数，圆括号内可写入数字类型或变量名称。

（2）round() 函数

浮点型（float）数字，如何按需保留小数位？使用 Python 中的 round() 函数。

使用方法为：round（浮点数字，保留位数）。

注意：并非严格四舍五入。

示例如下：

```
# 使用 round() 函数，将圆周率保留 3 位小数。
round(3.1415926, 3)
```

结果为：3.142。

2.3 字符串

1. Python 字符串类型

（1）什么是字符串

字符串（String）是由 Unicode 码点组成的不可变序列，是 Python 中最常用的数据类型。可以简单理解为字符串是由零个或多个字符组成的有限序列。

（2）如何定义字符串

◆ 使用引号（'或"或'''或"""）来创建字符串，引号内为字符串内容。

◆ 不含任何字符内容的字符串，如""""（一对单引号）、""""（一对双引号）称为空字符串。代码如下例所示：

```
lan = 'Python'          # 使用单引号
lan_1 = "Python"        # 使用双引号
lan_2 = """Python"""    # 使用三引号
lan_3 = ""              # 使用双引号，定义空字符串
```

（3）单引号、双引号、三引号的区别

◆ 单引号、双引号作用相同，可避免字符串内出现相同的引号，代码如下例所示：

```
sen = "Hey, you're gorgeous."
sen2 = 'She said, "Oh, thank you！"'
```

◆ 三引号可以定义多行字符串，还可定义包含单引号、双引号的字符串，代码如下例所示：

```
con = """比较分析法，是通过对比两期或连续数期财务报告中的相同指标，
        确定其增减变动的方向、数额和幅度，
        来说明企业财务状况或经营成果变动趋势的一种方法。  """
con2 = """"I'm very happy.",he says. """
```

（4）打印 Python 字符串

◆ 使用 print()函数直接打印字符串内容，代码如下例所示：

```
print("人生苦短，我用 Python！")
```

结果为：人生苦短，我用 Python！

◆ 将字符串赋值给一个变量，然后打印该变量，代码如下例所示：

```
name = "Tom"
con = "Hello, World!"
print(name, con)
```

结果为：Tom Hello, World!

注意：在 print() 函数中可使用逗号来分隔打印的内容。

2. 字符串拼接

（1）字符串与字符串拼接

代码如下例所示：

```
"Hello," + "World！"
```

结果为：Hello, World!

（2）字符串与变量拼接

代码如下例所示：

```
w1 = "Hello,"
w1 + "World!"
```

结果为：Hello, World!

（3）字符串与数字拼接

代码如下例所示：

```
"cool," + str(666)
```

结果为：cool,666。

（4）对字符串类型的变量进行拼接

代码如下例所示：

```
w1, w2 = "Hello,", "World!"
w1 + w2
```

结果为：Hello, World!

> 思考题：如果拼接内容太多，或需要多次转换数据类型，有简便方法吗？

3. 字符串的格式化

（1）什么是字符串的格式化

通俗地说，字符串的格式化是定制输出模板，模板中预留有需要转换参数的位置和格式，传入的参数根据模板实现转换，其余的内容保持原样。在预留位置上的是占位符。

（2）字符串格式化输出

代码如下例所示：

```
num = "Friday"
print("Today is %s" % num)
```

"Today is %s"　%　num
带格式的占位符　格式化占位符　传入的参数

结果为：Today is Friday。

注意：最终输出的结果只有引号内的部分，"%s"表示对字符串进行格式化输出。

（3）多参数字符串格式化输出

代码如下例所示：

```
temp, text = "21", "晴"
print("实时天气为%s 度，%s" % (temp, text))
```

print("实时天气为%s 度，%s" % (temp, text))

结果为：实时天气为 21 度，晴。

注意：temp、text 均为参数，故需要加圆括号。

（4）浮点数格式化输出

代码如下例所示：

```
weight = 62.5
print("测试者的体重是 %f 公斤" % weight)
print("测试者的体重是 %.2f 公斤" % weight)
```

结果为：

```
测试者的体重是 62.500000 公斤
测试者的体重是 62.50 公斤
```

注意："%f"表示浮点数格式化，默认保留 6 位小数。"%.2"表示保留小数点后两位，并非严格的四舍五入。

（5）百分号格式化输出

代码如下例所示：

```
current_rate = 0.30
print("建行的活期利率为 %.2f%%" % current_rate)
```

结果为：建行的活期利率为 0.30%。

注意：输入"%%"就可以输出"%"。

```
rate = 0.1231
print("某金融产品的年化收益率为 %.2f%%" % (rate * 100))
```

结果为：某金融产品的年化收益率为 12.31%。

注意：可先计算参数值，再传入。

（6）整数格式化输出

代码如下例所示：

```
num = 180
print("目前，世界上流通的法定货币共有%d 种" % num)
```

结果为：目前，世界上流通的法定货币共有 180 种。

注意："%d "表示整数的格式化输出。

（7）f-字符串格式化输出（3.6 之后版本）

代码如下例所示：

```
country, population = "中国", 14
print(f"{country}的总人口为{population}亿人（2019 年）")
```

结果为：中国的总人口为 14 亿人（2019 年）。

注意："f"{表达式}""表达式可以解释任意的数据类型，如计算公式、调用函数等。使用 f 方式输出的结果不改变原始数据的位数和表示形式，按原样输出。

（8）format 格式化输出

代码如下例所示：

```
country, population = "中国", 14
print("{}的总人口为{}亿人（2019 年）".format(country, population))
```

结果为：中国的总人口为 14 亿人（2019 年）。

print("{}的总人口为{}亿人（2019 年）".format(country, population))

模板　　　　　　　　　　　　　　参数

format 传递参数和%类似，可以按位置传递参数。format () 的圆括号内为需要传递的参数，用逗号分隔。"{}"为参数位置，"{}"个数和参数的数量相同，代码如下例所示。

```
country, population = "中国", 14
print("{1}的总人口为{0}亿人（2019 年）".format(population, country))
```

结果为：中国的总人口为 14 亿人（2019 年）。

print("{1}的总人口为{0}亿人（2019 年）".format(population,country))

注意：传入参数的顺序默认为 1 和 0，按参数序号传入（从 0 开始），不受"{}"限制。

（9）format 格式化输出的格式控制

format 方法中的"{}"可以为空，可以写参数序号，还可以控制格式。format 方法如

表 2-4 所示，格式为：{<参数序号>: <格式控制>}。

表 2-4 format 方法

:	<填充>	<对齐>	<宽度>	<,>	<精度>	<类型>
引导符号	用于填充的单个字符（默认空格）	< 左对齐 > 右对齐 ^ 居中对齐 （默认左对齐）	最小宽度	数字类型千分符，适用于整数、浮点数	浮点数小数部分的精度或字符串的最大输出长度	整数类型 b，c，d，o，x，X 浮点数类型 e，E，f，%

如果需要格式化控制，就必须写":"，其他参数可选择填写。下面为几种类型：

b：二进制　　　　　　　　　　　　e：科学计数法，小写 e

c：字符，整数转换为对应的 Unicode　　E：科学计数法，大写 E

d：十进制　　　　　　　　　　　　f 或 F：浮点数，使用小数点

o：八进制　　　　　　　　　　　　%：百分比

x：十六进制，前缀 0x

X：十六进制，前缀 0

（10）format 格式控制案例

◆ Python 的填充、对齐和宽度，如表 2-5 所示。

表 2-5 Python 的填充、对齐和宽度

Python 代码	运行结果	说明
'{:6}'.format('分割线')	"分割线 "	":" 开始，6 表示字符串宽度，默认左对齐，不足补空格
'{:2}'.format('分割线')	"分割线"	默认长度不满足，传入参数长度，以实际宽度为准
'{:^11}'.format('分割线')	" 分割线 "	"^" 表示居中对齐，宽度为 11，不足用空格填充
'{:-^11}'.format('分割线')	"----分割线----"	"-" 为填充符，"^" 居中对齐，宽度为 11，不足用 "-" 补全
'{0:{1}{2}{3}}'.format('分割线','-','^','11')	"----分割线----"	同上，参数均可传入，参数序号与位置一一对应

◆ Python 的精度和类型，如表 2-6 所示。

表 2-6 Python 的精度和类型

Python 代码	运行结果	说明
'{:,}'.format(1234567890)	"1 234 567 890"	":" 开始，"," 表示显示千分符
'{:,.3f}'.format(12345)	"12 345.000"	".3f" 浮点数类型，保留 3 位小数
'{:x}'.format(93)	"5d"	"x" 表示输出整数小写十六进制
'{:e}'.format(93)	"9.300000e+01"	"e" 表示输出浮点数对应的小写字母 e 的指数形式
'{:.2%}'.format(0.93)	"93.00%"	"%" 输出浮点数的百分比形式

4. 字符串小结

字符串总结图如图 2-9 所示。

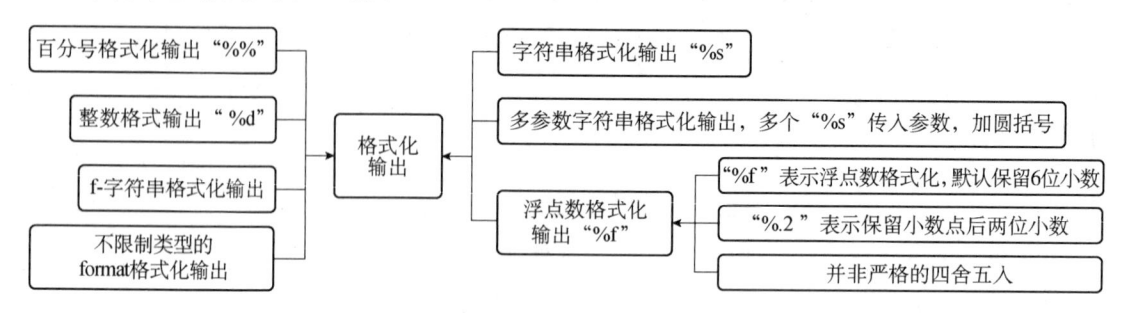

```
百分号格式化输出"%%"     ┐                    ┌ 字符串格式化输出"%s"
整数格式化输出"%d"        ├─ 格式化 ─┤
f-字符串格式化输出         │   输出   │        ├ 多参数字符串格式化输出，多个"%s"传入参数，加圆括号
不限制类型的              ┘                    │
format格式化输出                              └ 浮点数格式化   ┌ "%f"表示浮点数格式化，默认保留6位小数
                                                输出"%f"    ├ "%.2"表示保留小数点后两位小数
                                                             └ 并非严格的四舍五入
```

图 2-9　字符串总结图

2.4　列表

1. Python 列表类型

（1）什么是列表

列表（List）通常用于存储同类项目，是一个有序的集合（有序是说列表内存储的数据是有先后顺序的），是 Python 中用于存储数据集合的 4 种内置数据类型之一，其余 3 个分别是元组、集合和字典。

（2）如何定义列表

◆ 使用方括号"[ ]"创建列表，用逗号分隔不同的元素，代码如下例所示。

name = ['资产负债表', '利润表', '现金流量表']

◆ 存储元素的类型可不同，元素可重复，且可嵌套多层列表。

◆ "[ ]"表示没有元素的列表，即空列表。

上述定义了 1 个名为 name 的列表，列表包含 3 个字符串类型的元素。

定义列表示例如下所示：

◆ 定义一个员工姓名的列表。

name = ['马冬梅', '夏洛特', '袁华']

◆ 定义一个课程列表。

course = ['高等代数', '解析几何', '数学分析']

◆ 定义一个课时列表。

class_hour = [28, 32, 36]

2. 列表的操作

（1）添加列表元素

有 3 种添加列表元素的方法，分别为 append、extend、insert。

◆ append 方法：向列表末尾添加一个元素。

如何向 course 列表末尾添加一个"拓扑学"？如图 2-10 所示。

```
course.append('拓扑学')
```

```
course = ['高等代数','解析几何','数学分析']
course.append('拓扑学')
print(course)

['高等代数','解析几何','数学分析','拓扑学']
```

图 2-10　用 append 方法向列表末尾添加一个元素

◆ extend 方法：向列表末尾添加多个元素。

如何向 course 列表末尾添加多个元素呢？如添加"拓扑学"和"统计学"，如图 2-11 所示。

```
course.extend(['拓扑学', '统计学'])
```

```
course = ['高等代数','解析几何','数学分析']
course.extend(['拓扑学','统计学'])
print(course)

['高等代数','解析几何','数学分析','拓扑学','统计学']
```

图 2-11　用 extend 方法向列表末尾添加多个元素

注意：使用 extend 方法添加多个元素时，需要用"[]"将多个元素括起来。

◆ insert 方法：在指定索引位置添加元素。

如何向 course 列表中的指定索引位置添加元素呢？如将"拓扑学"插入到列表的第一个位置，如图 2-12 所示。

```
course.insert(0, '拓扑学')
```

注意：使用 insert 方法时，需要填入两个参数，第一个参数为需要插入的索引，第二个参数为新插入内容。

```
course = ['高等代数','解析几何','数学分析']
course.insert(0,'拓扑学')
print(course)

['拓扑学','高等代数','解析几何','数学分析']
```

图 2-12　用 insert 方法向列表指定位置添加元素

（2）删除列表元素

删除列表元素的三种方式为：按索引删除、按元素内容删除和清空列表。

◆ del 方法、pop 方法：按索引删除列表元素。

如何使用 del 方法删除 name 列表中的第一个元素呢？如图 2-13 所示。

```
del listname[index]
```

上述代码中的 listname 为需要操作的列表名，index 为需要删除的元素索引，索引从零开始。

```
name = ['马冬梅','夏洛特','袁华']
del name[0]    # 索引从零开始，第一个元素索引为0
print(name)

['夏洛特', '袁华']
```

图 2-13　使用 del 方法删除 name 列表的第一个元素

如何使用 del 方法删除 name 列表中的前两个元素呢？如图 2-14 所示。

```
del listname[startindex:endindex]
```

上述代码中的 listname 为需要操作的列表名，startindex 为开始删除的元素索引，endindex 为结束删除的元素索引的后一个索引，索引区间为左闭右开。

```
name = ['马冬梅','夏洛特','袁华']
del name[0:2]    # 索引取到了第0、1两个元素
print(name)

['袁华']
```

图 2-14　使用 del 方法删除 name 列表的前两个元素

如何使用 pop 方法删除 name 列表中的第一个元素呢？如图 2-15 所示。

```
listname.pop(index)
```

```
name = ['马冬梅','夏洛特','袁华']
name.pop(0)    # 索引从零开始，第一个元素索引为0
print(name)

['夏洛特', '袁华']
```

图 2-15　使用 pop 方法删除 name 列表的第一个元素

如何使用 pop 方法删除 name 列表中的最后一个元素呢？如图 2-16 所示。

```
listname.pop()
```

上述代码中的 listname 为需要操作的列表名，pop()默认删除列表中的最后一个元素。

```
name = ['马冬梅','夏洛特','袁华']
name.pop()    # 默认删除最后一个元素
print(name)

['马冬梅', '夏洛特']
```

图 2-16　使用 pop 方法删除 name 列表的最后一个元素

◆ remove 方法：按元素内容删除列表元素。

如何使用 remove 方法删除 name 列表中的"马冬梅"呢？如图 2-17 所示。

listname.remove(obj)

上述代码中的 listname 为需要操作的列表名，obj 为需要删除的元素。

```
name = ['马冬梅','夏洛特','袁华']
name.remove('马冬梅')
print(name)
```

['夏洛特', '袁华']

图 2-17 使用 remove 方法删除 name 列表中的"马冬梅"

◆ clear 方法：清空列表元素。

如何使用 clear 方法清空 name 列表中的所有元素？如图 2-18 所示。

listname.clear()

上述代码中的 listname 为需要操作的列表名，clear 方法的圆括号中不要写任何内容。

```
name = ['马冬梅','夏洛特','袁华']
name.clear()
print(name)
```

[]

图 2-18 使用 clear 方法清空 name 列表中的所有元素

（3）列表的访问——切片法

使用场景：获取字符串、列表、元组、集合和字典这几种数据类型的值。

原理：利用索引寻找目标元素的位置。切片法中的索引包括正索引、负索引。

以列表 a 为例：a = ["财","务","大","数","据","课","程"]，列表的访问如表 2-7 所示。

表 2-7 列表的访问

	从左往右为正向→　从右往左为负方向←						
正索引	0	1	2	3	4	5	6
负索引	−7	−6	−5	−4	−3	−2	−1
列表中的值	财	务	大	数	据	课	程
	起点						终点

◆ 切片法表达形式：obj[start_index: end_index: step]。

step：正负数均可，其绝对值大小决定了切取数据时的步长，正负号决定了切取的方向，正号表示从左往右取值，负号表示从右往左取值。当 step 省略时，默认取值为 1，即从左往右步长为 1。可见切取的方向非常重要。

start_index：表示起始索引（包含该索引对应值）。该参数省略时，表示从列表端点开始取值，至于是从起点还是从终点开始，则由 step 参数取值的正负决定，step 参数取值为正则从起点开始，为负则从终点开始。

end_index：表示终止索引（不包含该索引的对应值）。该参数省略时，表示一直取到数据端点才终止，至于是到起点还是到终点终止，同样由 step 参数取值的正负决定，step 参数取值为正时到终点终止，为负时则到起点终止。

注意：若 start_index，end_index 都省略，说明从端到端对完整的列表取元素。

一个完整的切片表达式包含两个"："，用于分隔三个参数。当只有一个"："时，默认第三个参数 step=1；当一个"："也没有时，即 start_index=end_index，表示切取 start_index 指定的那个元素。

◆ 访问单个元素。

```
listname[index]
```

注意：listname 为列表的名称，index 为索引的值。

如何根据索引取出列表 a 中的"数"和"据"？如图 2-19 所示。

```
a = ['财','务','大','数','据','课','程']
print(a[3]) # 取正索引，从 0 开始递增 取到"数"
print(a[-3]) # 取负索引，从-1 开始递减 取到"据"
```

```
a = ['财','务','大','数','据','课','程']
print(a[3])
print(a[-3])

数
据
```

图 2-19　访问单个元素

◆ 访问多个元素。

如何使用索引，以列表的形式取出列表 a 中所有偶数索引所对应的元素？访问所有偶数索引对应的元素如图 2-20 所示。

```
a = ['财','务','大','数','据','课','程']
print(a[::2]) # step 步长为 2
```

```
a = ['财','务','大','数','据','课','程']
print(a[::2])

['财', '大', '据', '程']
```

图 2-20　访问所有偶数索引对应的元素

（4）修改列表元素

Python 的列表是可变数据类型，可以通过直接赋值来更改列表中的某个值。

如何将列表 a 中的第一个元素修改为"税"？如图 2-21 所示。

a[0] = '税'

```
a = ['财','务','大','数','据','课','程']
a[0] = '税'
print(a)

['税','务','大','数','据','课','程']
```

图 2-21　列表 a 的第一个元素修改为"税"

3. 列表小结

列表小结如图 2-22 所示。

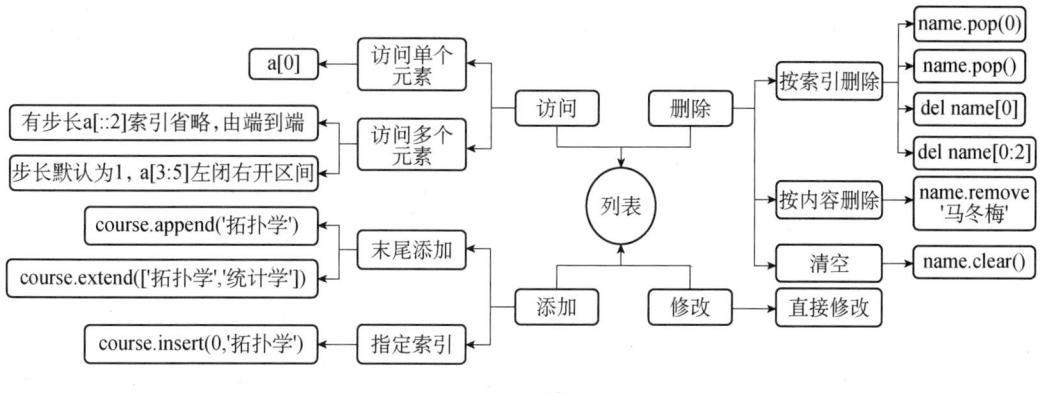

图 2-22　列表小结

4. 适用于列表的方法（拓展）

Python 预置的适用于列表的方法无须定义，可以直接使用，如表 2-8 所示。

表 2-8　适用于列表的方法

方法	描述	方法	描述
max(obj)	返回可迭代对象 obj 中最大的元素	len(obj)	返回 obj 的项目数
min(obj)	返回可迭代对象 obj 中最小的元素	obj.index(value)	返回 obj 对应的索引
append(obj)	将对象 obj 追加到列表末尾	sort(key=None, reverse=False)	对原列表进行排序
count(value)	返回 value 值在列表中的出现次数	clear()	清空列表中的所有元素
insert(index, obj)	在索引 index 之前插入对象 obj	pop()	移除列表中的元素
list(iterable)	将 iterable 转换为列表。iterable 为可迭代的对象	remove()	移除列表中某个值的第一个匹配的元素

注意：可迭代对象有字符串、列表、元组、字典和集合。

2.5 元组

1. Python 元组类型

（1）什么是元组

元组（Tuple）和列表类似，也是用来存储数据的，是一个有序的集合。数据在元组中是有先后顺序的，不同之处在于元组是不可变类型，即元组中的元素不能修改，所以创建后一般不做修改。

（2）如何定义元组
- 使用圆括号"()"创建元组，用逗号分隔不同的元素。
- 存储元素的类型可不同，元素可重复，可多层嵌套。
- "()"表示没有元素的元组，被称为空元组。如果元组只含一个元素，那么要在元素末尾加上逗号。

```
name = ('资产负债表','利润表','现金流量表')
```

上述定义了一个名为 name 的元组，name 元组包含三个字符串类型的元素。
- 定义七大洲的元组。

```
continents = ('亚洲','欧洲','非洲','北美洲','南美洲','南极洲','大洋洲')
```

- 定义个人信息的元组。

```
info = ('姚明','男','汉族',226,'1980年9月12日','处女座')
```

- 定义一个会计学院教研机构的元组。

```
org = ('财务会计系','管理会计系','审计系','财务管理系','会计管理系',\
'MPAcc 教育中心','ACCA 教育中心')
```

注意：如果一行程序代码过长，可以在每行代码的末尾使用反斜杠"\"，以供程序识别为一行内容。

2. 元组的操作

（1）元组的访问（使用切片法）
- 访问单个元素。

如何使用索引取出元组 continents 中的"南极洲"？如图 2-23 所示。

```
continents = ('亚洲','欧洲','非洲','北美洲','南美洲','南极洲','大洋洲')
print(continents[-2])
```

```
continents = ('亚洲','欧洲','非洲','北美洲','南美洲',\
              '南极洲','大洋洲')
print(continents[-2])
```

南极洲

图 2-23　使用索引取出元组 continents 中的"南极洲"

◆ 访问多个元素。

如何使用索引取出元组 continents 中的最后三个元素？如图 2-24 所示。

```
continents = ('亚洲','欧洲','非洲','北美洲','南美洲','南极洲','大洋洲')
print(continents[-3:])
```

```
continents = ('亚洲','欧洲','非洲','北美洲','南美洲',\
              '南极洲','大洋洲')
print(continents[-3:])
```

('南美洲', '南极洲', '大洋洲')

图 2-24　使用索引取出元组 continents 中的最后三个元素

（2）元组的修改

使用索引修改元组的一个元素会出现错误，如图 2-25 所示。

```
continents = ('亚洲','欧洲','非洲','北美洲','南美洲',\
              '南极洲','大洋洲')
continents[0] = '新大陆'    # 元组不能修改
```

```
TypeError                                Traceback (most recent call last)
<ipython-input-14-025c68aef561> in <module>
----> 1 continents[0] = '新大陆'

TypeError: 'tuple' object does not support item assignment
```

图 2-25　使用索引修改元组的一个元素会出现错误

综上所述，元组是不可变类型，不能直接修改元组内部的元素，否则程序会报错。元组内的元素不可更改是一个重要的性质，我们可以合理利用这一性质。

（3）添加元组元素

元组可以用 append()、extend() 和 insert() 函数添加元素吗？分别使用这三个函数添加元素，得到如图 2-26、图 2-27 和图 2-28 所示的结果。

综上所述，元组属于不可变类型，不能添加元素，否则程序会报错。

```
continents.append('新大陆')
```

```
AttributeError                            Traceback (most recent call last)
<ipython-input-10-32064037f4d8> in <module>
----> 1 continents.append('新大陆')

AttributeError: 'tuple' object has no attribute 'append'
```

图 2-26　用 append() 函数向元组添加元素

```
continents.extend(['新大陆'])
```

```
AttributeError                            Traceback (most recent call last)
<ipython-input-11-7f335d6de2c2> in <module>
----> 1 continents.extend(['新大陆'])

AttributeError: 'tuple' object has no attribute 'extend'
```

图 2-27　用 extend() 函数向元组添加元素

```
continents.insert(1,'新大陆')
```

```
AttributeError                            Traceback (most recent call last)
<ipython-input-11-ab236c40d59c> in <module>
----> 1 continents.insert(1,'新大陆')

AttributeError: 'tuple' object has no attribute 'insert'
```

图 2-28　用 insert() 函数向元组添加元素

（4）元组的拼接

元组内部元素不可修改，但是元组可以使用"+"拼接，拼接前后的元组中的变量并不是同一个变量，如图 2-29 所示。

```
tup1 = (1,2)
print(id(tup1))

tup1 += (3,)
print(id(tup1))

print(tup1)
```

```
1544230485704
1544230547112
(1, 2, 3)
```

图 2-29　使用"+"拼接元素

注意：变量的内存地址改变了，说明前后两个变量的存储位置不同。

（5）元组的删除

使用 del 方法删除元组，如图 2-30 所示。

```
del tuplename
```

注意：tuplename 为需要删除的元组名，删除方法与列表类似。

```
continents = ('亚洲','欧洲','非洲','北美洲','南美洲',\
              '南极洲','大洋洲')
del continents    # 删除元素
print(continents)


NameError                                 Traceback (most recent
call last)
<ipython-input-15-95d9af76fd82> in <module>
      2                                 '南极洲','大洋洲')
      3 del continents    # 删除元素
----> 4 print(continents)

NameError: name 'continents' is not defined
```

图 2-30　使用 del 方法删除元组

出现"NameError：name 'continents' is not defined"，是因为"continents"已经被删除才会提示未定义，说明删除成功。

3. 元组与列表的不同

元组与列表的不同如表 2-9 所示。

表 2-9　元组与列表的不同

不同点	元组	列表
表示方式不同	使用"()"表示；仅一个元素时，元素末尾加","	使用"[]"表示
是否可以改变	不可修改、添加、删除内部元素	可以修改、添加、删除内部元素
性能不同	大小固定，性能略高	大小不固定，性能略低
类型转换方法不同	使用 tuple() 方法	使用 list() 方法

4. 适用于元组的方法（拓展）

Python 预置的适用于元组的方法，无须定义就可以直接使用，如表 2-10 所示。

表 2-10　元组的方法

方法	描述	方法	描述
max(obj)	返回可迭代对象 obj 中最大的元素	len(obj)	返回 obj 的项目数
min(obj)	返回可迭代对象 obj 中最小的元素	obj.index(value)	返回 obj 对应的索引
count(value)	返回 value 值在元组中的出现次数	del tuplename	删除元组
tuple(iterable)	将 iterable 转换为元组，iterable 为可迭代对象		

注意：可迭代对象有字符串、列表、元组、字典、集合。

2.6 字典

1. Python 字典类型

（1）什么是字典

字典（Dictionary）和列表类似，也是用来存储数据的，但它是一种无序的、可变的序列，它的元素以"键值（key-value）对"的形式存储。相对地，列表（List）和元组（Tuple）都是有序的序列，即它们的元素在底层是有先后顺序的。

字典类型是 Python 中唯一的映射类型。简单理解，它指的是元素之间相互对应的关系，即可以通过一个元素找到另一个唯一的元素，键和值的关系如图 2-31 所示。

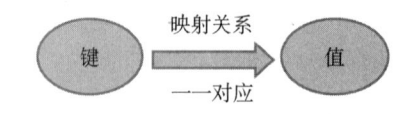

图 2-31 键和值的关系

字典中，习惯将各元素对应的索引称为键（key），与各个键对应的元素称为值（value），键及其关联的值称为"键值对"。

（2）如何定义字典

Python 字典的构成形式为{key1:value1, key2:value2}。字典的每个键值用":"连接，每个键值对用","分隔，一个完整字典的最外层需要使用"{}"括起来。

```
info_dict = {"name": "Alice", "age": 20}
```

（3）四种创建字典的方法

◆ 直接定义键值对（键和值类型任意），代码如下例所示：

```
country_info = {"中国": "CN", "美国": "US", "日本": "JP"}
```

◆ 使用 dict() 函数定义字典，代码如下例所示：

```
info = dict([("中国", "CN"),("美国", "US")])
```

结果为：{'中国': 'CN', '美国': 'US'}。

◆ 创建空字典，代码如下例所示：

```
new = {}
```

◆ 创建空字典后增加键值对，代码如下例所示：

```
student = {}
student["class"] = "三年二班"
student["number"] = 51
```

◆ 上面分开定义键值对与下面一次性全部定义键值对是等效的，代码如下例所示：

student = {"class": "三年二班", "number": 51}

（4）定义字典

◆ 定义一个电话簿字典，代码如下例所示：

teldict = { '哪吒': 12345676, '孙悟空': 12345679, '东海龙王': 12345677}

◆ 定义一个人员信息档案字典，代码如下例所示：

```
Info = {
10000: {'name': '哪吒','sex': '男','tel': 12345676},
10001: {'name': '孙悟空','sex': '男','tel': 12345679},
10002: {'name': '东海龙王','sex': '男','tel': 12345677},
}
```

2. 字典的操作

（1）根据键名访问字典的值

◆ dictname[key] 访问值，代码如下例所示：

```
teldict={'哪吒': 12345676, '孙悟空': 12345679, '东海龙王': 12345677}
print(teldict['哪吒'])
```

结果为：12345676。

```
info={10000: {'name': '哪吒', 'sex': '男', 'tel': 12345676},
10001: {'name': '孙悟空', 'sex': '男', 'tel': 12345679},
10002: {'name': '东海龙王', 'sex': '男', 'tel': 12345677},
}
print(info[10000])
```

结果为：{'name': '哪吒', 'sex': '男', 'tel': 12345676}。

◆ 当 key 不存在时程序会报错，如图 2-32 所示。

```
teldict={'哪吒': 12345676, '孙悟空': 12345679,'东海龙王': 12345677}
teldict['红孩儿']
---------------
KeyError                    Traceback (most recent call last)
<ipython-input-15-5b06cee39222> in <module>
      1 teldict={'哪吒':12345676, '孙悟空':12345679,'东海龙王':12345677}
----> 2 teldict['红孩儿']

KeyError: '红孩儿'
```

图 2-32 当 key 不存在时程序会报错

◆ dictname.get(key) 访问值，代码如下例所示：

```
teldict={'哪吒': 12345676, '孙悟空': 12345679, '东海龙王': 12345677}
print(teldict.get('哪吒'))
```

结果为：12345676。

```
info={10000: {'name': '哪吒', 'sex': '男', 'tel': 12345676},
10001: {'name': '孙悟空', 'sex': '男', 'tel': 12345679},
10002: {'name': '东海龙王', 'sex': '男', 'tel': 12345677},
}
print(info.get(10000))
```

结果为：{'name': '哪吒', 'sex': '男', 'tel': 12345676}。

◆ 当 key 不存在时结果为 None，程序不报错，如图 2-33 所示。

```
teldict={'哪吒': 12345676, '孙悟空': 12345679, '东海龙王': 12345677}
print(teldict.get('红孩儿'))
```
```
None
```

图 2-33 当 key 不存在时结果为 None

（2）访问字典所有的值（拓展）

◆ 使用 dictname.values()访问所有的值，代码如下例所示：

```
info_dict = {'name': 'Alice', 'age': 20}
print(info_dict.values())
```

结果为：dict_values(['Alice', 20])。

◆ 使用 for 循环取所有的值，代码如下例所示：

```
for value in info_dict.values():
    print(value)
```

结果为：

```
Alice
20
```

◆ 使用 dictname.keys()访问所有的键，代码如下例所示：

```
info_dict = {'name': 'Alice', 'age': 20}
print(info_dict.keys())
```

结果为：dict_keys('name', 'age'])。

◆ 使用 for 循环取所有的键，代码如下例所示：

```
for keys in info_dict.keys():
    print(key)
```

结果为：

```
name
age
```

◆ 使用 dictname.items()访问所有的键值对，代码如下例所示：

```
info_dict = {'name': 'Alice', 'age': 20}
info_dict.items()
```

结果为：dict_items([('name', 'Alice'), ('age', 20)])。

◆ 使用 for 循环取所有的键值对，代码如下例所示：

```
for key, value in info_dict.items():
    print(key, '-', value)
```

结果为：

```
name - Alice
age - 20
```

（3）修改值

代码如下例所示：

```
info_dict={'name': 'Alice', 'age': 20}
info_dict['name'] = 'Bob' # 给键重新赋值
print(info_dict)
```

结果为：{'name': 'Bob', 'age': 20}。

（4）修改键

在 Python 中没有直接对键进行修改的操作，字典的键是不可变的，所以不能直接修改。字典的键的修改是通过删除旧的键值对，再添加新的键值对实现的。

（5）添加/修改键值对

◆ 使用 dictname[key]可以直接添加/修改键值对，代码如下例所示：

```
info_dict={'name': 'Alice', 'age': 20}
info_dict['hight'] = 170
print(info_dict)
```

结果为：{'name': 'Alice', 'age': 20, 'hight': 170}。

◆ 使用 dictname.update(newdict)可以添加/修改键值对，代码如下例所示：

```
info_dict={'name': 'Alice', 'age': 20}
info_dict.update['hight'] = 170
print(info_dict)
```

结果为：{'name': 'Alice', 'age': 20, 'hight': 170}。

上述两种方法是字典添加键值对的方法，也是字典修改键值对的方法。

注意：使用 update 方法可以同时更新多个键值对，代码如下例所示：

info_dict1 = {'name': 'Alice', 'age': 20}
info_dict2 = {'address':'China', 'Tel':13579}
info_dict1.update(info_dict2)
print(info_dict1)

结果为：{'name': 'Alice', 'age': 20, 'address': 'China', 'Tel': 13579}。

（6）删除键值对

代码如下例所示：

del dictname[key]

info_dict1 = {'name':'Alice', 'age':20}
del info_dict1['age']
print(info_dict1)

结果为：{'name': 'Alice'}。

dictname.pop(key)

info_dict1 = {'name' 'Alice', 'age':20}
info_dict1.pop('age')
print(info_dict1)

结果为：{'name': 'Alice'}。

注意：使用 del 方法可以删除字典键，同时也可以删除键对应的值。使用 pop 方法可以返回指定删除键所对应的值。

3. 字典小结

字典小结如图 2-34 所示。

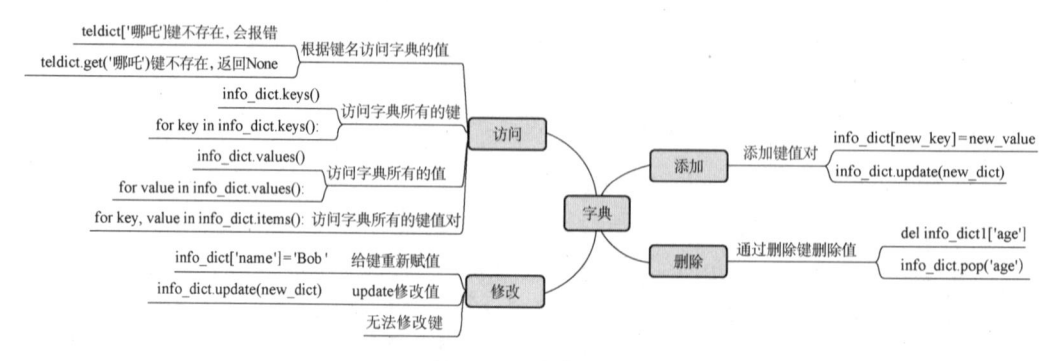

图 2-34　字典小结

4. 字典的特征

字典的特征如表 2-11 所示。

表 2-11 字典的特征

主要特征	解释
字典是任意数据类型的无序集合	列表、元组将索引值 0 对应的元素称为第一个元素，而字典中的元素是无序的
字典是可变的，并且可以任意嵌套	字典可以在原处增长或者缩短（无须生成一个副本），并且支持任意深度的嵌套，即字典存储的值也可以是列表或其他的字典
字典中的键必须唯一	字典不支持同一个键出现多次，否则只保留最后一个键值对
字典中的键必须不可变	字典中的键是不可变的，并且只能是数字、字符串或者元组，不能是列表、字典、集合
通过键而不是通过索引来读取元素	字典类型有时也称为关联数组或者散列表（Hash Table）。它是通过键将一系列的值联系起来的，这样就可以通过键从字典中获取指定项，但不能通过索引来获取

5. 适用于字典的方法

Python 预置的适用于字典的方法是无须定义的，可以直接使用，如表 2-12 所示。

表 2-12 适用于字典的方法

方法	描述	方法	描述
str(obj)	把对象 obj 字典类型转换为字符串	len(obj)	返回 obj 的项目数
dict.get(key,default=None)	返回指定键的值，如果不存在，返回可以设置的 default 的值	dict.setdefault(key, default=None)	和 get 类似，但如果字典中不存在键，则会添加键并将值设置为 default
dict.items()	返回字典所有的键值对	dict.keys()	返回字典的所有键
dict.values()	返回字典中的所有值	dict.pop(key)	删除字典的键值对的第一种方法
dict.update(dict2)	将 dict2 更新至 dict 中	del dict[key]	删除字典的键值对的第二种方法

2.7 集合

1. Python 集合类型

（1）什么是集合

Python 的集合（Set）与数学的集合的概念类似，即集合是由任意个数的、无序的、不重复的元素组成的,也就是说集合中的元素都是唯一的、互不相同的,而且没有先后顺序。Python 集合也支持交集、差集和对称差分等数学运算。

(2)如何定义集合

Python 集合的构成形式为{value1, value2, value3...},代码如下例所示:

```
basket = {'apple', 'orange', 'pear', 'banana'}
```

(3)3 种创建集合的方法

◆ 使用花括号创建,代码如下例所示:

```
basket = {'apple', 'orange', 'pear', 'banana'}
```

◆ 使用 set( )函数创建,代码如下例所示:

```
con = set('abracadabra')
con 实际表示的集合为 {'a', 'b', 'c', 'd', 'r'}
```

◆ 使用 set( )函数创建空集合,代码如下例所示:

```
basket = set()    # 创建集合        basket = {} # 创建字典
```

注意:创建集合时,重复元素都会被自动去除。创建空集合时,必须使用 set( )函数,不能使用"{ }",因为"{ }"用于创建一个空字典。

(4)定义集合

◆ 数字集合,代码如下例所示:

```
set1 = {1, 2, 5, 4, 3, 2, 1}
print(set1)
```

结果为:{1, 2, 3, 4, 5}。

特性:元素不重复,重复的元素会自动被去除;自动排序,集合自动从小到大排序;无序,不能指定固定顺序。

◆ 空集合,代码如下例所示:

```
set2 = {}
print(type(set2))
```

结果为:<class 'dict'>。

```
set3 = set()
print(type(set3))
```

结果为:<class 'set'>。

(5)集合的特征

集合的特征如表 2-13 所示。

表 2-13 集合的特征

主要特征	解释
集合是可变的容器	集合内的元素可以增删改
集合是无序的存储结构	集合内数据没有先后顺序,不能使用索引
集合中的元素是不可变的	集合中的元素的类型必须是不可变类型,即数字类型、字符串类型、元组类型
集合内的元素是唯一的	集合内的元素没有重复值,任何时候加入的重复元素都会被自动去除

2. 集合的操作

(1) 集合的访问

集合是无序的,因此无法使用索引访问,但是可以使用循环语句访问,这里使用 for 循环语句。但在实际应用中很少需要访问全部集合,因此 for 循环常用作关系运算和去重。

◆ 使用 for 循环,访问集合的值,代码如下例所示:

```
set1 = {1, 2, 3, 4, 5}
for i in set1:
    print(i)
```

结果为:

```
1
2
3
4
5
```

◆ 使用成员运算符 in,代码如下例所示:

```
5 in set1
```

结果为:True。

(2) 添加元素

◆ 使用 add 方法直接添加元素,代码如下例所示:

```
set1 = {1, 2, 3, 4, 5}
set1.add(6)
print(set1)
```

结果为:{1, 2, 3, 4, 5, 6}。

◆ 使用 update 方法添加多个元素,代码如下例所示:

```
set1 = {1, 2, 3, 4, 5}
set1.update({6, 7})
print(set1)
```

结果为：{1, 2, 3, 4, 5, 6, 7}。

（3）删除元素

◆ 使用 remove() 函数删除元素。

✧ 使用 remove() 函数删除已有的元素，代码如下例所示：

```
set1 = {1, 2, 3, 4, 5}
set1.remove(5)
print(set1)
```

结果为：{1, 2, 3, 4}。

✧ 使用 remove() 函数删除不存在的元素，如图 2-35 所示。

```
set1 = {1, 2, 3, 4, 5}
set1.remove(9)
print(set1)
```

```
KeyError                                  Traceback (most recent c
all last)
<ipython-input-18-00e7cb96b759> in <module>
      1 set1 = {1, 2, 3, 4, 5}
----> 2 set1.remove(9)
      3 print(set1)

KeyError: 9
```

图 2-35　使用 remove()函数删除不存在的元素

◆ 使用 discard() 函数删除元素。

✧ 使用 discard() 函数删除已有的元素，代码如下例所示：

```
set1 = {1, 2, 3, 4, 5}
set1.discard(5)
print(set1)
```

结果为：{1, 2, 3, 4}。

✧ 使用 discard() 函数删除不存在的元素，代码如下例所示：

```
set1 = {1, 2, 3, 4, 5}
set1.discard(9)
print(set1)
```

结果为：{1, 2, 3, 4, 5}。

注意：remove 和 discard 都可以删除集合中已有的元素，但是使用 remove 删除集合中不存在的元素时会报错，而使用 discard 删除集合中不存在的元素时不会报错。

◆ 使用 pop()函数删除元素，代码如下例所示：

```
set1 = {1, 2, 3, 4, 5}
set1.pop()
print(set1)
```

结果为：{2, 3, 4, 5}。

◆ 使用 clear() 函数删除元素，代码如下例所示：

```
set1 = {1, 2, 3, 4, 5}
set1.clear()
print(set1)
```

结果为：set()。

注意：pop 方法用于删除纯数字集合自动排序后的最小元素，或随机删除非数字集合中的一个元素；clear 方法用于清空集合中的所有元素。

3. 集合的运算符

使用 Python 集合的运算符，可对集合进行运算或判断，如表 2-14 所示。

表 2-14 集合的运算符

操作符	描述	实例	输出
&	计算交集	{1,2} & {1}	{1}
|	计算并集	{1,2} | {3}	{1, 2, 3}
-	计算补集	{1,2,3} - {3,4}	{1, 2}
^	对称补集 s1 ^ s2 等价于 (s1 - s2) | (s2 - s1)	{1,2,3} ^ {3,4}	{1, 2, 4}
>	超集，如果 s1 是 s2 的超集，则 s1>s2，返回 True，否则返回 False	{1,2,3} > {3}	True
<	子集，如果 s1 是 s2 的子集，则 s1<s2，返回 True，否则返回 False	{1,2,3} < {3,4}	False
==	集合相等，s1 == s2 成立，返回 True，否则返回 False	{()} == {(3,4)}	False
!=	集合不等	{()} != {(3,4)}	True
in	成员运算符，元素在集合内，返回 True，否则返回 False	2 in {(3,4)}	False
not in	成员运算符，元素不在集合内，返回 True，否则返回 False	2 not in {(3,4)}	True

项目实践

任务一 Python 应用之往来客户信息

1. 任务实施

（1）管理应收账款信息

广东美迪电器销售有限公司（简称美迪公司）于 2020 年 9 月初的应收账款数据如

表 2-15 所示。

表 2-15　2020 年 9 月初应收账款数据

订单号	单据编号	业务日期	客户	部门	业务员	币种	金额（元）
10234450667	40056320	2020/4/1	广州美迪电器销售有限公司	营销部	张猛	人民币	265 444.00
10234450125	40040321	2020/5/5	长沙家宁电器销售有限公司	营销部	李区	人民币	159 570.00
10234450036	40032126	2020/6/31	上海达华电器销售有限公司	营销部	王春	人民币	134 384.00
10234450693	40057193	2020/7/2	南京舒宁电器销售有限公司	营销部	饶明	人民币	110 362.00
10234450754	40058428	2020/8/20	广州美迪电器销售有限公司	营销部	张猛	人民币	193 284.00
合计							863 044.00

公司财务部经理钱丹安排实习生李小新管理应收账款信息，具体工作内容如下：

① 把漏记的一笔记录（如表 2-16 所示）添加到应收账款数据记录中。

表 2-16　漏记的记录

订单号	单据编号	业务日期	客户	部门	业务员	币种	金额（元）
10234450889	40058152	2020/8/11	广州美迪电器销售有限公司	营销部	张猛	人民币	130 250.00

② 经查对，以下应收账款（如表 2-17 所示）已经于 2020 年 8 月 5 日收到，应该核销（在应收账款数据中删除该记录）。

表 2-17　应收账款

订单号	单据编号	业务日期	客户	部门	业务员	币种	金额（元）
10234450667	40056320	2020/4/1	广州美迪电器销售有限公司	营销部	张猛	人民币	265 444.00

③ 统计 2020 年 9 月初美迪公司应收账款账面总金额（列表元素合计，sum()函数）。

④ 统计 2020 年 9 月初美迪公司应收账款共有多少笔（统计列表元素个数，len()函数）。

⑤ 把 2020 年 9 月初美迪公司应收账款按金额的大小进行排序（列表元素排序，sorted 方法）。

⑥ 把 2020 年 9 月初美迪公司应收账款中最大和最小的金额打印出来（列表 max()函数、列表 min()函数）。

⑦ 把 2020 年 9 月初美迪公司应收账款中金额最大的两笔打印出来（结合 sorted 方法和列表切片）。

⑧ 计算 2020 年 9 月初美迪公司应收账款的平均金额。(遍历列表，for 语句)

请帮助他使用 Python 实现以上管理需求。

（2）管理客户信息

公司营销部销售专员白勇平时需要管理客户的联系人姓名及联系电话，客户信息如表 2-18 所示。他希望能提高管理客户信息的效率，白勇总结出以下日常客户信息的管理情境。

表 2-18　客户信息

客户公司名称	联系人姓名及联系电话
广州美迪电器销售有限公司	张明 18902365896
山东精益经贸有限公司	李清 13809879002
天津世达贸易公司	张一霖 13602236559
郑州国润科技有限公司	赵蓓 13430098768
杭州威尚电器有限公司	肖怡 139945117
上海科井电器有限公司	黄轩翰 13922346678
宿迁大野电子商务有限公司	邓子月 13945568123

① 按公司名称查找联系人姓名与联系电话，比如：打印出天津世达贸易公司的联系人姓名及联系电话（访问字典中指定键的值）。

② 添加客户信息，包括的字段有：客户公司名称、联系人姓名、联系电话（添加字典的键值对，直接赋值）。待添加的客户信息如表 2-19 所示。

表 2-19　待添加的客户信息

客户公司名称	联系人姓名及联系电话
广州宁达电器销售有限公司	姚庭 13922365856

③ 删除客户信息（del()函数删除字典中指定的键值对）。

待删除的客户信息，如表 2-20 所示。

表 2-20　待删除的客户信息

客户公司名称	联系人姓名及联系电话
上海科井电器有限公司	黄轩翰 13922346678

④ 统计当前客户数量（字典 len()函数）。

⑤ 一次性打印所有公司名称（字典 key 方法）。

⑥ 一次性打印所有联系人姓名及联系电话（字典 values 方法）。

⑦ 一次性打印所有的公司名称、联系人姓名及联系电话（字典 items 方法）。

⑧ 查找不存在的公司的信息时，得到 "公司不存在！" 的信息反馈（字典 get(key, default) 方法）。

请帮助他使用 Python 实现以上管理需求。

（3）开发客户通讯录

统计后的客户信息如表 2-21 所示。

表 2-21 客户信息

客户公司名称	联系人	联系电话	email
广州美迪电器销售有限公司	张明	18902365896	61359328@qq.com
山东精益经贸有限公司	李清	13809879002	54788261@qq.com
天津世达贸易公司	张一霖	13602236559	3615049@qq.com
郑州国润科技有限公司	赵蓓	13430098768	14167906@qq.com
杭州威尚电器有限公司	肖怡	13709945117	67841329@qq.com
上海科井电器有限公司	黄轩翰	13922346678	69755810@qq.com
宿迁大野电子商务有限公司	邓子月	13945568123	2462498@qq.com

美迪公司客户信息管理一直比较混乱，因此提取、修改客户信息的效率比较低，今天公司营销部经理周进安排销售专员白勇想办法提高客户信息的管理效率。白勇总结出以下日常客户信息管理情境，并希望编写一个 Python 小程序，方便大家进行客户信息管理。（字典嵌套列表）

① 首先白勇根据公司日常客户信息管理的需要，梳理出程序需要具备的功能为

（A）查找　（B）添加　（C）删除　（D）修改　（E）退出

即用户进入程序后，可以进行客户信息查找、添加、删除和修改，直到用户希望退出程序时才结束程序。

② 然后绘制程序流程图以将程序需要具备的功能具体化。

③ 最后编写代码实现每项功能，具体功能要求如下：

➜查找

用户输入客户公司名称后，打印出该公司的联系人、联系电话及 email。（访问字典中指定键的值）

➜添加

接受用户添加客户信息，包括添加客户公司名称、联系人、联系电话、email。（添加字典的键值对）

➜删除

用户只需输入客户公司名称，即可删除该公司的客户信息。（删除字典中的键值对，字典 del）

➜修改

用户可以对客户信息进行两方面的修改：

→修改客户信息中的客户公司名称。

→修改客户信息中除客户公司名称外的其他信息，比如联系人、联系电话、email。（修改字典的值 dict[key]=newvalues）

➜退出

当用户输入"5"时退出程序（在 while 循环中预先给出判断退出程序的条件是输入

数字"5")。

动手实操后,可参考代码实例分别完善上述3个任务。管理应收账款信息代码实例,如图2-36所示。

```
# 管理应收账款信息
# 1.创建应收账款金额的列表
info = [265444,159570,134384,110362,193284]
# 2.把漏记的一笔记录(表5-2)添加到应收款金额记录中
info.insert(4,130250)        #指定序列插入元素
# 打印应收账款金额
print(f'美迪公司2020年9月初应收账款为: {info}。\n')
# 3. 经查对, 以下应收账款(表5-3) 已经于2020年8月5日收到, 应该核销(在账簿中删除其记录)
info.remove(265444)
# 打印应收账款金额
print(f'美迪公司2020年9月初应收账款为: {info}。\n')
# 4.统计2020年9月初美迪公司应收账款账面总金额。(列表元素合计sum()函数)
sum_09 = sum(info)
print(f'2020年9月初美迪公司应收账款账面总金额为: {sum_09}。\n')
# 4.统计2020年9月初美迪公司应收账款共有多少笔。(统计列表元素个数len()函数)
count_09 = len(info)
print(f'2020年9月初美迪公司应收账款一共有{count_09}笔。\n')
# 5.把2020年9月初美迪公司应收账款按金额的大小进行排序。(列表元素排序sorted方法)
# 方法一
sort_08 = sorted(info,reverse=True)
print(f'2020年9月初美迪公司应收账款金额从大到小进行排序为{sort_08}。\n')
# 方法二        (知识技能点: 反转列表reverse方法)
# 使用列表函数sorted(info)和列表方法ls.reverse()对列表元素进行升序排序
sort_09 = sorted(info)
sort_09.reverse()
print(f'2020年9月初美迪公司应收账款金额从大到小进行排序为{sort_09}。\n')
# 6.把2020年9月初美迪公司应账款中最大和最小的金额打印出来。(列表max()函数、列表min()函数)
max_value = max(info)
print(f'2020年9月初美迪公司应收账款按金额的最大值为{max_value}。\n')
min_value = min(info)
print(f'2020年9月初美迪公司应收账款按金额的最小值为{min_value}。\n')
# 7.把2020年9月初美迪公司应收账款中金额最大的两笔打印出来。(结合sorted方法和列表切片)
sort_10 = sorted(info,reverse=True)
top2 = sort_10[0:2]
print(f'2020年9月初美迪公司应收账款中最大的两笔金额为{top2}。\n')
# 8.计算2020年9月初美迪公司应收账款的平均金额。(遍历列表, for语句)
# 方法一: 使用列表函数sum(ls)和len(ls)求列表元素的平均数
avn = sum(info) / len(info)
print(f'2020年9月初美迪公司应收账款的平均数是{avn}。\n')
# 8.计算2020年9月初美迪公司应收账款的平均金额。(遍历列表, for语句)
# 方法二: 使用for循环计算平均数
sum1 = 0
count1 = 0
for i in info:
    sum1 += i
    count1 += 1
avn1 = sum1/count1
print(f'2020年9月初美迪公司应收账款的平均数是{avn1}。\n')
```

图2-36 管理应收账款信息代码实例

代码运行结果,如图2-37所示。

美迪公司2020年9月初应收账款为:[265444, 159570, 134384, 110362, 130250, 193284]。

美迪公司2020年9月初应收账款为:[159570, 134384, 110362, 130250, 193284]。

2020年9月初美迪公司应收账款账面总金额为:727850。

2020年9月初美迪公司应收账款一共有5笔。

2020年9月初美迪公司应收账款按金额从大到小进行排序为[193284, 159570, 134384, 130250, 110362]。

2020年9月初美迪公司应收账款按金额从大到小进行排序为[193284, 159570, 134384, 130250, 110362]。

2020年9月初美迪公司应收账款按金额的最大值为193284。

2020年9月初美迪公司应收账款按金额的最小值为110362。

2020年9月初美迪公司应收账款中最大的两笔金额为[193284, 159570]。

2020年9月初美迪公司应收账款的平均数是145570.0。

2020年9月初美迪公司应收账款的平均数是145570.0。

图2-37 管理应收账款信息代码运行结果

管理客户信息代码实例,如图 2-38 所示。

```
# 管理客户信息代码
# 创建客户信息字典
client_info = {
    '北京美迪电器销售有限公司':'张明18902365896',
    '山东精益经贸有限公司':'李清 13809879002',
    '天津世达贸易公司':'张一霖 13602236559',
    '郑州国润科技有限公司':'赵蓓 13430098768',
    '杭州威尚电器有限公司':'肖怡 13709945117',
    '上海科井电器有限公司':'黄轩翰 13922346678',
    '宿迁大野电子商务有限公司':'邓子月13945568123'
}
# 1. 按公司名查找联系人与联系电话。
#比如:打印出"天津世达贸易公司"的联系人及电话。 (知识技能点:访问字典中指定键的值)
info = client_info['天津世达贸易公司']
print(f'天津世达贸易公司联系人及电话:{info}\n')
#2. 添加客户信息,包括字段为:公司名、联系人与联系电话。 (知识技能点:添加字典的键值对,赋值)
'''比如添加以下信息:
客户公司名称      联系人及电话
广州宁达电器销售有限公司 姚庭13922365856'''
client_info['广州宁达电器销售有限公司'] = '姚庭13922365856'
print(f'添加客户后客户清单:{client_info}\n')
# 3. 删除客户信息。 (知识技能点:删除字典中指定的键值对,del函数)
'''比如删除以下信息:
客户公司名称      联系人及电话
广州宁达电器销售有限公司 姚庭13922365856'''
del(client_info['广州宁达电器销售有限公司'])
print(f'删除客户后客户清单:{client_info}\n')
# 4. 统计当前客户数量。 (知识技能点:求字典的长度,len函数)
print(f'目前美迪公司有{len(client_info)}名客户。\n')
# 5. 一次性打印所有公司名称。 (知识技能点:取得字典的键,key方法)
clients = client_info.keys()
print(f'美迪公司客户清单:{list(clients)}\n')
# 6. 一次性打印所有联系人的姓名及电话。 (知识技能点:取得字典的值,values方法)
contacts = client_info.values()
print(f'美迪公司客户联系人:{list(contacts)}\n')
# 7. 一次性打印所有的公司名及联系人信息。 (知识技能点:取得字典的键和值,items方法)
cli = client_info.items()
print(f'美迪公司客户及联系人:{list(cli)}\n')
# 8. 查找到不存在的公司联系信息时,得到"公司不存在!"的信息反馈。 (知识技能点:访问字典的方法get方法)
# 比如查找 "广州宁达电器销售有限公司"
print(client_info.get('广州宁达电器销售有限公司','公司不存在!'))
```

图 2-38 管理客户信息代码实例

代码运行结果,如图 2-39 所示:

天津世达贸易公司联系人及电话:张一霖 13602236559

添加客户后客户清单:{'北京美迪电器销售有限公司':'张明18902365896','山东精益经贸有限公司':'李清 13809879002','天津世达贸易公司':'张一霖 13602236559','郑州国润科技有限公司':'赵蓓 13430098768','杭州威尚电器有限公司':'肖怡 13709945117','上海科井电器有限公司':'黄轩翰 13922346678','宿迁大野电子商务有限公司':'邓子月13945568123','广州宁达电器销售有限公司':'姚庭13922365856'}

删除客户后客户清单:{'北京美迪电器销售有限公司':'张明18902365896','山东精益经贸有限公司':'李清 13809879002','天津世达贸易公司':'张一霖 13602236559','郑州国润科技有限公司':'赵蓓 13430098768','杭州威尚电器有限公司':'肖怡 13709945117','上海科井电器有限公司':'黄轩翰 13922346678','宿迁大野电子商务有限公司':'邓子月13945568123'}

目前美迪公司有7名客户。

美迪公司客户清单:['北京美迪电器销售有限公司','山东精益经贸有限公司','天津世达贸易公司','郑州国润科技有限公司','杭州威尚电器有限公司','上海科井电器有限公司','宿迁大野电子商务有限公司']

美迪公司客户联系人:['张明18902365896','李清 13809879002','张一霖 13602236559','赵蓓 13430098768','肖怡 13709945117','黄轩翰 13922346678','邓子月13945568123']

美迪公司客户及联系人:[('北京美迪电器销售有限公司','张明18902365896'),('山东精益经贸有限公司','李清 13809879002'),('天津世达贸易公司','张一霖 13602236559'),('郑州国润科技有限公司','赵蓓 13430098768'),('杭州威尚电器有限公司','肖怡 13709945117'),('上海科井电器有限公司','黄轩翰 13922346678'),('宿迁大野电子商务有限公司','邓子月13945568123')]

公司不存在!

图 2-39 管理客户信息代码运行结果

开发客户通讯录代码实例,如图 2-40 所示。

```python
# 开发客户通讯录代码
# 1.创建已有客户信息字典
clients_info = {
    '北京美迪电器销售有限公司':['张明','18902365896','61359328@qq.com'],
    '山东精益经贸有限公司':['李清','13809879002','54788261@qq.com'],
    '天津迅达贸易公司':['张一鑫','13602236559','3615049@qq.com'],
    '郑州国润科技有限公司':['赵蕾','13430098768','14167906@qq.com'],
    '杭州威尚电器有限公司':['肖怡','13709945117','67841329@qq.com'],
}
'''1.查找
(1)用户输入"公司名"后,打印出该公司联系人、联系电话及email。
'''
# 用户输入"公司名"后,打印出该公司联系人、联系电话及email。
# 2.创建查找函数        (知识技能点:访问字典中指定键的值)
def search():
    search_comp = input('请输入待查询公司的名字: ')
    if search_comp in clients_info.keys():
        print(f'你查找的公司{search_comp}的联系信息是{clients_info[search_comp]}')
        # 名字存在
    else:
        print(f'通讯录里没有{search_comp}公司。')
# 接受用户添加客户信息,包括添加:公司名、联系人、联系电话、email。
# 3.创建添加函数        (知识技能点:字典嵌套列表中添加字典的键值对)
def add():
    add_comp = input('请输入要添加公司的名字: ')
    if add_comp in clients_info.keys():
        print('你输入的公司已经存在!')
    else:
        add_name = input('请输入公司联系人姓名: ')
        add_tel = input('请输入公司联系人电话: ')
        add_email = input('请输入公司联系人电邮地址: ')
        add_list = [add_name,add_tel,add_email]
        clients_info[add_comp] = add_list
        print('添加联系人成功!')
        print(clients_info)

# 用户输入公司名,即删除该客户的信息。
# 4.创建删除函数        (知识技能点:删除字典中的键值对 del函数)
def delet():
    del_name = input('请输入你要删除的公司名字: ')
    if del_name in clients_info:
        del clients_info[del_name]
        print('删除成功!')
    else:
        print('删除失败,查无此公司!')
# 5.1修改客户信息中的公司名称
# 5.2修改客户信息中除公司名称外的其他信息,比如联系人、联系电话、email。
# 创建修改函数        (知识技能点:字典与列表方法的综合使用)
def change():
    old_name = input('请输入需要修改的客户公司名字: ')
    for name in list(clients_info.keys()):
        if name == old_name:
            choice = eval(input('请问需要修改什么内容? 1:公司名;2:公司联系信息。'))
            if choice == 1:
                new_name = input('请输入新公司的名字: ')
                clients_info[new_name] = clients_info.pop(old_name)
                print(f'修改后的信息为:{clients_info}')
            elif choice == 2:
                change_name = input(f'请按顺序输入{old_name}的联系人姓名:')
                change_tele = input(f'请按顺序输入{old_name}的联系人电话:')
                change_email = input(f'请按顺序输入{old_name}的联系人电邮:')
                lnv = [change_name,change_tele,change_email]
                clients_info[old_name] = lnv
                print(f'您成功修改了{old_name}的信息: {clients_info[old_name]}')
            break
        else:
            print('查无此公司!')

# 创建主函数将以上函数串连起来
# 创建主函数        (知识技能点:字符串输出格式format方法,函数的优点)
def main():
    # 设计程序开端
    a = '美迪公司客户通讯录程序'
    b = '1.查找 2.添加 3.删除 4.修改 5.退出'
    print('{0:=^40}'.format(a))
    print('{0:^40}'.format(b))
    print("="*51)
    # 获取用户需求
    while True:
        choice = eval(input('您希望进行什么操作 (1.2.3.4.5)?\n'))
        if choice == 1:
            search()
        elif choice == 2:
            add()
        elif choice == 3:
            delet()
        elif choice == 4:
            change()
        elif choice == 5:
            print('{0:=^42}'.format('感谢使用通讯录程序'))
            break
main()
```

图 2-40　开发客户通讯录代码实例

> **拓展阅读**

Python 在财务方面的应用——财务数据分析

财务数据分析的四个阶段介绍如下。

第一阶段：财务数据分析入门。

在入门阶段，财务数据分析主要针对的是数据表，包含财务报表、余额表、总账、明细账、序时账等，Excel 是使用最频繁的数据分析工具之一。财务人员在这个阶段要学习 Excel 技巧，比如 VLOOKUP、数据透视表、筛选重复值、追踪引用单元格、高级筛选、定位填充空格等。

Excel 已经是一款非常成熟的软件，几乎所有使用技巧都可以在相关的论坛里找到并操练起来。如果数据量不大，且数据以数值为主，那么在处理简单的财务数据时，只使用 Excel 基本就够了。

当需要一些更强大的功能时，则财务人员可学习 Python 的 Pandas 库进行更高阶的表格处理。如多张数据表的灵活切换、分组、聚合、索引、排序，并且结合各种函数使用，或采用复杂的财务模型、统计方法。

第二阶段：可视化展现。

数据可视化是发现数据和展示结果的重要一步。数据可视化是这个阶段的财务人员必不可少的技能，具备数据可视化能力，能更加直观地展现分析结果，进而帮助管理层抓住数据本质。

实现可视化展现，可以使用 PowerBI 或 Tableau 等现成的商业智能分析软件。PowerBI 软件有图形化的操作界面，对于刚刚上手做图表的新手是非常友好的。PowerBI 商业软件存在一些受限的场景，但也可以满足财务人员的大部分可视化需求。此外，Python 语言在数据可视化方面也有很多功能强大的库，比如 Matplotlib、PyEcharts 等。使用编程语言的优势是能更灵活地适应特殊的需求。

第三阶段：业财综合。

从交易级别的、大量而实时的业务数据，到按月汇总的财务账簿，当中的各种非财务信息、驱动因素、环境变量、变化路径等信息，经过层层的汇总和筛选处理后已经大量遗失了，仅停留在财务领域的数据分析如雾里看花，很难对业务决策起到支持作用。

因此要结合财务数据与业务数据进行分析，通过分析业务数据找到财务指标变动原因，利用财务数据发现业务薄弱点。此时财务人员面对的数据量将会大大增加，简单的 Excel 已经无法满足需求。

这个阶段的财务人员会发现处理业务时需要使用数据库了。相比 Excel，数据库的数据处理能力更强大，处理 TB 乃至 PB 层级的数据也不在话下。

理解数据库和数据存储结构，学会数据库简单的增、删、改、查操作，或通过 Python 读取数据库的庞大数据，进而进行高阶的数据处理、加工和分析，这些都是这个阶段财务人员的必经之路。

也是在这个阶段，财务人员会真正从数据的角度开始理解财务核算和报告。

第四阶段：决策优化。

在数据海洋里徜徉会见到无数的数据表，于是财务人员会来到这个阶段：设计一种更有效的数据结构，让数据表之间的排列井然有序，让财务数据分析更简单和灵活，帮助管理人员迅速决策并使决策得到优化。

在这个阶段，财务人员需要跨越的一扇叫作多维建模的门。在这个阶段，财务人员将从二维的平面数据表迈入到一个个立方体构成的多维宇宙。财务人员可以利用这些立方体建立复杂的决策模型，从而更有体系地搞定财务工作中遇到的大部分复杂工作。比如从业务计划到财务预算、上千家公司的财务报表合并。

Python 与财务数据分析

在财务数据分析的进阶之路上，Python 是一个值得推荐的工具。Python 语言简洁，在财务数据各个分析阶段的使用场景丰富，助益颇多，十分适合新手学习。对于想长期从事财务数据分析工作的小伙伴，Python 也是一个非常合适的工具。

下面来看看 Python 能帮财务人员做到什么：

掌握 Python 语法后，你可能还无法顺畅地完成一个综合性案例，但已经可以设计一些算法，解决财务数据分析模型中的一些复杂计算了；

掌握 Pandas 库就可以用 Python 操作 Excel 表格了，Pandas+Excel 已经可以解决大部分财务分析工作中遇到的问题；

熟悉 Python 可视化后，你就可将处理后的财务数据用更多炫酷图表展示，用数据讲故事，视觉美观，直击重点；

Python 连接数据库操作可以带你进入业务——财务综合数据分析的另一片天地，即从零散的数据到有一定规范和模型的数据海洋；

Python 连接多维模型会带你进入无边宇宙，在这里可以优化数据结构，灵活地模拟业务决策，搞定财务数据分析中遇到的大部分复杂工作。

大多数财务人员都是从 0 开始的，从未接触过编程，因而入门确实有一定难度。想要行万里路，就要勇敢地去选择，不断超越自己。无数的选择就是人生，有硬核的选择就是有硬核的人生。

本章小结

本章主要围绕变量和基本数据类型带领大家了解 Python 中与数据相关的知识，主要学习了变量以及六大基本数据类型，使学生对 Python 有了初步的感性认识。最后通过任务实践，鼓励学生带着问题去查找资料、去实际体验，进而达到基本的理性认识。图 2-41 为本章变量和数据类型总结图。

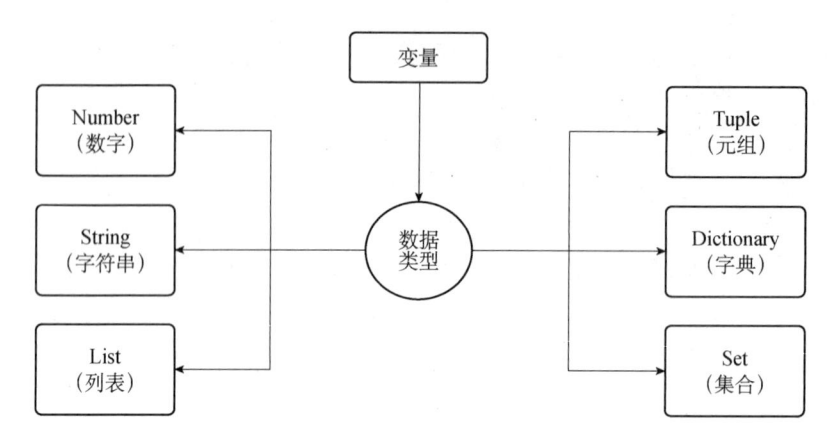

图 2-41　变量和数据类型总结

思考测试

一、选择题

1. Python 字典的构成形式为（　　）。（单选题）

   A．{key1:value1, key2:value2}

   B．[key1:value1, key2:value2]

   C．{'key1:value1', 'key2:value2'}

   D．['key1:value1', 'key2:value2']

2. 可以返回字典中的所有值是（　　）。（单选题）

   A．str(obj)　　　　　　　　　　　B．dict.get(key,default=None)

   C．dict.items()　　　　　　　　　D．dict.values()

3. 列表的删除方式不包括哪种？（　　）（单选题）

   A．按索引删除　　　　　　　　　B．按元素内容删除

   C．清空列表　　　　　　　　　　D．按元素类型删除

4. del 方法与 pop 方法删除键值对的特点分别是（　　）。（多选题）

   A．del 方法删除字典键的同时，也会删除对应的值

   B．del 方法删除字典键的同时，不会删除对应的值

   C．pop 方法返回指定删除键所对应的值

   D．pop 方法删除字典键的同时，也会删除对应的值

5. 正确的变量命名规则有（　　）。（多选题）

   A．只能由数字（0~9）、字母（a~z，A~Z）和下画线（_）组成

   B．标识符不能和 Python 中的关键字相同

   C．Python 标识符中，不能包含空格、@、？、%、$ 等特殊字符

   D．可以数字开头

6．Python 用数字类型来描述数值型的数据，那么 Python 支持哪三种不同类型的数值？（　　）（多选题）

　　A．整型　　　　　　　　　　　　B．浮点型
　　C．复数　　　　　　　　　　　　D．负数

7．以下有关浮点数格式化输出%f 描述正确的有（　　）。（多选题）
　　A．%f 表示浮点数格式化，默认保留六位小数
　　B．.2 表示小数点后保留两位
　　C．严格四舍五入
　　D．并非严格的四舍五入

8．元组的特点有（　　）。（多选题）
　　A．使用"()"表示，仅一个元素时，末尾加","
　　B．不可修改、添加、删除内部元素
　　C．大小固定，性能略高
　　D．元组内的元素可以重复

二、判断题

1．在 Python 中不能直接对键修改，因为字典的键是不可变的，所以不能直接修改。（　　）

2．Python 集合与数学集合的概念类似，集合是由任意个无序且不重复的元素组成的，即集合中的元素都是唯一的、互不相同的，没有先后顺序。Python 集合也支持交集、差集、对称差分等数学运算。（　　）

第 3 章 运算符及常用语句

教案　　教学课件

导　言

本章将就 Python 运算符及常用语句逐一进行讲解，通过在一个具体的财经案例中运用 Python 运算符和常用语句进行简单的数据处理，让学生能够学以致用，将理论与实际联系在一起，使学生进一步了解 Python 的用法，为接下来的章节学习打下坚实的基础。

同时本章也融入了一些财经行业教育改革发展的指导思想，让学生明确具体培养目标，也让学生深刻理解自己的责任和担当，为国民经济的高质量发展贡献自己的一份力量。

学习目标

- 理解 Python 运算符及常用语句的概念
- 熟练掌握 Python 的运算符用法
- 熟练掌握 Python 的常用语句
- 能够将 Python 的运算符和常用语句的理论迁移到具体的财经案例中
- 能够运用 Python 的运算符和常用语句进行初步的财务数据处理

素质目标

- 培养运用 Python 思维高效处理财务工作的能力
- 树立正确的责任观和财务观

知识探索

和大多数的编程语言一样，Python 常用的操作符也有算术操作符、比较操作符、逻辑操作符、输入/输出语句、条件和循环语句，另外 Python 也有常用语句，但是与其他语言有一定差别，下面我们一起来学习。

本章思维导图如图 3-1 所示。

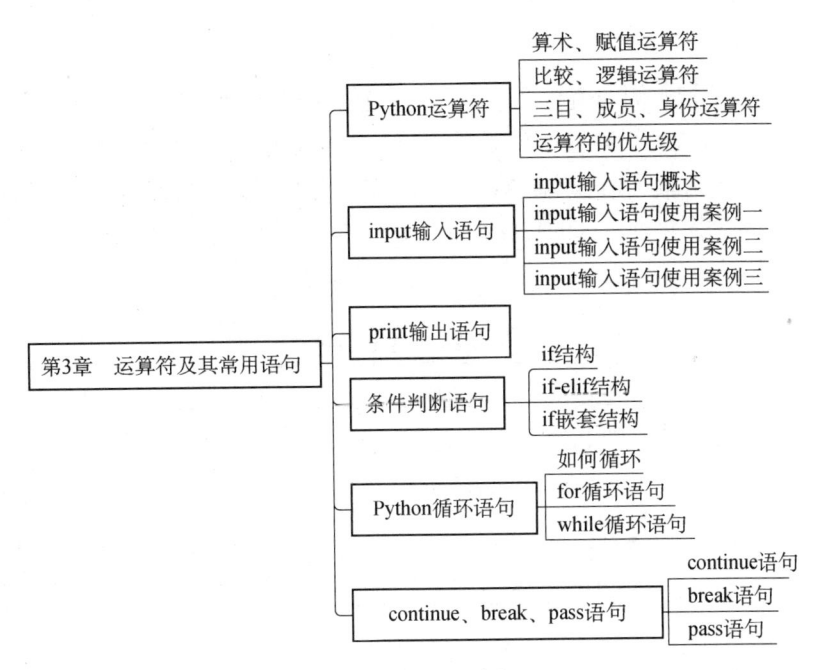

图 3-1 第 3 章思维导图

3.1 Python 运算符

1. 算术、赋值运算符

（1）算术运算符

和大多数的语言一样，Python 也有"+"（加）、"-"（减）、"*"（乘）、"/"（除，不取余数）、"%"（除，取余数）这 5 个运算符，除此之外还有两个特殊的运算符，分别是"//"（整除，结果为整数）和"**"（幂运算符，或叫乘方运算符）。

表 3-1 列出了 Python 支持的基本算术运算符。

表 3-1　基本算术运算符

运算名称	运算符
加法	+
减法	-
乘法	*
除法	/
除法取商（向下取整数）	//
除法取余数	%
幂运算	**

(2)赋值运算符

赋值运算符用来把右侧的值传递给左侧的变量(或者常量),可以直接将右侧的值交给左侧的变量,也可以在进行某些运算后再交给左侧的变量,比如先进行加减乘除、函数调用和逻辑运算等。Python 中最基本的赋值运算符是等号"=",它能结合其他运算符组成复合赋值运算符,以达到简化表达式的目的。赋值运算符、复合赋值运算符分别如表 3-2、表 3-3 所示。

表 3-2 赋值运算符

赋值方式	示例	含义
统一行,逗号分开赋值语句	num1,num2=4,5	一行同时赋值两个变量,逗号分隔
多个变量赋同一个值	num1=num2=num3=6	等号连接多个变量再赋值,可以将多个变量同时赋予相同的值
交换变量(两个)	num1,num2=num2,num1	依照变量的位置进行交换
交换变量(多个)	num,num2,num3=num2,num3,num1	变量被重新赋值,达到交换的目的

表 3-3 复合赋值运算符

预算符	含义	示例和说明
=	直接赋值运算符	c=a+b,将 a+b 的运算结果赋值给 c
+=	加法赋值运算符	c +=a 等效于 c=c+a
-=	减法赋值运算符	c -=a 等效于 c=c − a
*=	乘法赋值运算符	c*=a 等效于 c=c*a
/=	除法赋值运算符	c/=a 等效于 c=c/a
%=	取余赋值运算符	c%=a 等效于 c=c%a
**=	幂赋值运算符	c**=等效于 c=c**a
//=	整除取整赋值运算符	c//=a 等效于 c=c//a
:=	海象运算符,可在表达式内部为变量赋值。Python3.8 版本新增运算符	if(n:=len(a))>10,将 len(a)赋值给 n,再判断 n>10 是否成立

2. 比较、逻辑运算符

(1)比较运算符

和大多数的编程语言一样,Python 的比较运算符也包括"<"、"<="、">"、">="、"=="、"!="。比较运算符根据表达式的值的真假返回布尔值 True 或 False。比较运算符如表 3-4 所示。

表 3-4 比较运算符

比较运算符	含义	示例和说明
>	大于,如果">"前面的值大于后面的值,则返回 True,否则返回 False	2>3 结果为假,返回 False
<	小于,如果"<"前面的值小于后面的值,则返回 True,否则返回 False	2<3 结果为真,返回 True

续表

比较运算符	含义	示例和说明
==	等于，如果"=="两边的值相等，则返回 True，否则返回 False	2==3 结果为假，返回 False
<=	小于等于（等价于数学中的"≤"），如果"<="前面的值小于或等于后面的值，则返回 True，否则返回 False	2<=3 结果为真，返回 True
!=	不等于（等价于数学中的"≠"），如果"!="两边的值不相等，则返回 True，否则返回 False	2!=3 结果为真，返回 True

（2）逻辑运算符

逻辑运算符就是我们常说的与、或、非，在 Python 里分别表示为 and、or、not。使用逻辑运算符可以将任意的表达式连接在一起，并得到一个布尔值。逻辑运算符如表 3-5 所示。

表 3-5 逻辑运算符

逻辑运算符	含义	示例	说明
and	逻辑与运算，等价于数学中的"与"	a and b	当 a 和 b 两个表达式都为真时，a and b 的结果才为真，否则为假
or	逻辑或运算，等价于数学中的"或"	a or b	当 a 和 b 两个表达式都为假时，a or b 的结果才为假，否则为真
not	逻辑非运算，等价于数学中的"非"	not a	如果 a 为真，那么 not a 的结果为假；如果 a 为假，那么 not a 的结果为真，相当于对 a 取反

3. 三目、成员、身份运算符

（1）三目运算符

三目运算符，又称条件运算符、三元运算符。它是唯一有三个操作数的运算符，一般来说，三目运算符的结合性是右结合。用中文来描述三目运算符的逻辑是这样的

为真时的结果 if 判断条件 else 为假时的结果

首先执行中间的判断条件，当上式中间的判断条件为真时，执行 if 左边为真时的结果（也可以是一个表达式或函数等）；当上式中间的判断结果为假时，执行 else 右边为假时的结果（也可以是一个表达式或函数等）。

可以使用三目运算符判断一个数字是奇数还是偶数，并输出结果，如图 3-2 所示。

```
In [*]:  #判断并表述x是奇数还是偶数
         x=5
         y="x为奇数" if x % 2 == 1 else "x为偶数"
         print(y)
         #等价于
         print("x为奇数") if x % 2 == 1 else print("x为偶数")
```

图 3-2 使用三目运算符判断一个数字是奇数还是偶数

x % 2 == 1，判断条件为 x 取余是否等于 1，余数是 1 则为奇数，余数为 0 则为偶数。当 x 为 5 时，判断条件的输出为真，执行 if 左侧的表达式。

（2）成员运算符

Python 支持成员运算符，即判断某元素是否在一个序列中。序列可以是字符串、列表、元组、字典、集合。成员运算符如表 3-6 所示。

表 3-6　成员运算符

成员运算符	含义	示例
in	如果在指定的序列中找到值则返回 True，否则返回 False	1 in [1,2,3]结果为真，返回 True
not in	如果在指定的序列中没有找到值返回 True，否则返回 False	'c' not in {'a': 'Alice', 'b': 'Bob'}，c 不是字典的键，结果为真，返回 True

（3）身份运算符

Python 的身份运算符用来比较两个对象的存储单元，如表 3-7 所示。

表 3-7　身份运算符

身份运算符	含义	示例
is	判断两个对象的内存地址是否相同，相同为真返回 True，否则返回 False	1 is 1 结果为真，返回 True
is not	判断两个对象的内存地址是否不同，不同为真返回 True，否则返回 False	a, b='saber', 'saber', a is not b 结果为假，返回 False

注意：身份运算符"is"，用于判断两个变量的引用对象是否为同一个（同一块内存空间）。

4. 运算符的优先级

表 3-8 为 Python 运算符优先级由低到高的排序。

表 3-8　运算符优先级

优先级	运算符	描述	优先级	运算符	描述
1	lambda	lambda 表达式	13	*，/，%，//	乘，除，取余，取整
2	or	逻辑或	14	+x，-x	正号，负号
3	and	逻辑与	15	~	按位取反
4	not	逻辑非	16	**	幂运算
5	in，not in	成员运算符	17	x: attribute	属性或方法
6	is，not is	身份运算符	18	x[index]	索引
7	<, <=, >, >=, !=, ==	比较运算符	19	x[index,index]	寻址段
8	|	按位或	20	f(arguments...)	函数调用
9	^	按位异或	21	(expression,...)	元组显示
10	&	按位与	22	[expression,...]	列表显示
11	<<, >>	移位	23	{key:datum,...}	字典显示
12	+，-	加法，减法	24	"expression..."	字符串

虽然 Python 运算符存在优先级的关系，但尽量不过度依赖运算符的优先级，否则会导致程序的可读性降低。因此，建议：

◆ 简化表达式，如果一个表达式过于复杂或较难编写，则把它拆分来写。
◆ 尽量少依赖运算符的优先级来控制表达式的执行顺序，应尽量使用"()"来控制表达式的执行顺序，提高可读性。

3.2　input 输入语句

1. input 输入语句概述

Python 程序如何从外界获取输入？这里介绍一种方法，即使用 input() 函数从键盘获取输入。

（1）在 Jupyter 中输入"y=input("请输入一句话: ")"，运行该行代码可以看到输入框下方弹出一行提示语，它就是我们在 input() 函数中输入的提示语，如图 3-3 所示。

图 3-3　在 input() 函数中输入提示语

（2）在提示语后面的输入框内输入任意一句话，如："这本书太棒了！"，如图 3-4 所示。

图 3-4　输入框内输入任意一句话

（3）输入完成之后，按 Enter 键运行，这句话就输出在屏幕上了，如图 3-5 所示。

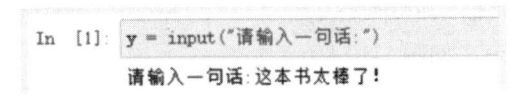

图 3-5　按 Enter 键运行

（4）当想要调用 y 变量时，直接调用就可以，如图 3-6 所示。

图 3-6　调用 y 变量

注意：接收标准的输入数据（即从键盘输入），返回的类型为 String 类型（字符串类型），必要时可转换其数据类型。

2. input 输入语句使用案例一

使用 input()函数获取输入的考试成绩，并使用 float()函数将数据类型转换为浮点型，如图 3-7 所示。

```
In [*]: score=float(input("请输入考试成绩"))
```

图 3-7　使用 float()函数将数据类型转换为浮点型

使用 input()函数获取输入的考试成绩"95"，并使用 float()函数将数据类型转换为浮点型，然后赋值给变量 score，如图 3-8 所示。

```
score = float(input("请输入考试成绩:"))
请输入考试成绩:95

score
95.0
```

图 3-8　input()函数获取输入的考试成绩"95"

3. input 输入语句使用案例二

使用 input()函数获取输入的班级人数，并使用 int()函数将数据类型转换为整型，如图 3-9 所示。

```
count = int(input("请输入班级人数："))
请输入班级人数：
```

图 3-9　input()函数获取输入的班级人数

使用 input()函数获取输入的班级人数"35"，并使用 int()函数将数据类型转换为整型，然后赋值给变量 count，如图 3-10 所示。

```
count = int(input("请输入班级人数："))
请输入班级人数：35

count
35
```

图 3-10　input()函数获取输入的班级人数"35"

4. input 输入语句使用案例三

使用 input()函数获取输入的纳税比率，并使用 eval()函数自动判断数据类型，并实现数据类型转换，如图 3-11 所示。

```
rate = eval(input("请输入纳税比率："))
```

图 3-11　使用 input()函数获取输入的纳税比率

类似地，使用 input()函数获取输入的纳税比率，并使用 eval()函数自动判断数据类型，最终赋值给变量 rate，如图 3-12 所示。

```
rate = eval(input("请输入纳税比率："))
请输入纳税比率：3.5
rate
3.5
type(rate)
float
```

图 3-12　使用 eval()函数自动判断数据类型

注意：使用 eval()函数存在安全风险，请谨慎使用。

3.3　print 输出语句

Python 程序的输出形式很多，比如存为文件、存入数据库，或将数据发送到其他服务器等。我们这里说的输出语句是指将内容打印在屏幕上的方法。

功能：将各种类型的数据（字符串、数字、列表、字典、元组及集合）输出到屏幕上。

（1）使用 print()函数打印一个变量的值，如图 3-13 所示。

```
In [1]: con = '今天我又进步了！'
        print(con)
今天我又进步了！
```

图 3-13　打印一个变量的值

（2）使用 print()函数打印一行分割线，即一串 "-"，中间为"分割线"3 个字，如图 3-14 所示。

```
In [2]: print('-' * 10, '分隔线', '-' * 10)
        ---------- 分隔线 ----------
```

图 3-14　打印一行分割线

注意：可以使用"*"设置字符串重复数次。打印多个内容可以用逗号分隔，sep 参数用于定义分隔字符，默认为一个空格。

◆ 设置 sep 参数，用"-"分隔多个需要打印的值，如图 3-15 所示。

```
In [4]: ID = 2205066
        name = '郝学'
        age = 20
        college = '会计学院'
        print(ID, name, age, college, sep=' - ')
        2205066 - 郝学 - 20 - 会计学院
```

图 3-15　用"-"分隔

注意：使用 sep 参数时，print() 函数中需设置多个参数。仅打印一个参数时，sep 不会生效。

◆ 设置 sep 参数，用"\n"（换行符号）分隔多个需要打印的值，如图 3-16 所示。

```
In [5]: ID = 2205066
        name = '郝学'
        age = 20
        college = '会计学院'
        print(ID, name, age, college, sep='\n')
        2205066
        郝学
        20
        会计学院
```

图 3-16　用"\n"（换行符号）分隔

注意：sep 参数默认为一个空格，修改为换行符号，即每个元素用换行符分隔。

◆ 设置 end 参数，用"℃"作为单位符号来结尾温度值，如图 3-17 所示。

```
In [6]: T = 36.5
        print(T, end='℃')
        36.5℃
```

图 3-17　设置 end 参数

注意：设定参数值结尾时，默认值用换行符号。

◆ 定义的字符串与字符串内容的引号相同，可以使用转义字符"\'"或"\""让引号以字符原样输出，如图 3-18 所示。

```
In [7]: con = "Never forget to say \"thanks\""
        print(con)
        Never forget to say "thanks"
```

图 3-18　定义的字符串与字符串内容的引号相同

注意：转义字符规定了计算机在识别和显示字符时的一些必要字符。

3.4 条件判断语句

Python 程序可以分为三种结构，即顺序结构、选择（分支）结构和循环结构。选择结构也称分支结构，就是让程序有选择地执行代码。换句话说，程序可以跳过用不到的代码，只执行需要的代码。用条件判断语句可以实现选择结构。if-else 语句为条件判断语句的主要表现形式。

如图 3-19 所示，条件判断语句表现为下列 4 种条件判断结构，下面对其中 3 种进行介绍。

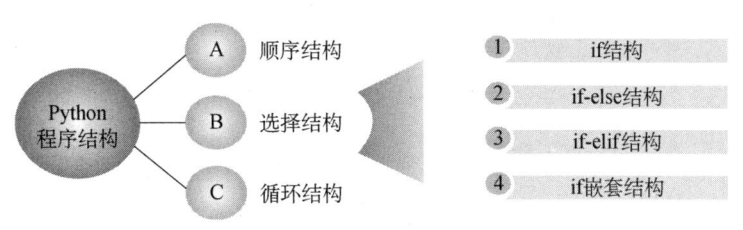

图 3-19　四种条件判断结构

1. if 结构

if 结构，如图 3-20 所示。
if 结构的语法格式，如图 3-21 所示。

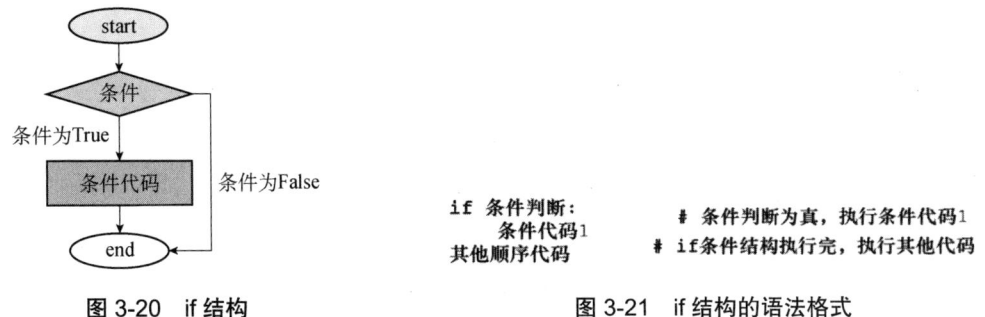

图 3-20　if 结构　　　　　　　图 3-21　if 结构的语法格式

如果 if 条件判断为真，则执行条件代码部分。如果判断为假，则执行其他顺序代码。if 结构可以应用在判断是否出现特定或特殊的情况，出现则执行条件代码部分，否则执行其他顺序代码。if 结构代码如图 3-22 所示。

```
score = 85.9
if score > 60:
    print("score为%s，及格了" % score)
print("判断结束，可继续执行后续代码")
```

图 3-22　if 结构代码

2. if-elif 结构

条件判断语句——if-elif 结构。if-elif 结构的执行流程，如图 3-23 所示。

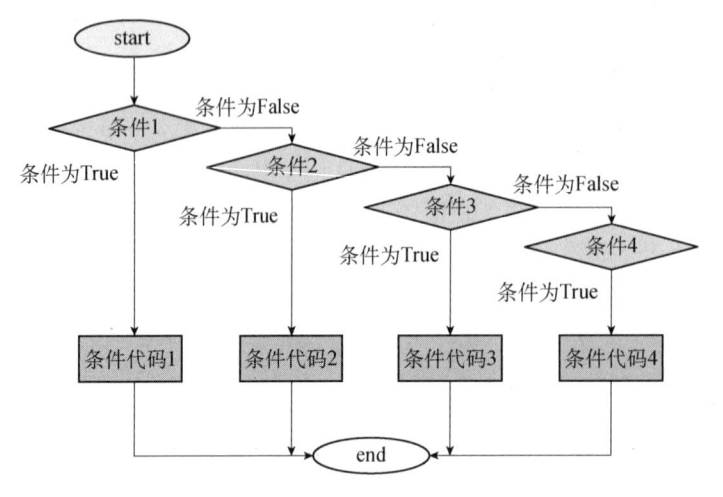

图 3-23　if-elif 结构的执行流程

if-elif 结构的语法格式为

```
if 条件判断 1:
    条件代码 1    # 条件判断 1 为真，执行条件代码 1
elif 条件判断 2:
    条件代码 2    # 条件判断 2 为真，执行条件代码 2
elif 条件判断 3:
    条件代码 3    # 条件判断 3 为真，执行条件代码 3
```

if-elif-else 结构的语法格式为（补充）

```
if 条件判断 1:
    条件代码 1    # 条件判断 1 为真，执行条件代码 1
elif 条件判断 2:
    条件代码 2    # 条件判断 2 为真，执行条件代码 2
elif 条件判断 3:
    条件代码 3    # 条件判断 3 为真，执行条件代码 3
else:
    条件代码 4    # 条件判断 123 为假，执行条件代码 4
```

在此不再单独介绍 if-else 结构。if-elif 结构和 if-elif-else 结构是一致的，else 用于补充都不满足判断条件或不容易写出条件判断的情况，该结构适用于存在很多种情况的判断，if 和每个 elif 后面都需要写条件判断语句。if-elif 结构代码示意如图 3-24 所示，适用场景包括：个税缴纳金额的计算、打折促销结算及成绩评定等。

```
score = int(input("请输入成绩 (0~100整数) "))
if score < 60:
    print("成绩为%s, 不及格" % score)
elif score <70:
    print("成绩为%s, 及格" % score)
elif score <80:
    print("成绩为%s, 中等" % score)
elif score <90:
    print("成绩为%s, 良好" % score)
elif score <=100:
    print("成绩为%s, 优秀" % score)
```

图 3-24　if-elif 结构代码示意

3. if 嵌套结构

if 嵌套结构适用于存在多层判断的情况，可以理解为将 if 结构、if-else 结构、if-elif 结构互相嵌套。在实际应用场景中，我们遇到的情况可能非常多，因此需要灵活应用。

需要特别注意的是缩进问题，一般涉及的语句都会看到缩进。通常情况下，我们使用 4 个空格（Space 键）来控制缩进。如本节伪代码中的条件代码块，与它紧邻的条件判断语句相差 4 个空格的缩进。同一个判断条件下，缩进保持一致，即保持 4 个空格。

嵌套结构在外层缩进的基础上，也要保持内层缩进。随意缩进和缩进不一致的情况都会报错。

3.5　Python 循环语句

1. 如何循环

不断重复的几件事就可被称为循环。生活中经常能见到循环，如：季节的循环更替、路口交通信号灯的循环亮灭、自然界的水循环等。编程也能实现循环。我们来看图 3-25 所示的学校食堂的循环案例。

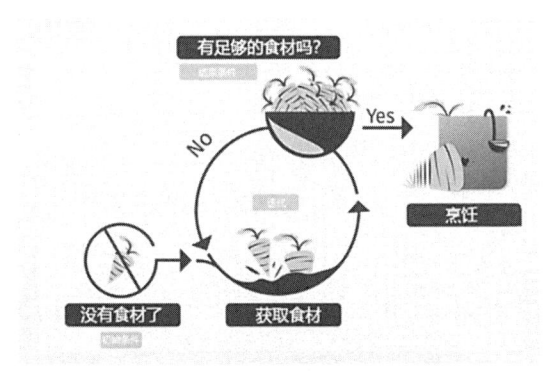

图 3-25　学校食堂的循环案例

一段循环通常需要一个或多个条件，如：

① 一个开始条件，它被初始化为一个特定的值，这是循环的起点（开始：没有食材了）。

② 一个结束条件，这是一个循环停止的标准，通常为计数器达到一定值。如图3-25中用来判断的结束条件是"有足够的食材吗"？假设食堂每天至少准备一万份食材，一周的食材量为7万份，7万份可理解为循环结束的条件。

③ 一个迭代器，通常在每个连续循环上递增少量的计数器，直到达到退出条件。如果周一食材储备不足7万份，那么还需要继续增加本周的食材，如果单次采购的运输量有限，则需要多次采购。如果食材足够了，就可以不再采购了。

在 Python 中常用的两种循环语句是 for 循环语句和 while 循环语句，此外还有用来控制循环的语句，如 continue 语句和 break 语句。

2. for 循环语句

for 循环语法格式为

```
for 变量名 in 可迭代对象:
    循环体代码
```

◆ 可迭代对象可以是字符串、列表、字典、元组、集合。
◆ 如果不满足 for 循环条件，则不再执行循环体代码，退出 for 循环。

注意：以上代码为伪代码，伪代码不是真正的代码，它能描述程序算法结构，有助于理解程序逻辑。

for 循环执行过程，首先判断循环条件表达式的值，当值为真（True）时，则执行循环体代码。当执行完毕后，再回过头来重新判断 for 循环条件表达式的值是否为真，若仍为真，则继续重新执行循环体代码……如此循环，直到 for 循环条件表达式的值为假（False）才终止循环。for 循环语句的执行流程如图3-26所示，for 循环语句代码示例如图3-27所示。

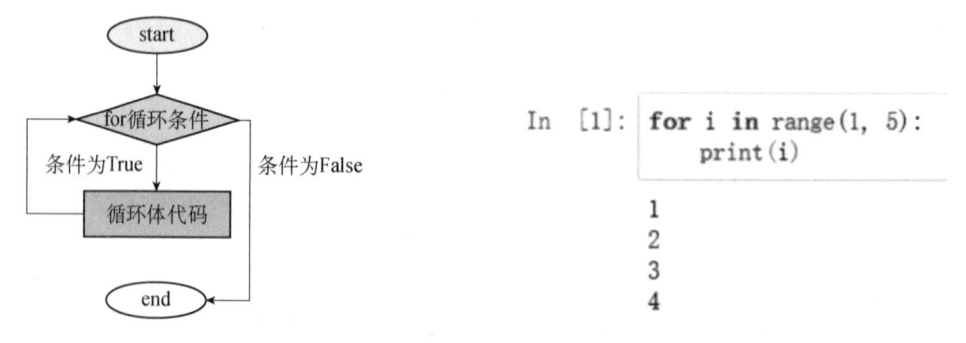

图3-26 for 循环语句的执行流程

图3-27 for 循环语句代码示例

图3-27 例子中"for i in range(1,5):"遍历了 1~4 这 4 个数字，并依次赋值给变量 i。

(1, 5)类似数学中的左闭右开区间[1,5]，在 1 到 5 的数字中，不能取到 5。range() 函数的使用方法如图 3-28 所示。

```
range(start, stop, step)

start:  记数从start开始。默认从0开始。
        例如：range(5) 等价于 range(0, 5)

stop:   记数到stop结束，但不包括stop。必写项。
        例如：list(range(0, 5))，结果是[0, 1, 2, 3, 4]，不包括5

step:   步长，默认为1。
        例如：range(0, 5)，等价于range(0, 5, 1)
```

图 3-28　range() 函数的使用方法

for 循环语句代码示例，如图 3-29 所示。

在图 3-29 示例中，"for i in range(0，11，2):"是遍历 0～10 之间的偶数，并依次赋值给变量 i。(0，11)类似数学中的左闭右开区间[0，11)，在 0 到 11 的数字中，不能取到 11。按步长为 2 取到 0～10 之间的偶数。

在图 3-30 示例（for 循环语句代码示例 2）中，for 循环遍历列表不再使用 range() 函数，而是将列表的变量名写在"in"后，以实现整个列表的循环。for 循环将列表的每个元素依次赋值给 one，直到遍历完列表中的元素，就会自动退出 for 循环。

```
In [2]: # 步长为2
        for i in range(0, 11, 2):
            print(i)
0
2
4
6
8
10
```

图 3-29　for 循环语句代码示例 1

```
In [3]: course = ["高等数学","线性代数","数理统计"]
        for one in course:
            print(one)
高等数学
线性代数
数理统计
```

图 3-30　for 循环语句代码示例 2

使用 for 循环语句打印九九乘法表，如图 3-31 所示。

```
# 打印九九乘法表
for i in range(1, 10):
    for j in range(1, i+1):
        print(f'{i}×{j}={i*j}\t', end='')
    print()

1×1=1
2×1=2   2×2=4
3×1=3   3×2=6   3×3=9
4×1=4   4×2=8   4×3=12  4×4=16
5×1=5   5×2=10  5×3=15  5×4=20  5×5=25
6×1=6   6×2=12  6×3=18  6×4=24  6×5=30  6×6=36
7×1=7   7×2=14  7×3=21  7×4=28  7×5=35  7×6=42  7×7=49
8×1=8   8×2=16  8×3=24  8×4=32  8×5=40  8×6=48  8×7=56  8×8=64
9×1=9   9×2=18  9×3=27  9×4=36  9×5=45  9×6=54  9×7=63  9×8=72  9×9=81
```

图 3-31　for 循环语句打印九九乘法表

i 是第一个乘数（1～9），控制每行的行数；j 是第二个乘数（1～i），控制每行的列数，最大取值与 i 相同。print()函数中，"\t"表示一个水平制表符（Tab），用于打印时分隔相邻的乘式；"end=' '"表示每个乘式不换行（默认换行），直接连接。"print()"表示每行打印完再换行。

3. while 循环语句

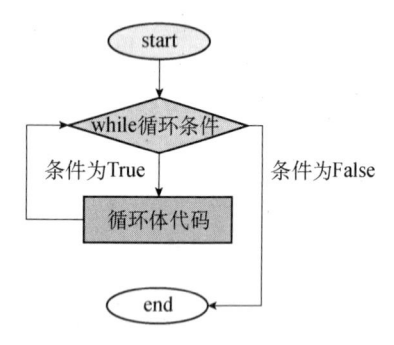

while 循环语句类似于 for 循环和 if 条件判断语句的结合，while 循环语句也需要判断。如图 3-32 所示为 while 循环语句的执行流程图。

while 循环语句的语法格式为

```
while 条件判断:
    条件代码 1
```

（1）条件判断为真，执行条件代码 1

while 循环执行过程：首先判断循环条件表达式的值，其值为真（True）时，则执行循环体代码中的语句。当执行完毕后，再回过头来重新判断 while 循环条件表达式的值是否为真，若仍为真，则继续重新执行循环体代码……如此循环，直到 while 循环条件表达式的值为假（False）才终止循环。

图 3-32 while 循环语句的执行流程图

（2）将 for 循环改为 while 循环

能否将 for 循环中的例子，修改为 while 循环呢？循环时，条件判断表达式的变量和参数分别是什么？如何使用它们？

while 循环语句代码示例如图 3-33 所示，number 是在 while 语句中的条件判断的参数，首先需要定义它的初始值，之后在 while 语句中确定需要循环的次数，循环次数与 number 如何增加或减少有关。本例中每循环一次会使 number 的值增加 1，增加到 number=5 时，while 条件判断为假，此时退出 while 循环，不再执行 number=5 时的逻辑语句。number 从 0～4 循环执行了 5 次。

图 3-34 为 for 循环转换为 while 循环案例：使用 while 循环输出 10 以内的偶数。

```
number = 0
while number < 5:
    print(f"number为：{number}")
    number = number + 1
```
```
number为：0
number为：1
number为：2
number为：3
number为：4
```

图 3-33 while 循环语句代码示例

```
num = 0
while num <= 10:
    if num % 2 == 0:
        print(f"num为：{num}")
    num = num + 1
```
```
num为：0
num为：2
num为：4
num为：6
num为：8
num为：10
```

图 3-34 使用 while 循环输出 10 以内的偶数

（3）使用 while 循环实现倒计时功能

使用 while 循环写一个倒计时的功能，每隔一秒变更显示内容，如图 3-35 所示。

```
import time
count = 5
while count != 0:
    print(f"还需要等待{count}秒")
    time.sleep(1)   # 程序等待1秒钟
    count = count - 1
print("等待结束！")
```

还需要等待5秒
还需要等待4秒
还需要等待3秒
还需要等待2秒
还需要等待1秒
等待结束！

图 3-35　使用 while 循环实现倒计时功能

提示：

import time 导入时间库，要用到等待或暂停的功能。

"!=" 表示不等于。当 count 不等于 0 时，while 判断条件为真。

time.sleep(1) 表示在此处，程序暂停 1 秒钟。

（4）使用 while 循环实现食堂采购

使用 while 循环完成上文食堂采购的案例，如图 3-36 所示。

```
food_count = 0   # 假设初始食材总量为0
while food_count < 70000:
    print(f'食材的总量为{food_count}份，数量不足，仍需采购')
    food_count += 10000   # 假设每次采购增加1万份
print(f'采购完成，食材的总量为{food_count}份')
```

食材的总量为0份，数量不足，仍需采购
食材的总量为10000份，数量不足，仍需采购
食材的总量为20000份，数量不足，仍需采购
食材的总量为30000份，数量不足，仍需采购
食材的总量为40000份，数量不足，仍需采购
食材的总量为50000份，数量不足，仍需采购
食材的总量为60000份，数量不足，仍需采购
采购完成，食材的总量为70000份

图 3-36　使用 while 循环实现食堂采购的案例

（5）while 陷入死循环

当 while 循环的判断条件一直为真，程序就会陷入死循环，如图 3-37 所示。

```
while True:
    print("死循环中")
```

图 3-37　程序陷入死循环

上述代码中，循环条件始终为 True，没有退出循环的条件，因此循环无法退出，程序将持续执行循环体代码，这样的循环称为死循环。

循环条件为真的情况不限于本例中的 True，还有很多种，如非 0 的数字类型都为真，非空的字符串都为真等。

如果要退出循环，可以使用后面介绍的语句进行控制。

3.6　continue、break、pass 语句

1. continue 语句

continue 翻译为"继续"，在代码逻辑中也是同样的意思。当用在循环语句的循环体中，它的作用是终止下面的语句，继续执行下一次循环。continue 语句的应用如图 3-38 所示。

```
In [1]: for i in range(1,6):
            if i in [2,3,4]:
                continue
            print("当前的i是：", i)
        # if 判断循环变量i在2, 3, 4中，执行continue语句，
        # continue在这里的作用是跳出if语句，执行下一次for循环

当前的i是： 1
当前的i是： 5
```

图 3-38　continue 语句的应用

for 循环依次遍历 1~5 这 5 个数，当 i=1 时，i 不在[2,3,4]中，程序将不执行 continue，继续按顺序执行，即输出"当前的 i 是：1"。

程序执行到 i=2 时，i 在[2,3,4]中，程序将执行 continue，后面的代码不再执行，直接进行下一次 for 循环。

注意：continue 并不会跳出循环，执行 continue 时会忽略后面的逻辑，直接执行下一次循环。

2. break 语句

break 翻译为"打破"，在代码逻辑中起到和词义相似的作用。在 for、while 循环语句中执行 break 语句时，程序会直接跳出循环，继续按顺序执行。break 语句的应用如图 3-39 所示。

```
In [2]: for i in range(1,6):
            if i in [2,3,4]:
                break    # 直接退出for循环
            print("当前的i是：", i)
        print("for循环结束")

当前的i是： 1
for循环结束
```

图 3-39　break 语句的应用

for 循环依次遍历 1~5 这 5 个数，当 i=1 时，i 不在[2,3,4]中，程序将不执行 break，而是按顺序执行 print 语句，但是不执行与 for 同缩进的 print 语句。当 i=2 时，i 在[2,3,4]中，程序将执行 break，后面的代码不再执行，直接退出 for 循环。

注意：执行 break 时会忽略后面的逻辑，break 会直接跳出循环。

3. pass 语句

pass 语句是空语句，什么都不执行，不做任何事情，用于占位。它的作用一般不体现在完整的代码逻辑中，而常体现在代码编写过程中。当我们不确定如何写逻辑时，可以使用 pass 先占位，不会影响整体逻辑的执行。

Python 解释器会忽略 pass 占位处的语法异常，起到不报错的作用，如图 3-40 所示为 pass 语句的应用。

```
In [3]: for i in range(1,6):
            if i in [2,3,4]:
                pass    # 正常这里什么都不写会报错，pass可忽略异常
            print("当前的i是：", i)
        print("for循环结束")
当前的i是： 1
当前的i是： 2
当前的i是： 3
当前的i是： 4
当前的i是： 5
for循环结束
```

图 3-40　pass 语句的应用

for 循环依次遍历 1~5 这 5 个数。当 i=1 时，i 不在[2,3,4]中，程序将不执行 pass 语句，顺序执行 print 语句，但是不执行与 for 同缩进的 print 语句。当 i=2 时，i 在[2,3,4]中，程序将执行 pass 语句之后正常顺序执行后面的代码。

正常情况下，Python 执行 for 循环时，如果循环体结构中没有任何代码则会报异常。如果不确定如何写，或希望后续再补充代码，可以先用 pass 语句占位，一方面用于提醒程序开发人员这里缺少代码，另一方面也不影响整体代码的运行。

pass 语句不止应用于循环语句中，在必要的代码编写和调试时也都可以使用。

项目实践

任务一　实战案例引入——员工薪酬计算

案例背景

通过学习前面内容，高敏掌握了字符串类型数据的一些基本操作。但是另一种基本数据类型——数字类型，具体包括哪些内容？可以进行哪方面的操作？有哪些应用的场景？

她都还不太了解。不过,世上无难事,只怕有心人!财务人员每天都和数字打交道,学起来不会太难。

同时为了响应国家对青年的希冀,高敏同学立志成为财务行业的人才,为国民经济的发展做出自己的贡献。因此,她相信只要肯下功夫钻研,就一定会把这些知识点搞明白。

子任务 1 计算员工薪酬

为了边学边练,她找来了公司 2022 年 10 月部分员工的薪酬数据(见表 3-9)。

表 3-9 部分员工的薪酬数据   单位:元

员工编码	部门	员工姓名	职位	基本工资	绩效工资	应发工资	代扣社会保险	代扣公积金	代扣个税	代扣总金额	实发金额
1001	企业管理部	佘峰	总经理	10 000	6 200	16 200	1 296.00	3 600	420.4	5 316.4	10 883.6
1020	仓储部	王宝珠	仓管员	8 000	2 700	10 700	856.00	1 210	153.4	2 219.4	8 480.6
1027	生产部	喻明远	班组长	9 000	2 083.4	11 083.4	990.40	1 210	178.3	2 378.7	8 704.7

高敏将运用 Python 完成以下任务:

1.1 计算总经理佘峰的应发工资和实发金额。

1.2 对王宝珠的实发金额进行抹零(即只保留整数)处理。

1.3 计算喻明远的绩效工资。计算规则:绩效工资按每生产 3 件产品为一组,一组计为 2.5 元。余下不足 3 件的按每件 0.9 元计算。本月喻明远一共生产轻巧型产品 25000 件。

【项目实践】参考答案:

任务解读

(1)任务 1.1、任务 1.2 解读

应发工资=基本工资+绩效工资

实发金额=应发工资−代扣总金额

代扣总金额=代扣社会保险+代扣公积金+代扣个税

(2)任务 1.3 解读

绩效工资计算规则:绩效工资按每生产 3 件产品为一组,一组计为 2.5 元。余下不足 3 件的按每件 0.9 元计算。

绩效工资=(生产产品的组数*每组绩效工资)+(不足一组的件数*单件绩效工资)

数字的算术运算规则,如图 3-41 所示。

数字的算术运算：

运算符	说明	实例	结果
+	加	123+45	168
-	减	123.45-1	122.45
*	乘	2*5.6	11.2
/	除	10/5	2
%	取余，即返回除法的余数	10/3	1

数据类型的转换：
int()　　　　　　转换为整数
float()　　　　　转换为浮点数
str()　　　　　　转换为字符串
eval()　　　　　去掉字符串最外层引号

%占位法：
"xxx%sxxx%dxxx%f"%("张三",56,100.12）
{}占位法：
"xxx{}xxx{}xxx{:2f}".Format("张三",56,100.12)

图 3-41　数字的算术运算规则

◆ 任务 1.1 参考答案，如图 3-42 所示。

```
# 1.计算总经理佘峰的应发工资和实发工资
# (1.1)创建变量接收工资项目的金额
staff = input("请输入员工姓名：")
bs = eval(input("请输入基本工资："))     # bs表示basic_salary
ws = eval(input("请输入绩效工资："))     # ws表示wage subsidy
sip = eval(input("请输入代扣社会保险金额："))  # sip表示social insurance premium
hf = eval(input("请输入代扣住房公积金的金额：")) # hf表示housing fund
it = eval(input("请输入代扣个人所得税的金额：")) # it表示income tax

# （1.2）计算工资       (知识技能点：数值型的加、减运算，控制输出浮点数的小位位数)
# 计算应发工资
wages = bs + ws
# 计算代扣总金额
withhold = sip + hf + it
# 计算实发工资
net = wages - withhold
# 打印结果
Print(f"{staff}这个月应发的工资是：{wages}元,实发的工资是{net:.2f}元。")   # 控制输出浮点数的小位位数
```

图 3-42　任务 1.1 参考答案

◆ 任务 1.2 参考答案，如图 3-43 所示。

```
# 2. 王宝珠的实发工资进行抹零处理   (知识技能点：整型和浮点型以及双方的转换，占位符格式输出方法)
staff2 ="王宝珠"      # 定义员工姓名
net = 4431.60        # 定义实发工资
net_i = int(net)     # int()取整
net_f = float(net_i) #
Print("%s这个月实发的工资是：%f元,抹零后是：%d元。" % (staff2,net_f,net_i))   # %占位符格式化
```

图 3-43　任务 1.2 参考答案

◆ 任务 1.3 参考答案，如图 3-44 所示。

```
In [*]: pq = 25000 # pq表示product quantity
        # 按每3件一组，先计算有多少组，以及总组数应计算的绩效工资
        x = (pq // 3) * 2.5
        # 再计算余下不足3件的绩效工资
        y = (pq % 3) *0.9
        # 计算出总绩效工资
        salary = x + y
        # 打印结果
        Print("喻明远这个月的绩效工资是{}元。".Format(salary))    # Format格式化输出的占位符为{}
```

图 3-44　任务 1.3 参考答案

子任务 2　计算个人所得税

美迪公司财务部的高敏每月都需要计算公司里每一位员工的个人所得税（简称个税），这件事令她头痛，因为我国个人所得税计算比较复杂，稍不留意就可能出错。为了解决这个难题，高敏决定用 Python 设计个人所得税的计算程序。

1.1 经过思考，高敏决定按以下步骤实现自己的想法。

（1）了解个人所得税的计算规则

◆ 应税工资=实发工资－5000－代扣社会保险－代扣公积金

◆ 当月个人所得税=应税工资*适用税率－速算扣除数

适用税率如表 3-10 所示。

表 3-10　适用税率

应税工资（t-income）	适用税率（t-rate）	速算扣除数（quick-d）
0<应税工资<=3 000	3%	0
3 000<应税工资<=12 000	10%	210
12 000<应税工资<=25 000	20%	1 410
应税工资>25 000	25%	2 660

备注：为配合工作任务，上表已经过修改。

（2）借助流程图梳理程序思路

（3）写出基本代码框架

（4）调试代码

（5）细化代码

（6）再调试代码

（7）检验代码

试用程序计算并判断表 3-9 中每个人的代扣个税是否正确。

1.2 代码编写思路：制作个人所得税计算器，根据输入的员工应税工资，自动计算出应交个税数额。

代码构建步骤为

（1）获取计算应税工资的基本数据

（2）定义免征额（全国统一为5000元）

（3）定义计算月应税工资的计算方法

（4）先判断是否需要缴税

（5）再判断适用税率和速算扣除数

（6）接着定义当月个人所得税的计算方法

（7）打印结果

子任务2参考答案如图3-45所示。

```
In [*]:  # 获取计算应税收入的基本数据
         wages = eval(input("请输入您本月的应发工资："))    # eval函数自动识别整型和浮点型
         sip = eval(input("请输入您的本月工资中的代扣社会保险及代扣公积金总额："))
         # 定义免征额（全国统一为5000元）
         exemption = 5000
         # 定义计算月应税收入的计算方法
         t_income = wages - exemption - sip
         # 先判断是否需要缴税（外层if语句）                   （知识技能点：if语句）
         if t_income > 0:
             Print('纳税光荣，您本月获得纳税资格。')
             # 再判断适用税率和速算扣除数                    （知识技能点：if语句嵌套）
             if t_income <= 3000:
                 t_rate = 0.03
                 quick_d = 0
             elif 3000 < t_income <= 12000:
                 t_rate = 0.1
                 quick_d = 210
             elif 12000 < t_income <= 25000:
                 t_rate = 0.2
                 quick_d = 1410
             elif 25000 < t_income:
                 t_rate = 0.25
                 quick_d = 2660
             # 接着定义个人所得税的计算方法
             per_tax = t_income * t_rate - quick_d
             # 最后打印结果
             Print(f"您当月的应税收入为{t_income}，应预缴个税款为：{per_tax:.2f}元。")
         else:
             Print("争取下月获得纳税资格。")
```

图3-45 子任务2参考答案

子任务3 计算员工福利

中秋节快到了，美迪公司初步拟定节日慰问品发放方案如下：

工龄满5年的员工，发放果仁月饼1盒（268元/盒）、牛奶2箱（55元/箱）；工龄不满5年的员工，发放蛋黄月饼1盒（198元/盒）、苹果3箱（25元/箱）。

美迪公司财务部5名员工的工龄信息如表3-11所示。

表 3-11　美迪公司财务部 5 名员工的工龄信息

员工编码	部门	员工姓名	职务	工龄
1006	财务部	钱丹	财务经理	10
1007	财务部	赵晓阳	出纳	2
1008	财务部	王菁	税务会计	6
1009	财务部	程实	成本会计	3
1010	财务部	高敏	财务会计	4

1.1 财务经理钱丹让高敏统计一下本部门需要购买多少月饼、牛奶和苹果？分别需要花费多少钱？

1.2 编写一个程序，让员工在输入姓名后获得自己的福利品信息，可以无限次输入，直到输入"Q"或"q"退出。

◆ 任务 1.1 参考答案，如图 3-46 所示。

```
In [*]:  # 1. 创建列表，用于储存工龄数据              （知识技能点：列表（作简单说明））
         wk_years = [10, 2, 6, 3, 4]
         # 2. 创建商品数量变量
         milk_q = 0
         apple_q = 0
         mc_nut_q = 0
         mc_egg_q = 0
         # 3. 利用for循环遍历列表                    （知识技能点：遍历）
         For i in wk_years:
             #  4. 对遍历变量进行判断              （知识技能点：嵌套if语句）
             if i >= 5:
                 #5. 计算商品数量                    （知识技能点：循环累计）
                 mc_nut_q += 1
                 milk_q += 2
             else:
                 mc_egg_q += 1
                 apple_q += 3
         # 6. 计算各商品花费金额
         mc_nut_a = mc_nut_q * 268
         milk_a = milk_q * 55
         mc_egg_a = mc_egg_q * 198
         apple_a = apple_q * 25
         # 7. 打印结果
         Print(f'''需要购买的牛奶数量是{milk_q}箱,金额是{milk_a}元。
         需要购买的果仁月饼数量是{mc_nut_q}盒,金额是{mc_nut_a}元。
         需要购买的蛋黄月饼数量是{mc_egg_q }盒,金额是{mc_egg_a}元。
         需要购买的苹果数量是{apple_q}箱,金额是{apple_a}元。''')
```

图 3-46　任务 1.1 参考答案

◆ 任务 1.2 参考答案，如图 3-47 所示。

```
In [*]: name_list = ['钱丹','赵晓阳','王菁','程实','高敏']
        wk_years = [10, 2, 6, 3, 4]
        # 2. 创建循环                                              (知识技能点：While循环)
        While True:
            # 3. 获取用户输入姓名
            name = input('请输入您的姓名（Q或q退出）: ')
            # 4. 对姓名进行判断，如果没有此姓名，输出：查无此人
            if name in name_list:                                 # (知识技能点：in保留字)
                # 5. 如果有此员工，则进行工龄提取
                # 5.1 提取name的索引                              (知识技能点：列表的index方法)
                ix = name_list.index(name)
                # 5.2 按name的索引号提取其工龄                   (知识技能点：访问列表的值)
                year = wk_years[ix]
                # 6. 根据不同的工龄输出结果
                if year >= 5:
                    Print('您将获得果仁月饼1盒（268元/盒）、牛奶2箱（55元/箱）。')
                else:
                    Print('您将获得蛋黄月饼1盒（198元/盒）、苹果3箱（25元/箱）。')
            # 7. 设计退出                                          (知识技能点：Break语句)
            elif name == 'Q' or name == 'q':
                Print('您将退出程序。')
                Break    # 使用Break语句，退出本例的While死循环
            else:
                Print('查无此人！')
```

图 3-47　任务 1.2 参考答案

拓展阅读

Python 运算符优先级和结合性

所谓优先级，就是当多个运算符同时出现在一个表达式中时，先执行哪个运算符。

例如表达式 a + b * c，Python 会先计算乘法再计算加法，b * c 的结果为 8，a + 8 的结果为 24，所以最终解是 24（注：其中 a = 16，b = 2，c = 4）。先计算 "*" 再计算 "+"，说明 "*" 的优先级高于 "+"。

Python 支持几十种运算符，这些运算符被划分成将近 20 个优先级，有的运算符优先级不同，有的运算符优先级相同，Python 运算符优先级和结合性如图 3-48 所示。

运算符说明	Python运算符	优先级	结合性	优先级顺序
小括号	( )	19	无	高
索引运算符	x[i] 或 x[i1: i2 [:i3]]	18	左	↑
属性访问	x.attribute	17	左	
乘方	**	16	右	
按位取反	~	15	右	
符号运算符	+（正号）、-（负号）	14	右	
乘除	*、/、//、%	13	左	
加减	+、-	12	左	
位移	>>、<<	11	左	
按位与	&	10	左	
按位异或	^	9	左	
按位或	|	8	左	
比较运算符	==、!=、>、>=、<、<=	7	左	
is 运算符	is、is not	6	左	
in 运算符	in、not in	5	左	
逻辑非	not	4	右	
逻辑与	and	3	左	
逻辑或	or	2	左	低
逗号运算符	exp1, exp2	1	左	

图 3-48　Python 运算符优先级和结合性

结合表 3-8 中的运算符优先级，我们尝试分析下面表达式的结果。如图 3-49 所示，根据表达式进行运算符优先级测试。

"+"的优先级是 12，"<<"的优先级是 11，"+"的优先级高于"<<"，所以先执行 4+4，得到结果 8，再执行 8<<2，得到结果为 32，这也是整个表达式的最终结果。但像这种不好确定优先级的表达式，我们可以给子表达式加上"（ ）"，也就是写成如图 3-50 所示的形式。这样看起来就一目了然了，不容易引起误解。

当然，我们也可以使用"（ ）"改变程序的执行顺序，如图 3-51 所示，程序则先执行 4<<2，得到结果 16，再执行 4+16，得到结果为 20。

```
4+4<<2
```

图 3-49　运算符优先级测试

```
(4+4) << 2
```

图 3-50　给子表达式加上"( )"

```
4+(4<<2)
```

图 3-51　使用"( )"改变程序的执行顺序

虽然 Python 运算符存在优先级的关系，但不推荐过度依赖运算符的优先级，这会导致程序的可读性降低。因此建议：

❖ 不要把一个表达式写得过于复杂，如果一个表达式过于复杂，可以尝试把它拆分书写。

❖ 不要过多地依赖运算符的优先级来控制表达式的执行顺序，这样可读性太差，应尽量使用"( )"来控制表达式的执行顺序。

Python 运算符结合性

所谓结合性，就是当一个表达式中出现多个优先级相同的运算符时，先执行哪个运算符。先执行左边的叫左结合性，先执行右边的叫右结合性。

例如表达式 100 / 25 * 16，"/"和"*"的优先级相同，应该先执行哪一个呢？这个时候就不能只依赖运算符优先级，还要参考运算符的结合性。"/"和"*"都具有左结合性，因此先执行左边的除法，再执行右边的乘法，最终结果是 64。

Python 中的大部分运算符都具有左结合性，也就是从左到右执行，只有"**"乘方运算符、单目运算符（例如 not 逻辑非运算符）、赋值运算符和三目运算符例外，它们具有右结合性，也就是从右向左执行。图 3-48 中列出了所有 Python 运算符的结合性。

总结

当一个表达式中出现多个运算符时，Python 会先比较各个运算符的优先级，按照优先级从高到低的顺序依次执行。当遇到优先级相同的运算符时，再根据它们的结合性决定先执行哪个运算符，如果是左结合性就先执行左边的运算符，如果是右结合性就先执行右边的运算符。

本章小结

本章主要围绕着 Python 运算符、input 和 print 输入/输出语句、条件判断及循环语句等重要的知识点逐一展开讲解,每个知识点都在具体的应用案例中进行了灵活且贴近生活的讲解,可以让学生最大限度地调动学习积极性。在此希望各位同学能加强本章练习,弄明白其中的原理,做好布置的任务,并将相关知识点吃透。

思考测试

一、选择题

1. 在循环语句中,什么语句的作用是提前结束本层循环?(　　)(单选题)
   A．break 语句　　　　　　　　B．for 语句
   C．while 语句　　　　　　　　D．continue 语句

2. 一个循环通常不包括哪个条件?(　　)(单选题)
   A．开始条件　　　　　　　　B．结束条件
   C．中断条件　　　　　　　　D．迭代器

3. 条件判断语句 if 结构需要注意缩进问题,通常情况下,使用多少个空格(Space 键)来控制缩进?(　　)(单选题)
   A．1　　　　　　　　　　　　B．2
   C．3　　　　　　　　　　　　D．4

4. Python 语言的输入函数是(　　)。(单选题)
   A．printf()　　　　　　　　　B．print()
   C．input()　　　　　　　　　D．format()

5. range() 函数括号内的三个位置参数分别表示为(　　)。(多选题)
   A．记数起始位置　　　　　　B．记数终点位置
   C．记数跨越位置　　　　　　D．步长

6. 在 Python 中,常用的两种控制循环的语句是(　　)。(多选题)
   A．for 语句　　　　　　　　B．continue 语句
   C．break 语句　　　　　　　D．while 语句

7. 以下运算名称与运算符对应错误的是(　　)。(单选题)
   A．除法取余数:/　　　　　　B．除法取商://
   C．除法取余数:%　　　　　　D．幂运算:*

二、判断题

1. 虽然 Python 运算符存在优先级的关系,但建议简化表达式,尽量少依赖运算符的

优先级来控制表达式的执行顺序，可以使用"()"来控制表达式的执行顺序。（　　）

2．在编写多层循环时，为了提高运行效率，应尽量减少内循环中不必要的计算。（　　）

3．if-elif 结构和 if-elif-else 结构是一致的，else 用于补充判断条件都不满足或不容易写出条件判断的情况。（　　）

第 4 章　Python 函数和类

导　言

函数是一组语句的集合，用以实现某一特定的功能。函数可以简化脚本，Python 本身提供了许多内置函数，极大地方便了脚本的编写。除了系统内置的函数，使用者还可以根据自己的需要编写函数。

不过 Python 也是一种面向对象的编程语言。在 Python 中完全可以使用函数、模块等来完成工作。当使用 Python 编写一个较为庞大的项目时，则应该考虑使用面向对象的方法，以便更好地对项目进行管理。

学习目标

- 理解函数的定义、分类等
- 理解自定义函数的主要构成、参数设置以及变量作用域
- 理解 Python 类的概念、特征
- 掌握类的定义和实例创建
- 利用所学理论知识解决基础财经问题

素质目标

- 应用 Python 对财务数据进行高效的挖掘、清洗、识别和分析
- 完成思维转型，为解决相关财务管理问题提供思路和方向

知识探索

Python 作为一门面向对象的编程语言，有着与 Java 等面向对象语言相同的数据结构的定义，以及相同的代码块数据结构定义函数。为了极大可能地简化代码调用逻辑和书写规则，Python 对函数和类的定义与使用极其简单，其中，Python 提供了许多内置函数，比如 print() 函数。但也可以自己创建函数，即用户自定义函数。其中，类提供了一种组合数据和功能的方法，创建一个新类意味着创建了一个新的对象类型，从而允许创建一个该

类型的新实例。

本章思维导图如图 4-1 所示。

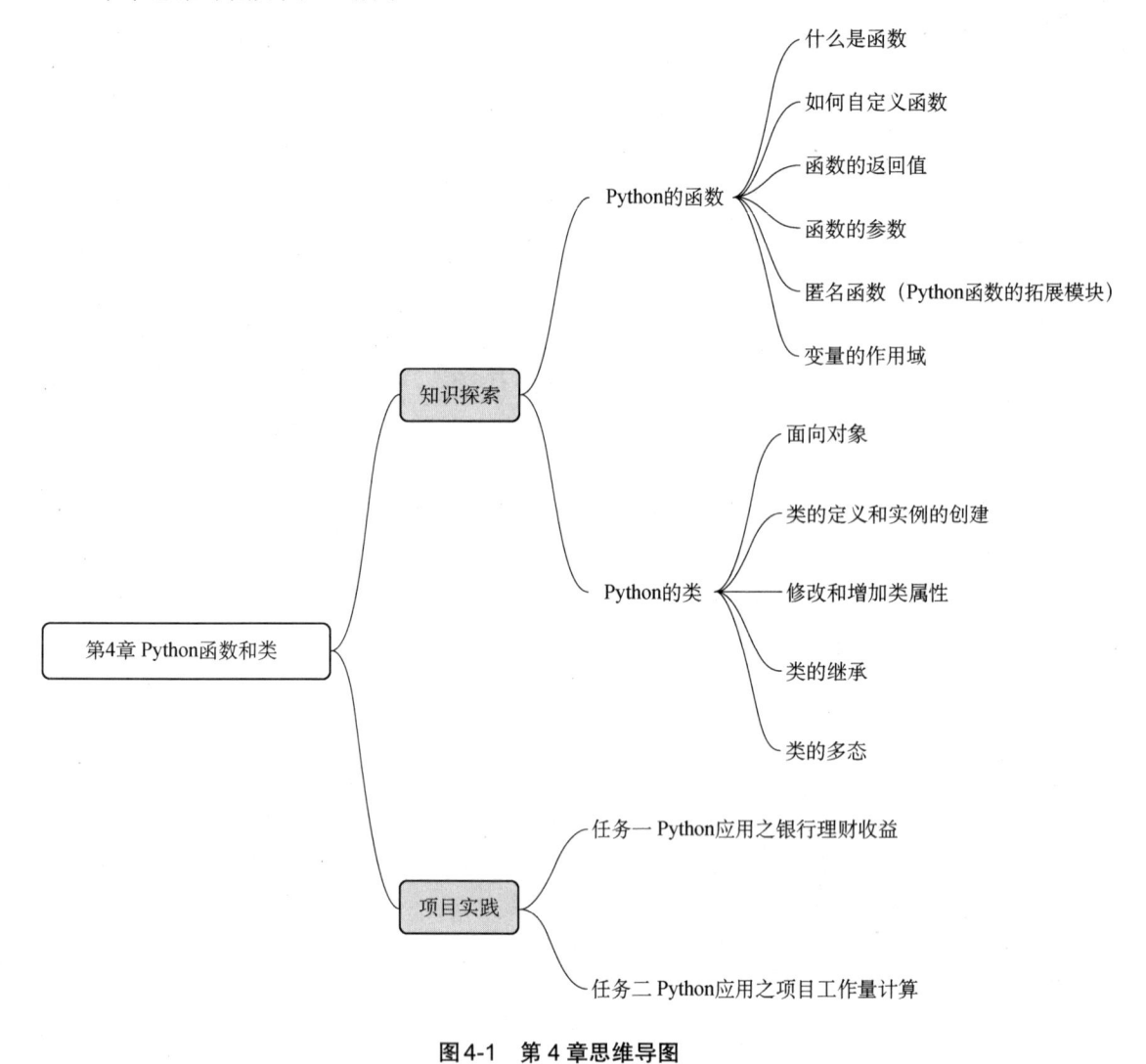

图 4-1　第 4 章思维导图

4.1　Python 的函数

1. 什么是函数

（1）函数的概念

在了解什么是函数之前，我们先看一个问题：如何根据已学的知识，求出一个温度值列表中的最大值？

[20, 24, 25, 26, 25, 18, 18, 17]

思考 1：用 for 循环逐一取出每个元素，并与已经取出来的所有元素做对比。每次循环确定已取出元素中的最大值，循环到最后，就得到列表中所有元素的最大值了。

思考 2：可以用 max()函数。

max([20, 24, 25, 26, 25, 18, 18, 17])

max 方法或者说 max()函数，是 Python 内置的、可随时使用的函数，传递一个参数即可获得结果，不用关心它内部的实现原理，提高了效率。那么函数是什么呢？

函数对应的英文单词是 Function，剑桥词典中的解释为"计算机或计算机程序用来完成任务的过程"，牛津词典中的解释为"执行基本操作的程序等的一部分"，韦氏词典中的解释为"用程序提供的变量进行计算，并为程序提供单一结果的一种程序"。我们可以理解为：函数是将一些语句集合在一起，能够多次执行的代码块。函数允许我们指明输入的实际参数，能够计算出一个或数个返回值，并且让程序传递参数或不传递参数，方便实现某些特定的功能。

（2）函数的意义

◆ 最大化代码重用。

函数允许我们整合并通用化代码，实现一次编写，多次运用。

◆ 最小化代码冗余。

在最大化代码重用的基础上，减少代码冗余，降低代码维护成本。

◆ 复杂过程的分解。

独立地实现较小的任务要比一次完成整个任务容易得多。如公司主营业务成本计算的工作可分解为多个子任务来完成，每个子任务对应数量不等的函数。

（3）函数的分类

◆ 内置函数。

常用的内置函数有 max()函数、min()函数等。

◆ 标准库函数。

在安装 Python 时，也会安装一些标准库函数，如 math()函数、random()函数等。通过 import 语句导入标准库后就可以使用了。

◆ 第三方库函数。

PyPI（Python Package Index）是 Python 官方的第三方库的仓库，提供了许多功能丰富且强大的库。下载安装后，通过 import 语句导入第三方库，就可以使用导入库中的函数了。

◆ 用户自定义函数。

任何人都可以通过编写代码定义自己的函数。

2. 如何自定义函数

（1）Python 函数的组成部分

函数表达式的组成部分可总结为以下几点：

◆ 函数代码块以 def 关键字开头，后面接函数名称、圆括号及内部参数（自定义），以冒号结束第一行。

◆ 传入的参数须放在 def 后的圆括号内，以逗号分隔，数量不限。

◆ 函数的第二行，可以使用三引号给该函数做多行备注和说明。

◆ 函数体的内容在 def 的缩进的基础上再缩进 4 个空格，行数不宜过多。

◆ return [表达式] 结束函数，选择性地返回零个、一个或多个值给调用方。不带表达式的 return 相当于返回 None，表示函数执行结束。函数的组成部分如图 4-2 所示。

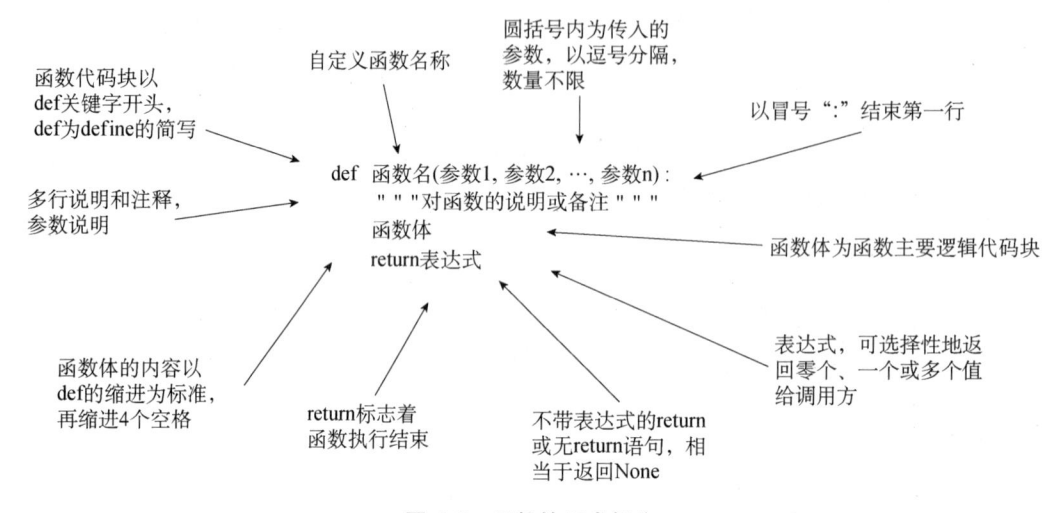

图 4-2 函数的组成部分

（2）自定义一个函数

好时光公司的会计人员要计算月末库存存货成本，本月月末库存存货的数量为 1500，存货单位成本为 1.5 元。会计人员想通过函数实现传入任意的月末库存存货的数量和存货单位成本，获得本月月末库存存货成本的计算结果，如何做呢？自定义一个函数，计算本月月末库存存货成本如图 4-3 所示。

```
"""计算本月月末库存存货成本
本月月末库存存货成本 = 月末库存存货的数量 * 存货单位成本"""
def end_month_cost(count, per_cost):
    cost = count * per_cost
    return cost
```

图 4-3 自定义一个函数，计算本月月末库存存货成本

函数体写明了具体计算过程，return 返回最后的计算结果，可以根据实际需要简写或省略。上述函数可简化为如图 4-4 所示。

```
def end_month_cost(count, per_cost):
    return count * per_cost
```

图 4-4 计算本月月末库存存货成本的函数的简化版

（3）函数的调用

如何调用已经定义好的 end_month_cost() 函数？观察发现，函数体中没有任何的数值，需要计算的数据是通过参数传递给函数的，那么在调用函数的时候，如何给函数传递参数呢？调用函数需要做两件事，一是指定调用函数的名称，二是为调用的函数传递参数。语法格式为

函数名(参数 1,参数 2,…,参数 n)

函数的调用可以写为如图 4-5 所示的形式。

```
def end_month_cost(count, per_cost):
    return count * per_cost
end_month_cost(1500, 1.5)
```
2250.0

图 4-5　调用函数代码实例

对上述代码语句"end_month_cost(1500, 1.5);"，也可以使用 print 语句打印出结果，如使用" print(end_month_cost(1500, 1.5))"代替该代码语句。

（4）自定义函数案例

定义一个函数，实现连续自然数 1~n 累加求和。如何用 Python 实现？如图 4-6 所示。

```
def add(n):
    sum = 0
    for i in range(1, n+1):
        sum = sum + i
    return sum
    print(sum)
add(100)
```
5050

图 4-6　连续自然数 1~n 累加求和

上面定义的函数的功能是计算连续自然数的和。函数名称是 add，add()函数用来传入一个参数 n，上述代码中 n 为 100。函数体是 2~4 行。最后执行 return sum，返回求和的结果。若将传入参数 n 为 6，调用函数可得到如图 4-7 所示的在 Jupyter 中的运行结果。

```
In [1]: def add(n):
            sum = 0
            for i in range(1, n+1):
                sum = sum + i
            return sum
        print(add(6))
```
21

图 4-7　Jupyter 中的运行结果

3. 函数的返回值

函数的返回值在函数被执行后返回给调用方。根据实际需求的不同，函数的返回值可

以为 None，也可以有一个返回值或多个返回值。return 语句也可出现一次或多次，多条 return 语句可应用在 if-else、if-elif 或 if 嵌套结构中。

（1）返回值为 None

◆ 延续之前的案例，不写 return 后面的表达式，得到程序运行的结果如图 4-8 所示。

◆ 函数中不出现 return 语句，程序运行后的结果如图 4-9 所示。

```
def add(n):
    sum = 0
    for i in range(1, n+1):
        sum = sum + i
    return
print(add(6))
```
None

图 4-8　不写 return 后面的表达式

```
def fun():
    print("无return语句")
print(fun())
```
无return语句
None

图 4-9　不出现 return 语句

由图 4-9 可知，Python 语句中不写 return 语句的返回值是 None。

（2）多个返回值

◆ return 语句后，用逗号隔开多个返回值，如图 4-10 所示。

```
def fun(x, y):
    return x+y, x-y
```

图 4-10　用逗号隔开多个返回值

◆ 函数有多个返回值时，以元组的形式返回，如图 4-11 所示。

（3）多个返回值的接收

在调用有多个返回值的函数时，可以用一个或多个变量接收返回值。应用之前的案例可得

◆ 使用 a、b 两个变量接收函数的两个返回值，a 对应第一个返回值 x+y，b 对应第二个返回值 x-y。返回值的数据类型和接收参数的数据类型一致，即 a 与 x+y，b 与 x-y 数据类型一致。

◆ 使用一个变量 c 接收函数的两个返回值，返回值以元组的形式返回，并赋值给 c，在 Jupyter 中多个返回值的接收如图 4-12 所示。

```
def fun(x, y):
    return x+y, x-y
print(fun(9, 3))
```
(12, 6)

图 4-11　以元组的形式返回多个返回值

```
def fun(x, y):
    return x+y, x-y
a, b = fun(9, 3)    # 多个参数接收
c = fun(20, 10)     # 一个参数接收
print(a, b, type(a))
print(c, type(c))
```
12 6 <class 'int'>
(30, 10) <class 'tuple'>

图 4-12　在 Jupyter 中多个返回值的接收

注意：两种方法本质上没有区别，多个返回值会以元组形式返回，使用多个变量接收时会发生这样的赋值。

（4）多条 return 语句

◆ return 语句可以出现在函数的任何位置，当执行到第一个 return 语句时，该段程序结束，返回到调用程序。

◆ 定义一个折扣商品字典（discount），以及一个判断商品（goods）有无折扣的函数（judge_discount()）。返回的结果有两种：①有折扣，折扣是某一个数据；②无折扣。在 Jupyter 中多条 return 语句如图 4-13 所示。

```
discount = {'羽绒服':0.7, '卫衣':0.6, 'T恤':0.9, '跑鞋':0.8}
def judge_discount(goods):
    if goods in discount:
        return f'{goods}，折扣为{discount.get(goods)}'
    else:
        return f'{goods}，无折扣'

print(judge_discount('围巾'))
print(judge_discount('T恤'))
```

围巾，无折扣
T恤，折扣为0.9

图 4-13 在 Jupyter 中多条 return 语句

4. 函数的参数

设置与传递参数是函数的重点，而 Python 的函数对参数的支持非常灵活，按使用的方式可分为默认参数、关键字参数（位置参数）、不定长参数。

（1）默认参数

如果调用函数时没有传递 rate 参数，那么函数会按给定的默认值进行计算。如郝美同学购买若干化妆品，她想计算一共缴纳了多少消费税。当前税率为 30%，但是税率可能会更改，因此将税率看作一个默认参数。在 Jupyter 中设置默认参数如图 4-14 所示。

```
#默认参数 化妆品消费税（30%）
def cosmetics_consumption_tax(cost, rate=0.3):
    return cost * rate
print( cosmetics_consumption_tax(200))   #cost = 200
```

60.0

图 4-14 在 Jupyter 中设置默认参数

注意：设置默认参数时，需要注意以下两点：

◆ 不可以将默认参数设置为可变类型。

仔细观察图 4-15，将当前默认参数与之前的默认参数进行比较，大家发现问题的关键了吗？

```
def print_info(a,b=[]):
    return a,b
result_a,result_b = print_info(1)

print("第1次结果:",result_a,result_b)
result_b.append("error")
print("修改后:",result_a,result_b)
print("第2次结果:",print_info(2))
print("第3次结果:",print_info(3,[5]))
```

```
第1次结果: 1 []
修改后: 1 ['error']
第2次结果: (2, ['error'])
第3次结果: (3, [5])
```

图 4-15 不可以将默认参数设置为可变类型

第 1 次调用是正常的。在第 2 次调用前修改了参数 b 的值,在第 2 次调用时未指定 b 参数的值,调用的 b 是被修改的值。第 3 次调用指定 b 参数,恢复正常。

综上所述,可以得出结论:默认参数设置为可变类型(列表、字典及集合)时,要谨慎。通常将默认参数设置为不可变类型 None、True、False、数字、字符串及元组。

◆ 如果不明确参数的内容,可先对参数进行判断再做处理。

自定义函数设置 a、b 两个参数,其中 b 参数设置为 None。当不确定 b 参数的值时,我们可以先进行判断。在 if 判断语句中,None 为假,所以我们使用 not None 作为判断。如果 if 判断结果为真,则执行 if 下的条件语句。当 b 的值不为假时,则执行 else 下的条件语句。对参数进行判断如图 4-16 所示。

```
def print_info(a, b=None):
    if not b:    # None为假 ; not None为真
        print('b 没有赋值')
    else:
        print(a, b)
    return
print_info(1)
print_info(1, 3)
```

```
b 没有赋值
1 3
```

图 4-16 对参数进行判断

注意:对参数内容的判断,不限于默认参数,可灵活运用。

(2)关键字参数

上面使用默认参数调用时,传入参数的顺序需要和定义时保持一致。在调用函数时使用关键字参数,则可以跳出顺序一致的限制。在 Jupyter 中设置关键参数如图 4-17 所示。

```
# 使用关键字参数 化妆品消费税
def cosmetics_consumption_tax(cost, rate):
    return cost * rate
print(cosmetics_consumption_tax(rate=0.3, cost=200))
```

```
60.0
```

图 4-17 在 Jupyter 中设置关键参数

按顺序传递的参数即位置参数，若不按位置传递，则可以按关键字传递参数，其优势包括：①不必担心定义函数时参数的位置和顺序，使用函数变得更加简单了；②假设其他参数都有默认值，则可以给我们想要的部分参数赋值，不用在意已有默认值的参数。

（3）不定长参数——元组形式（参数类型拓展知识）

传入参数个数不确定时，我们可以使用不定长参数。Python 以元组的形式来接收没有直接定义的参数，可通过在定义函数参数时在参数前面加 "*" 实现。如果在函数调用时没有指定参数，那么它就是一个空元组。在 Jupyter 中设置不定长函数如图 4-18 所示。

```
def students_info(name, number, sex='女', *hobby):
    print(f'昵称：{name}', end = ' ')
    print('ID: %s'% number, end = ' ')
    print('性别：{}'.format(sex), end = ' ')
    print('爱好：{}'.format(hobby))

students_info("风映月", 32, '女', "钢琴","读书","绘画")
students_info(number=55, name="水木冰")
```
```
昵称：风映月  ID: 32  性别：女  爱好：('钢琴','读书','绘画')
昵称：水木冰  ID: 55  性别：女  爱好：()
```

图 4-18　在 Jupyter 中设置不定长函数（1）

注意：函数调用时，参数按位置顺序一一对应，多出的参数全部放入不定长参数的元组里。

（4）不定长参数——字典形式（参数类型拓展知识）

传入参数个数不确定时，我们可以使用不定长参数。Python 提供了一种以字典的形式来接收没有直接定义的参数，可通过在定义函数参数时在参数前面加 "**" 实现。如果在函数调用时没有指定参数，那么它就是一个空字典。在 Jupyter 中设置不定长函数如图 4-19 所示。

```
# **hobby可变长参数，返回为字典，不传递参数，返回空字典
def students_info(name, number, sex='女', **hobby):
    print(f'昵称：{name}', end = ' ')
    print('ID: %s'% number, end = ' ')
    print('性别：{}'.format(sex), end = ' ')
    print(f'爱好：{hobby}')

students_info("水木冰",55)
students_info("水木冰", 55, hobby=("绘画","吉他"))
students_info("水木冰", 55, "男",hobby1="足球", hobby2="篮球")
```
```
昵称：水木冰  ID: 55  性别：女  爱好：{}
昵称：水木冰  ID: 55  性别：女  爱好：{'hobby': ('绘画','吉他')}
昵称：水木冰  ID: 55  性别：男  爱好：{'hobby1': '足球', 'hobby2': '篮球'}
```

图 4-19　在 Jupyter 中设置不定长函数（2）

注意：在函数调用过程中，使用字典形式的不定长参数传递参数时需要使用关键字形式传递参数，不定长参数将它们转为字典。

5. 匿名函数（Python 函数的拓展模块）

定义函数可以不给函数命名吗？答案是肯定的。Python 中可以定义匿名函数，通过使用 lambda 创建。

基本语法如图 4-20 所示。

```
lambda arg1,arg2,.....argn:expression
```

图 4-20　匿名函数的基本语法

匿名函数代码实例如图 4-21 所示。

```
tax = lambda cost, rate: cost * rate
print(tax(200, 0.3))
```
60.0

图 4-21　匿名函数代码实例

代码解释：定义两个参数 cost 和 rate，以及一个包含参数的表达式为"cost * rate"，参数和参数的表达式用冒号分隔。

由 lambda 表达式返回的函数对象与 def 创建并赋值后的函数对象工作起来是一样的，但是 lambda 有一些不同之处：①lambda 是一个表达式，而不是语句；②lambda 的主题是一个单独的表达式，而不是一个代码块。

6. 变量的作用域

变量定义的位置不同，它可以被访问的范围也不同。变量可以被访问的范围称为变量的作用域。变量可分为全局变量和局部变量。

（1）全局变量

全局变量指在函数、类之外定义的变量，它的作用域为其所在模块。定义一个函数用来计算居民企业的企业所得税，将税率定义为全局变量，如图 4-22 所示。

```
rate=0.25
def resident_enterprise_tax(income):
    return income * rate
print(resident_enterprise_tax(300000))
```
75000.0

图 4-22　将税率定义为全局变量

注意：作为全局变量，居民企业的企业所得税税率为 25%（0.25）。

（2）局部变量

局部变量指在函数（函数的参数）、类内定义的变量，它的作用域为函数体内或类以内。定义一个函数，用来计算居民企业的企业所得税，将税率定义为局部变量，局部变量代码实例如图 4-23 所示。

```
rate = 0.3
def resident_enterprise_tax(income):
    rate = 0.25
    print('局部变量rate', rate)
    return income * rate

print('全局变量rate', rate)
print(resident_enterprise_tax(300000))
```

```
全局变量rate 0.3
局部变量rate 0.25
75000.0
```

图 4-23　局部变量代码实例

注意：作为局部变量，居民企业的企业所得税税率为 25%（0.25）。

（3）全局变量声明

如果要在函数体内对全局变量进行修改，可以使用 global 语句将变量声明为全局变量，如图 4-24 所示。

```
rate = 0.3
def resident_enterprise_tax(income):
    global rate
    print('全局变量rate修改前', rate)
    rate = 0.25
    print('全局变量rate修改后', rate)
    return income * rate

print(resident_enterprise_tax(300000))
print('全局变量rate', rate)
```

```
全局变量rate修改前 0.3
全局变量rate修改后 0.25
75000.0
全局变量rate 0.25
```

图 4-24　使用 global 语句声明变量为全局变量

注意：在函数内部使用 global 语句将 rate 声明为全局变量，从而实现在函数内部修改全局变量，这一操作会导致程序可读性变差。

4.2　Python 的类

1. 面向对象

（1）概述

我们已经学会了编写函数，知道可以通过传递参数来解决问题。如果遇到非常复杂的问题，用结构化程序设计方法设计出众多函数的代码，那么对于阅读代码、修改参数、问题的定位与解决是非常不便的，于是面向对象的程序设计方法应运而生。Python 使用类（class）和对象（object）进行面向对象（Object Oriented Programming，OOP）编程。OOP 是一种计算机编程架构，它达到了软件工程的三个主要目标：重用性、灵活性和扩展性。

面向对象程序设计方法是尽可能模拟人类的思维方式，把客观世界中的实体抽象为问题域中的对象，将数据、属性和方法组成一个整体来看待，使得软件的开发方法与过程尽可能接近人类认识世界、解决现实问题的方法和过程。

面向对象程序设计以对象为核心，该方法认为程序是由一系列对象组成的。类是对现实世界的抽象，包括表示静态属性的数据和对数据的操作。对象是类的实例化，对象间通过消息传递、相互通信来模拟现实世界中不同实体间的联系。在面向对象的程序设计中，对象是组成程序的基本模块。

（2）两个基本概念（类、对象）

类（class）是用来描述具有相同的属性和方法的对象的集合，它定义了该集合中每个对象所共有的属性（attribute）和方法（method）。比如房屋设计图，如图 4-25 所示。

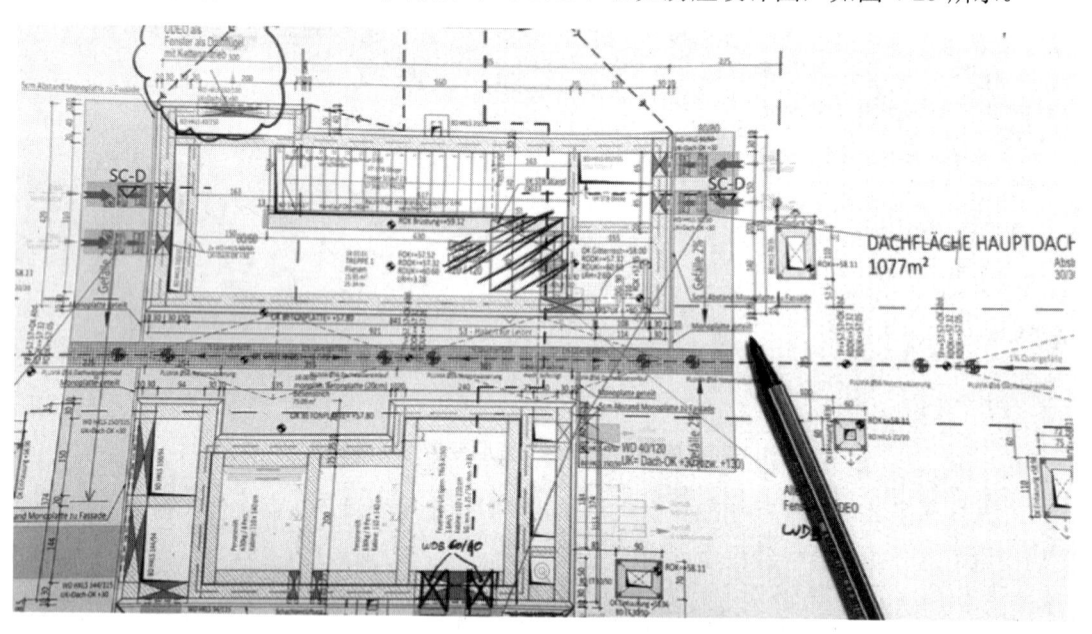

图 4-25　房屋设计图

对象（object）是类的实例化，是通过类定义的数据结构实例实现的。类是抽象的，对象是类的具体实例，或者称类的实体具有描述类的属性和方法的功能，如按设计图建造完成的房屋实体，如图 4-26 所示。

图 4-26　按设计图建造完成的房屋实体

（3）三大特征（封装、继承、多态）

◆ 封装。

封装是将抽象得到的数据和行为（或方法）结合，形成一个有机的整体（类）。其目的是增强安全性和简化编程，使用者不必了解具体的实现细节，可通过外部接口和特定的访问权限来使用类的成员。

◆ 继承。

继承即一个派生类（Derived class）继承基类（Base class）的属性和方法。继承允许把一个派生类的对象作为一个基类对象对待（多重继承），也允许定义一个类继承另一个类的所有属性和方法。父类是被继承的类，也称为基类。子类是继承后的新类，也称为派生类。

◆ 多态。

多态是指对不同类型的变量进行相同的操作，它会根据对象（或类）类型的不同而表现出不同的行为。多态的特点有：①只关心对象的实例方法是否同名，不关心对象所属的类型；②对象所属的类之间，继承关系可有可无；③多态的好处在于可以增加代码的外部调用灵活度，让代码更加通用，兼容性更强；④多态是调用方法的技巧，不会影响到类的内部设计。

2. 类的定义和实例的创建

（1）如何定义类

定义一个房屋类，它具有一些属性，如门的颜色，以及房屋面积和户型。类中存在两种门窗使用方法，一种是用钥匙把门打开，另一种是旋转把手推开窗。如何来体现类是属性和方法的集合呢？如图 4-27 所示为定义一个房屋类。

```
# 定义一个类
class BaseHouse():
    # 类属性
    door = "原木色"
    area = 130
    Type = "三室一厅"

    # 实例方法 self表示自己定义的实例
    def opendoor(self):
        print("门可以用钥匙打开")

    def openwindow(self):
        print('旋转把手，用力推开')
```

图 4-27　定义一个房屋类

上例中我们亲自动手定义了一个房屋类，可以得出定义类的语法格式，如图 4-28 所示。

```
class ClassName():
    <statement-1>
    .
    .
    .
    <statement-N>
```

图 4-28　定义类的语法格式

在本例中查看属性和方法的缩进，发现类的定义顶格书写，属性和方法都进行对应缩进。定义类的属性与定义变量相似，变量的名称即属性的名称，属性名根据需要合理制定。后面会讲到实例属性，它与类属性稍有区别。

创建实例方法和定义函数相似，但需要注意缩进，第一行 def 需要缩进 4 个空格，之后再进行实例方法的编写，与我们学习过的函数原理一样，但是需要在圆括号中加入 self，self 的含义在后面讲。

我们可以简单地理解为：类中的变量叫属性，类中的函数叫方法。类的属性和方法根据定义方式的差异，有不同的分类，其中类的属性可以分为类属性、实例属性和私有属性。类中的方法可以分为类方法、静态方法、公有方法和私有方法。

（2）如何理解类

类的定义：类是用来描述具有相同的属性和方法的对象的集合，它定义了该集合中每个对象所共有的属性和方法。对象是类的实例。

我们可以简单地理解为：类是描述对象的集合，集合中包含属性和方法，属性可以理解为变量。

用建造房子的例子来理解，房屋设计图纸（类）可以用来描述建好的房屋（对象）；房屋设计图纸（类）定义了建好的房子（对象）中所有的房间结构、朝向、面积等（属性），还包括门窗使用方法（方法）；建好的房子（对象）是房屋设计图纸（类）的实例化表现形式。

◆ 类中的属性和方法的示意图，如图 4-29 所示。

从图 4-29 中看出，类将属性和方法封装在一起。封装是有目的、有计划的，这里把设计图纸中需要的属性和方法（函数）封装在了一起，这不但让一张设计图变得符合需求，也让一个类变得方便调用。

（3）类属性的定义和调用

所有实例都可以访问类中直接创建的属性，且所有实例访问的类属性都是同一个，类属性有且只有一个。

图 4-29　类中的属性和方法的示意图

◆ 定义类属性，给变量直接赋值，该变量就是类属性的名称，所赋的值即属性的内容。属性内容可以是数字、字符串等类型。

◆ company=Company()创建了实例对象 company，并拥有了 Company 类中的属性，可通过"实例化对象.属性"的形式来调用类中的属性，类属性是事先已知的，如果想给类增加自定义的属性，就需要实例属性来做补充。实例化对象属性如图 4-30 所示。

```
# 定义一个类
class Company():
    # 类属性
    Type = "教育培训"
    establish_date = "2011-04-30"

# 创建类的实例
company = Company()
print(company.Type)           # 调用类属性
print(Company.establish_date)
```

教育培训
2011-04-30

图 4-30　实例化对象属性

（4）类的实例属性的定义和调用

实例属性一般在类之外传递具体的值，可以在类中定义属性名，也可以在类之外进行定义。

◆ 在类内部中定义属性名。

类的实例属性与类属性稍有区别，需要先定义__init__()函数，可以理解为初始化。圆括号中第一个参数为 self，后面的参数名称自己定义，且数量不限。再将这些参数名称赋值给 self 参数名，将该属性赋值给实例属性。当有实例化对象时，对象同时拥有这些属性。

定义实例的属性不同于类属性可直接赋值，它只定义了属性的名称，而属性的值需要在实例化时传递给__init__()函数。self 对应的是实例化对象自己，不需要传递参数，其他参数一一对应即可。self 也可以用关键字传递参数。传递对应的实例属性代码如图 4-31 所示。

```
# 定义一个类
class Firm():
    def __init__(self, Name, esdate):
        self.Name = Name
        self.esdate = esdate

firm1 = Firm("杭州达摩院","2017-11-07")
firm2 = Firm("北京达摩院","2017-11-20")
print(firm1.Name, firm2.esdate)
```

杭州达摩院 2017-11-20

图 4-31　传递对应的实例属性代码

注意：如果出现实例属性与类属性同名的情况，程序会优先调用实例属性。

通过图 4-31 中 "firm1 = Firm("杭州达摩院", "2017-11-07")" 语句可知，实例化一个对象 firm1 需要传递对应的实例属性。self 对应的是实例化对象自身，"杭州达摩院"对应 Name，"2017-11-07"对应 esdate。可见，实例化多个对象是可行的，不同的对象可以传递不同的实例化属性，且不同对象的属性相互独立，互不影响。

◆ 在类外部定义属性名。

实例化对象的属性，首先需要有实例化对象，即该对象已经被实例化，之后可以直接通过"实例化对象.新属性 = 新属性内容"的形式实现在类的外部定义或修改对象的属性。在类的外部定义属性名如图 4-32。

```
#在类的外部定义属性名
class Company():
    def __init__(self, Name, esdate):
        self.Name = Name
        self.esdate = esdate

company_1 = Company("杭州达摩院","2017-11-07")
company_1.city = "杭州"
print(company_1.Name, company_1.city)
```

杭州达摩院 杭州

图 4-32　在类的外部定义属性名

（5）类的实例方法的定义和调用

实例方法可以表明类的作用和功能。

类的内部用 def 定义函数，如果函数的第一个参数写上 self，那么这个函数就变为实例方法。同时 self 表示创建的实例化对象。investment 方法是实例方法，加上 self 后，实例对象即可共享该实例方法。

调用实例方法与调用属性类似，可表示为

实例化对象.方法()

"bank_1 = Bank("建设银行","中石化", "10 亿")" 传递了实例初始化需要的参数，之后就可以调用实例方法 bank_1.investment()，调用方法一定要加 "()"，如图 4-33 所示。

```python
class Bank():
    # 定义实例属性
    def __init__(self, name, company, investment):
        self.name = name
        self.company = company
        self.investment = investment

    # 定义实例方法
    def investment1(self):
        print(f"{self.name}投资了{self.company}{self.investment}")

bank_1 = Bank("建设银行","中石化", "10亿")
bank_1.investment1()
```
建设银行投资了中石化10亿

图 4-33　类的实例方法的定义与调用

◆ 类方法。

指通过类名和实例对象都可以调用的方法，使用 "@classmethod" 来修饰方法。类方法不能使用实例属性，只能使用类属性。它主要用在和类进行交互，但不用于和实例进行交互的函数方法上，类方法的定义与调用如图 4-34 所示。

```python
class Company():
    name = "新道科技"
    @classmethod
    def callname(cls):
        print("公司名称是:" + cls.name)
Company.callname()         # 类名调用

c = Company()              # 实例对象调用
```
公司名称是:新道科技

图 4-34　类方法的定义与调用

在图 4-34 中，没有实例化对象，而是直接通过 "类名.类方法" 的方式调用类方法。定义类方法之前，必须在上一行加上 "@classmethod"，表明下面要定义的方法是类方法。类方法的圆括号内，第一个参数需要写 cls（class 的缩写），表示把类作为参数传递给自己，这样就可以使用类属性了。调用类属性使用 "cls.类属性"。

当然类方法也是可以传递参数的，这一点和普通函数相同。下面来看看类方法传递参数的例子，如图 4-35 所示。

```python
class Company():
    name = "新道科技"

    @classmethod
    def callname(cls, addr):
        print("公司名称是:" + cls.name)
        print("总部在: " + addr)

Company.callname("北京")
```
公司名称是:新道科技
总部在：北京

图 4-35　类方法传递参数

在图 4-35 所示的实例中，我们增加一个地点参数，并将参数传递给类方法。同样地，这一过程不需要使用实例化，而需要在定义类方法的时候，在圆括号中定义我们需要传入的参数。在类方法中使用参数时，可以直接使用传入的参数，不用加 cls。最终，在类外调用类方法的时候，需要传递之前设置的参数。

3. 修改和增加类属性

我们在定义类属性后，如果想修改或增加类属性，需要怎么做呢？这里介绍两种方法，一种是在类的内部进行，一种是在类的外部进行。

（1）从内部修改和增加类属性

◆ 内部修改类属性，如图 4-36 所示。

```
class Company():
    name = "用友"
    @classmethod
    def callname(cls):
        cls.name = "新道科技"
        print(cls.name)

Company.callname()
```
新道科技

图 4-36　内部修改类属性

◆ 内部增加类属性，如图 4-37 所示。

在类下面定义了类属性之后，在类方法内可以重新定义类属性，实现对类的属性的修改。

```
class Company():
    name = "用友"
    @classmethod
    def callname(cls):
        cls.name = "新道科技"
        cls.addr = "北京"
        print(cls.name, cls.addr)

Company.callname()
```
新道科技 北京

图 4-37　内部增加类属性

（2）从外部修改和增加类属性

◆ 外部修改类属性，如图 4-38 所示。当从类的内部修改不方便时，我们可以在类的外部对类属性进行修改。

◆ 外部增加类属性，如图 4-39 所示。

```
class Company():
    name = "用友"
    @classmethod
    def callname(cls):
        print(cls.name)

Company.callname()
Company.name = "新道科技"
Company.callname()
```

用友
新道科技

图 4-38　外部修改类属性

```
class Company():
    name = "用友"
    @classmethod
    def callname(cls):
        print(cls.name)

Company.addr = "北京"
print(Company.addr)
```

北京

图 4-39　外部增加类属性

4. 类的继承

（1）继承的含义

子类可以继承父类的属性和方法。在面向对象编程的思想中，重要的一点在于代码可以复用，继承就体现了代码复用的概念。若在某个类中已经实现的功能，想在另一个类中实现，我们就可以选择继承这一方法来快速实现，让类中的属性和方法得以复用。下面通过例子来了解继承，继承的代码实例如图 4-40 所示。

```
class Fish():
    def __init__(self, name):
        self.name = name
    def skill(self):
        print(self.name + "会吐泡泡")
class Goldfish(Fish):
    def __init__(self, name, color):
        Fish.__init__(self, name)
        self.color = color
    def skill_2(self):
        print(self.color + "的" + self.name + "会杂技")
g = Goldfish('小金', '白色')
print(g.name, g.color)
g.skill()
g.skill_2()
```

小金 白色
小金会吐泡泡
白色的小金会杂技

图 4-40　继承的代码实例

图 4-40 中继承的代码实例解释如下：

先定义 Fish 类的实例属性和方法。在 Goldfish 类中的第一行的圆括号里写了 Fish，这里的 Fish 就作为 Goldfish 的基类，Goldfish 继承了 Fish 基类的非私有属性和方法。这里没有定义私有属性，可以理解为 Goldfish 类继承了 Fish 类的所有属性和方法。

Fish.__init__(self, name)继承 Fish 的实例属性，继承后不用再逐一赋值。Goldfish 中并没有提及 Fish 类的实例方法 skill，但我们可以看到，通过实例化 Goldfish 就可以直接使用 skill 方法，Goldfish 类继承了 Fish 类的 skill 方法。

（2）抽取子类共同属性、方法作为基类或父类

如果子类继承父类的方法不能用，那么需要怎么做呢？在图 4-39 所示的代码中，Goldfish 子类中重新定义了 skill 方法，对子类 skill 方法的调用不再调用继承自父类的 skill 方法，而是调用在子类中修改后的内容，从而实现了子类对父类方法的重写。

5．类的多态

（1）多态的含义

多态具有多种形态、多种功能。同一操作作用于不同的对象，产生的效果不同，可以将这种情况理解为多态，多态的含义代码实例如图 4-41 所示。

```
class Fish():
    def __init__(self, name):
        self.name = name
    def skill(self):
        print(self.name + "会吐泡泡")

class Goldfish(Fish):
    def __init__(self, name, color):
        Fish.__init__(self, name)
        self.color = color
    def skill(self):
        print(self.color + "的" + self.name + "会杂技")

g = Goldfish('小金', '白色')
print(g.name, g.color)
g.skill()
```
小金 白色
白色的小金会杂技

图 4-41　多态的含义代码实例

在 Python 中，多态是不同的子类对象调用相同的父类方法，最后产生不同的执行结果。多态建立在继承和重写父类方法的基础上。具体来说，每个子类中的函数名相同，函数原型相同，都是继承自父类。但子类的同名函数，可以拥有不同的形态，多态的继承和重写父类方法的代码实例如图 4-42 所示。

在图 4-42 所示的代码实例中，三个子类 CompanyA、CompanyB 和 CompanyC 均继承自 Company 基类，都拥有 employee_count() 方法，子类对父类的方法进行了重写，子类均调用 employee_count() 方法，但是输出的结果却不同，实现了多态。

代码运行结果如图 4-43 所示。

```python
class Company():
    def employee_count(self):
        print("公司目前有xx位员工")

class CompanyA(Company):
    def employee_count(self):
        print("A公司目前有500位员工")

class CompanyB(Company):
    def employee_count(self):
        print("B公司目前有300位员工")

class CompanyC(Company):
    def employee_count(self):
        print("C公司目前有200位员工")

conpanya = CompanyA()
conpanyb = CompanyB()
conpanyc = CompanyC()

conpanya.employee_count()
conpanyb.employee_count()
conpanyc.employee_count()
```

图 4-42　多态的继承和重写父类方法的代码实例

```
A公司目前有500位员工
B公司目前有300位员工
C公司目前有200位员工
```

图 4-43　代码运行结果

（2）简化调用

在如图 4-44 所示的多态的简化调用例子中，定义一个专门执行 employee_count() 函数的函数，从而实现多态的简化调用。

知识延伸：我们定义了很多功能性的类和函数，此时需要一个可用于调用的接口实现一连串逻辑功能，这个接口可以是一个类、一个函数，如图 4-44 所示多态的简化调用中的 func() 函数，这是设计模式中工厂模式的思想。

```python
class Company():
    def employee_count(self):
        print("公司目前有xx位员工")

class CompanyA(Company):
    def employee_count(self):
        print("A公司目前有500位员工")

class CompanyB(Company):
    def employee_count(self):
        print("B公司目前有300位员工")

class CompanyC(Company):
    def employee_count(self):
        print("C公司目前有200位员工")
#函数调用类中的 employee_count()方法
def func(obj):
    obj.employee_count()

conpanya = CompanyA()
conpanyb = CompanyB()
conpanyc = CompanyC()

func(conpanya)
func(conpanyb)
func(conpanyc)
```

图 4-44　多态的简化调用

代码运行结果如图 4-45 所示。

A公司目前有500位员工
B公司目前有300位员工
C公司目前有200位员工

图 4-45　多态的简化调用的运行结果

项目实践

任务一　Python 应用之银行理财收益

子任务 1　计算理财利息

1. 任务描述

美迪公司财务部的王菁有一笔 10000 元的闲置资金，她准备存入银行以获取一定的收益。如果银行按单利每年 5% 的利率计算利息，三年后她可以获得多少利息？三年后在银行取出的本利和是多少？

注意：设 p 为本金；r 为收益率；n 为投资期数。投资期数和收益率保持同一单位，如收益率为年收益率，则投资期数为年数。

单利是指在计算利息时，每一次都是按照初始投资双方确认的本金为计算利息的基数，且每次计算的利息不转入下一次本金中。单利计算公式：l = p + p * r * n。

2. 任务实施

（1）分析现实需求，创建自定义函数

◆ 需求分析。

常规赋值方法效率低，在实际开发中不可取。若想多次使用一段代码，且降低重复语句的输入，可采用自定义函数的方法，即用户自己定义函数。自定义的函数可以在一个程序的多个位置使用，也可以用于不同的程序，需要修改代码的时候，只需要在函数中进行一次修改，其他调用位置的功能都会自动更新。

◆ 编写代码，无参数的单利利息计算函数如图 4-46 所示。

```
# 无参数的单利利息计算函数
def danli_interes():
    p = 10000
    r = 0.05
    n = 3
    l = p * r * n
    return l
DI = danli_interes()
print(f'在单利算法下获得利息{DI}元。')
```

图 4-46　无参数的单利利息计算函数

前面我们已经定义了一个无参数的单利利息计算函数，在函数主体中，我们固定了本金 p=10000，收益率 r=0.05，投资期数 n=3。但是在日常生活中，我们的理财产品持有情况经常会发生变动，此时就需要在函数体中重新输入这三行代码，重新赋值 p、r、n。这显然不够高效，势必会影响开发效率，有没有办法降低重复的输入次数呢？由于 p、r、n 与 l 存在数据传递关系，可以考虑通过设置有参数的函数形式来避免增加多行代码的输入。

◆ 编写代码，定义有参数的单利本利和计算函数如图 4-47 所示。

```
#定义有参数的单利本利和计算函数
def danli_income(p,r,n):
    l = p + p*r*n
    return round(m,2)

DA = danli_income(10000,0.05,3)         #(知识技能点：函数的形参与实参，函数的必需参数)
print(f'在单利算法下获得本利和{DA}元。')

DA = danli_income(p=10000,n=3,r=0.05)   #(知识技能点：函数的关键字参数)
print(f'在单利算法下获得本利和{DA}元。')
```

图 4-47　定义有参数的单利本利和计算函数

参考代码如图 4-48 所示。

```
#代码实例：
# 定义单利利息计算函数        (知识技能点：定义函数，调用函数，return语句)
def danli_interes():
    p = 10000
    r = 0.05
    n = 3
    l = p * r * n
    return l
DI = danli_interes()
print(f'在单利算法下获得利息{DI}元。')
# 定义单利利息计算函数        (知识技能点：函数的参数传递)
def danli_income(p,r,n):
    m = p + p*r*n
    return round(m,2)
DA = danli_income(10000,0.05,3)         # (知识技能点：函数的形参与实参，函数的必需参数)
print(f'在单利算法下获得本利和{DA}元。')
DA = danli_income(p=10000,n=3,r=0.05)   #(知识技能点：函数的关键字参数)
print(f'在单利算法下获得本利和{DA}元。')
# 定义单利本利和计算函数      (知识技能点：函数的默认参数)
def danli_income(p,r,n=3):
    return round((p+p*r*n),2)
DA = danli_income(p=10000,r=0.05)
print(f'在单利算法下获得本利和{DA}元。')
DA = danli_income(10000,0.05,n = 4)     # (知识技能点：修改函数的默认参数)
print(f'在单利算法下获得本利和{DA}元。')
# 定义单利本利和计算函数      (知识技能点：匿名函数)
DA = lambda p,r,n : p+p*r*n
print(f'在单利算法下获得本利和{DA(10000,0.05,3)}元。')
```

图 4-48　参考代码

子任务 2　计算理财投资额

1. 任务描述

美迪公司有闲置资金 200 万元，公司想用这部分闲置资金投资银行理财产品。银行有两种理财产品，第一种是存入的三年中可随时取出，按单利计算利息，利率为 0.10。第二种是存入的三年中不可取出，按复利计算利息，利率为 0.11。

现在美迪公司应该购买哪种理财产品？应该购买多少？

已知投资收益率为 r，投资期数为 n，到期获得理财收益额为 fv。

其单利模式下，理财投入额为 pv = fv /(1 + r*n)。

其复利模式下，理财投入额为 pv = fv / (1+r)**n。

2. 任务实施

（1）分析现实需求

由于企业的投资资金经常会发生变动，持有时间也不确定，理财利率也是浮动的。那么，我们需要用 Python 来编写一个程序，让它在接收到用户输入的任意期望收益额、任意收益率以及任意投资期限后，比较各个理财产品所需投入资金的大小，再从众多理财产品中选出最优的。为了完成该程序，我们需要用到定义函数、参数传递、调用函数和 lambda 表达式等知识。

（2）编写代码

计算理财投资额的参考代码如图 4-49 所示。

```
# 参考代码：
"""
c - 表示每期的现金流
r - 表示投资收益率
n - 表示投资期数
fv - 表示到期获得的理财收益额
"""
# 定义第一种理财方式的理财投入额函数
def danli_pv(fv,r,n):
    pv = fv /(1 + r*n)
    return round(pv,2)
DENLI_PV = danli_pv(200,0.10,3)
print(f'选择第一种理财方式，现在需要投资{DENLI_PV}万元。')
# 定义第二种理财方式的理财投入额函数
def fuli_pv(fv,r,n):
    pv = fv /(1+r)**n
    return round(pv,2)
FULI_PV = fuli_pv(200,0.11,3)
print(f'选择第二种理财方式，现在需要投资{FULI_PV}万元。')
```

图 4-49　计算理财投资额的参考代码

子任务 3　优选理财方案

1. 任务描述

因为企业用于将来投资的金额时常有变化，投资发生的时间也存在不确定因素影响，银行的利率也是浮动的，所以需要编写一个程序，用于计算在任意收益率、任意理财投资时间和任意期望收益额下需要投入资金的大小，从两种理财方案中选择出较优的投资方案。

2. 任务实施

子任务 3 参考代码如图 4-50 所示。

```
#参考代码:
'''
c - 表示每期的现金流
r - 表示投资收益率
n - 表示投资期数
fv - 表示到期获得的理财收益额
'''
# 定义第一种理财方式的理财投入额函数
def danli_pv(fv,r,n):
    pv = fv /(1 + r*n)
    return round(pv,2)


# 定义第二种理财方式的理财投入额函数
def fuli_pv(fv,r,n):
    pv = fv / (1+r)**n
    return round(pv,2)
```

```
# 第一种方法
# 1.创建接受参数的函数
def pick_over():
    global fv, r1, r2, n  # (知识技能点: 变量的作用域, global保留字)
    fv = eval(input('请输入到期希望获得的理财收益额为:'))  # (知识技能点: 交互传参)
    r1 = eval(input('请输入第一种理财方案的年收益率为:'))
    r2 = eval(input('请输入第二种理财方案的年收益率为:'))
    n = eval(input('请输入投资年限为:'))

# 2.调用pick_over函数
pick_over()
# 3.调用第一、二种理财方案投入额函数
d_pv = danli_pv(fv, r1, n)  # (知识技能点: 函数调用, 体现函数的复用以及便利之处)
f_pv = fuli_pv(fv, r2, n)
# 4.设置择优条件
pick = '第一种理财方案优' if d_pv < f_pv else '两种方案一样' if d_pv == f_pv else '第二种理财方案优'
# 5.打印结果
print(f'''
选择第一种理财方案, 现在需要投入{d_pv}万元,
选择第二种理财方案, 现在需要投入{f_pv}万元。
{pick}''')
```

```
# 第二种方法, 对比第一种方法说明变量的作用域问题。
# 定义第一种理财方式的理财投入额函数
def danli_pv(fv,r,n):
    pv = fv /(1 + r*n)
    return round(pv,2)

# 定义第二种理财方式的理财投入额函数
def fuli_pv(fv,r,n):
    pv = fv / (1+r)**n
    return round(pv,2)

# 1.创建接受参数的函数
def pick_over():
    # global fv,r1,r2,n              # (知识技能点: 此处不需要将fv,r1,r2,n定义为全局变量)
    fv = eval(input('请输入到期希望获得的理财收益额为:'))
    r1 = eval(input('请输入第一种理财方案的年收益率为:'))
    r2 = eval(input('请输入第二种理财方案的年收益率为:'))
    n = eval(input('请输入投资年限为:'))

    # 2.调用第一、二种理财方案投入额函数
    d_pv = danli_pv(fv, r1, n)
    f_pv = fuli_pv(fv, r2, n)
    # 3.设置择优条件
    if d_pv < f_pv:
        pick = '第一种方案优'
    elif d_pv == f_pv:
        pick = '两种方案一样优'
    else:
        pick = '第二种理财方案优'
    # 4.打印结果
    print(f'''
选择第一种理财方案, 现在需要投入{d_pv}万元,
选择第二种理财方案, 现在需要投入{f_pv}万元。
{pick}''')
# 5.调用pick_over函数
pick_over()
```

图 4-50　子任务 3 参考代码

任务二 Python 应用之项目工作量计算

1. 任务描述

Python 一直都是科学计算和数据分析的重要工具，对零算法基础或者追求高效率开发的用户都非常友好。Python 不用关注复杂的模型及参数，而是专注于应用。当用户尝试驱动需要的外部库时，Python 可以帮助用户解决许多必须处理的事项。

"互联网+"的深入发展推动着传统会计行业的发展与变革，相关政策也一直都在支持会计行业的发展，如进一步完善相关法律，让会计行业与"互联网+"的融合变得更加制度化、标准化，进而促进会计行业的稳定发展。会计行业与金融、政治息息相关，在大数据飞速发展的时期，会计行业的数据工作量逐渐增大，Python 的应用为会计行业带来了便利，基于 Python 设计的工作量计算器得到了广泛应用。

接下来主要实现基于工作量计算器程序设计的项目，体验 Python 应用开发流程，进一步理解 Python 成为便利会计行业的关键技术的原因。

2. 任务实施

计算器任务描述如图 4-51 所示。

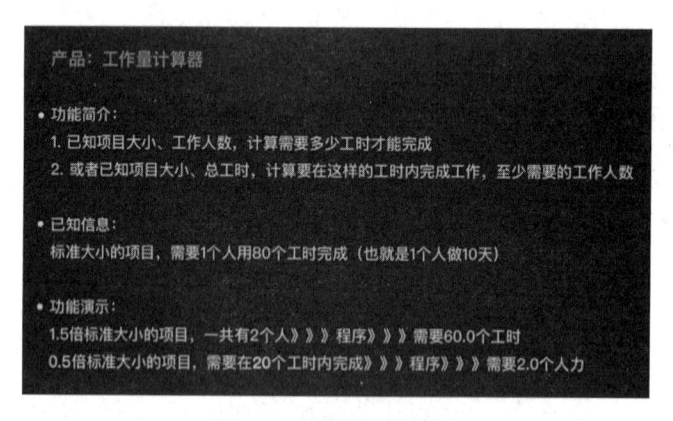

```
产品：工作量计算器

• 功能简介：
1. 已知项目大小、工作人数，计算需要多少工时才能完成
2. 或者已知项目大小、总工时，计算要在这样的工时内完成工作，至少需要的工作人数

• 已知信息：
标准大小的项目，需要1个人用80个工时完成（也就是1个人做10天）

• 功能演示：
1.5倍标准大小的项目，一共有2个人》》》程序》》》需要60.0个工时
0.5倍标准大小的项目，需要在20个工时内完成》》》程序》》》需要2.0个人力
```

图 4-51 计算器任务描述

◆ 分析业务需求，明确任务要求。

通过需求分析，我们明确了这几点任务要求，如图 4-52 所示。

```
def time_need(size_project,people):
    return work_hours
def people_need(size_project,work_hours):
    return people_number
```

图 4-52 任务要求

◆ 简单实现程序，按需求调整、修改，如图4-53所示。

```python
# 注：size代表项目大小，number代表人数，time代表工时数量

# 工时计算
size = 1.5
number = 2
time = size*80/number
print('项目大小为1.5个标准项目，使用2个人力完成，则需要工时数量为：',time)

# 人力计算
size = 0.5
time = 20.0
number = size*80/time
print('项目大小为0.5个标准项目，如果需要在20.0个工时完成，则需要人力数量为：',int(number))
```

图4-53 实现程序

◆ 进行封装，封装结果如图4-54所示。

```python
# 工时计算
def estimated_time(size,number):
    time=size*80/number
    print('{}倍的工作量，使用{}人力需要{}工时完成'.format(size,number,time))
    return time

# 人力计算
def estimated_number(size,time):
    number=size*80/time
    print('{}倍的工作量，使用{}工时需要{}人力完成'.format(size,time,number))
    return number

# 调用工时计算函数
estimated_time(1.5,2)
# 调用人力计算函数
estimated_number(0.5,20)
```

图4-54 封装结果

此代码虽然能使用，但还存在许多问题，比如人力的计算公式不够完善。对于会计行业，计算结果精确且计算结果符合实际是数据处理的基础，在数据整理时要严格按照要求进行。然而此代码所计算出来的人数不为整数，所以是存在问题的，需要进行完善。

修复程序中的漏洞，需要使用到如下的Python知识点，如图4-55所示。

```
>>> #向上取整、向下取整以及四舍五入函数
... import math
>>> f=11.2
>>> print(math.ceil(f))
12
>>> print(math.floor(f))
11
>>> print(round(f))
11
>>>
```

图4-55 Python知识点

还可以使用下面的除余方法，如图 4-56 所示。

```python
# 人力计算
def estimated_number(size,time):
    if (size * 80 % time) != 0:
        number = int(size * 80 / time) + 1
    else:
        number = size * 80 / time
    print('项目大小为%.1f个标准项目,如果需要在%.1f个工时完成,则需要人力数量为:%d人' %(size,time,number))
```

图 4-56　除余方法

◆ 合并函数，完善程序。

在做完以上步骤后，我们解决了程序上的计算公式问题，但使用程序较麻烦，因此将两个函数合并成一个函数，如图 4-57 所示。

```python
import math
# 为函数设置了三个参数,并都带有默认参数
def estimated(types=None,size=1,other=None):
    # 人力计算:如果参数中填了时间,没填人数,就计算人力
    if types == 1:
        number = math.ceil(size * 80 / other)
        print('项目大小为%.1f个标准项目,如果需要在%.1f个工时完成,则需要人力数量为:%d人' %(size,other,number))
    # 工时计算:如果参数中填了人数,没填时间,就计算工时
    elif types == 2:
        time = size * 80 / other
        print('项目大小为%.1f个标准项目,使用%d个人力完成,则需要工时数量为:%.1f个' %(size,other,time))
    else:
        print('types should be 1 or two')
# 调用函数的时候,传递两个参数,会自动计算出第三个参数
estimated(1,1.5,2)
estimated(2,1.5,2)
```

图 4-57　合并函数

为了使程序运行得更加便利，现将代码改为先运行程序再输入数据。程序修改如图 4-58 所示。

```python
import math

def estimated(size=1,number=None,time=None):
    if (number == None) and (time != None):
        number = math.ceil(size * 80 / time)
        print('项目大小为%.1f个标准项目,如果需要在%.1f个工时完成,则需要人力数量为:%d人' %(size,time,number))
    elif (number != None) and (time == None):
        time = size * 80 / number
        print('项目大小为%.1f个标准项目,使用%d个人力完成,则需要工时数量为:%.1f个' %(size,number,time))
classify=input('请选择计算类型:（1-人力计算,2-工时计算）')
size=input('请输入项目大小:（1代表标准大小,可以输入小数）')
if classify =='1':
    number=input('请输入人力数量:（请输入整数）')
    estimated(float(size),int(number),time=None)
else:
    work_time=input('请输入工时数量:（请输入小数）')
    estimated(float(size),number=None,float(work_time))
```

图 4-58　程序修改

报错："SyntaxError: positional argument follows keyword argument"。

原因：参数书写错误。报错显示如图 4-59 所示。

```
import math
def estimated(size =1,number = None,time = None):
    if (number == None) and (time != None):
        number = math.ceil(size * 80 / time)
        print("项目大小为%.1f个标准项目,如果需要在%.1f个工时完成,则需要人力数量为: %d人"%(size, time, number))
    elif(number != None) and (time == None):
        time = size * 80 / number
        print("项目大小为%.1f个标准项目, 使用对个人力完成, 则需要工时数量为: %.1f个" %(size, number, time))
classify = input("请选择计算类型: (1-人力计算,2-工时计算)")
size = input("请输入项目大小: (1代表标准大小, 可以输入小数)")
if classify =="1":
    number = input("请输入人力数量:  (请输入整数) ")
    estimated(size=float(size),number=int(number),time = None)
else:
    work_time = input("请输入人工时数量:  (请输入小数) ")
    estimated(float(size),number=None,float(work_time))
```

```
File "<ipython-input-12-dcc9c1bf13db>", line 16
    estimated(float(size),number=None,float(work_time))

SyntaxError: positional argument follows keyword argument
```

图 4-59 报错显示

◆ 增加程序判断,如图 4-60 所示。

```
def main():
    again=True
    while again:
        my_input = myinput()
        estimated(my_input)
        s=input('是否继续计算,yes or no')
        if s=='no':
            again=False
```

图 4-60 增加程序判断

至此实现了基于工作量计算器程序设计的项目,并覆盖了完整的计算器程序编写与完善的整个开发流程,关于该程序更加详细的、完整的编写过程及介绍可在网上查阅相关资源。

项目实践
参考代码

拓展阅读

大数据在财务管理中的应用研究:以 Python 技术为例

当今的大数据时代为财务人员带来了新的机遇,同时也提出了更高的要求。财经领域有着海量的数据,财务人员需要对这些数据进行管理和分析,充分挖掘数据背后的商业价值。财经类专业学生也应在传统理论学习的基础上,掌握数据建模、数据库技术和查询语言等数据管理技能和方法。目前,Python 技术在各个领域得到了广泛应用,尤其在财务数据挖掘和分析中的作用更为显著,因此研究大数据,尤其是研究 Python 技术在财务管理教学中的应用具有重要意义。

Python 技术具有较高的可读性、可移植性及合作程度高的特点,在财务数据挖掘和数据分析中作用明显,具体体现在以下几方面。

(一)数据挖掘灵活度高

Python 属于开源语言,可以提供丰富的 API 和工具,它也可以基于其他的语言工具编写和扩充模块,如 C 语言和 C++等,同时兼容第三方数据库。因此,Python 在数据挖据中展现了更高的灵活性，可以广泛应用于财务数据的采集。

（二）数据分析高效快捷

在一般的财务分析案例中，Excel 是一个较为常用的工具，它嵌套了很多模块和函数，如数据透视表、VLOOKUP、SUMIF 等，可以对财务报表、余额表及一些业务数据进行处理和分析。在数据量较少且不复杂的情况下，或只进行简单的逻辑运算时，仅使用 Excel 完全可行。但是当数据量庞大，需要进行更为复杂的计算分析时，Excel 则不能进行高效处理，例如多个表格的快速切换、聚合、分组及进行数据建模等。这时使用 Python 的 Pandas 库进行更高阶的数据处理，优势会更明显，效果也会更突出。

（三）数据分析可视化展现

一般来说，将财务分析结果以数字报告或者表格的形式展现，不能直观地展示数据的变化情况，使用图表展示更能使人抓住信息本质。Python 具有的图表可视化功能可以完全满足这一需求，能够形象生动地展现数据内核，为公司管理决策提供依据。目前市面上已存在一些可视化软件，如 PowerBI 和 Tableau 等商业智能分析软件，但它们存在一些功能受限的场景。而 Python 在可视化方面具有功能强大的库，如 PyEcharts 和 Matplotlib 等，可以灵活地满足各种特殊处理需求。

（四）为企业业务与财务的融合提供支撑

随着企业的发展，传统的核算会计已经不能满足企业的经营发展需求，越来越多的企业要求业务与财务融合，进而全方位地分析企业的各个生产经营环节，结合具体发展情况进行策略优化，提升企业经营价值，强化风险预警。因此，企业在进行数据分析的时候，需要将业务数据和财务数据结合在一起进行综合分析，找出业务数据和财务数据变动的主要影响因素，最终得到业务发展的薄弱点，从而进行改善。业务数据和财务数据相对较为繁杂，所占内存较大，传统的 Excel 已经不能满足分析需求，这要求数据分析人员采用更高阶的 Python 技术进行数据的清洗、挖掘和分析，为企业经营决策提供依据。

本章小结

本章主要围绕 Python 函数的定义、性质及如何创建自定义函数等方面带领大家探索 Python 函数的关键技术，详细介绍了 Python 中的面向对象思想，了解了类和对象的相关概念以及使用类编程的相关知识，如类的属性和方法、类的继承和类的多态等，使学生对 Python 函数和类有了初步的感性认识。最后通过项目任务实践，鼓励学生带着问题去查找资料、去实际体验，进而达到基本的理性认识。

思考测试

一、选择题

1. 下面不属于函数的优点的是（　　）。（单选题）

A．最大化代码重用　　　　　　　　　　B．最小化代码冗余

C．复杂过程的分解　　　　　　　　D．简单问题复杂化

2．函数的参数按使用的方式分类不包括（　　）。（单选题）
A．关键字参数　　　　　　　　　　B．默认参数
C．自定义参数　　　　　　　　　　D．不定长参数

3．关于 Python 类继承，下列描述错误的是？（　　）（单选题）
A．定义子类的实例时，可以通过子类的 init() 方法，给父类的所有属性赋值。
B．对于继承而来的父类方法，如果它不符合子类所期望的行为，那么就必须建立新的类
C．super() 是一个特殊函数，它会把父类和子类关联起来。
D．子类除了拥有继承父类而来的属性和方法之外，还可以自定义子类自己的属性和方法

4．关于实参与形参，以下描述正确的是？（　　）（多选题）
A．位置实参指的是实参的顺序与形参相同
B．位置实参与参数顺序无关
C．关键字实参指的是传递给函数的是 "名称-值对"。这样在调用函数时就不用考虑实参顺序，而且还可以清楚地指出实参各个值的用途
D．使用关键字实参时，必须准确地指出定义的形参名
E．可以给每个形参指定默认值。如果在调用函数时给形参提供实参，那么将使用指定的实参值；如果没有，那么将使用默认值

5．面向对象程序设计的三大特征是（　　）。（多选题）
A．传承　　　　　　　　　　　　　　B．封装
C．继承　　　　　　　　　　　　　　D．多态

6．Python 函数的组成部分中包含（　　）。（多选题）
A．定义函数的关键字 def　　　　　　B．函数体
C．return 语句　　　　　　　　　　　D．函数的参数

7．关于函数编写格式规范，以下描述正确的是（　　）。（单选题）
A．使用描述性名称来定义函数名，描述性名称可以让我们很容易理解这个函数可以做什么
B．只使用小写字母与下画线
C．包含可以简要阐述其功能的注释，该注释以文档字符串格式定义，并且紧跟在函数定义之后
D．如果程序或模块包含多个函数，即使放置在一起，也没有关系
E．所有的 import 语句都应该放在文件开头、模块说明之后

二、程序题

1. 已知有一个包含多名学生成绩的字典，计算成绩的最高分、最低分、平均分，最后打印最高分、最低分和平均分。

2. 统计成绩不及格的学生名单及成绩，要求：①给定多名学生的姓名和成绩；②询问用户是否还需要输入更多的学生姓名和成绩，用户回答"是"就继续输入、继续询问；③打印所有补考学生名单和成绩。

第 5 章　Python 异常处理和文件操作

教案　　　　**教学课件**

导　言

当 Python 程序在运行过程中出现错误时，都会创建一个异常对象。如果我们编写了处理异常和错误的代码对问题进行修复，那么程序将继续运行；如果我们没有对异常和错误进行处理，程序就会停止，并显示有关异常和错误的报告。本章主要通过理论与实例的结合，让学生了解并掌握 Python 异常处理的相关知识，学会主动编写异常处理的代码。

学习目标

- 理解 Python 异常与错误出现的原因
- 了解异常发生时可能出现的情况

素质目标

- 提高学生学习 Python 的兴趣
- 提高学生的自主学习能力
- 培养学生的创新思维能力
- 让学生了解一门新的计算机语言

知识探索

程序运行时常会碰到一些错误，例如除数为 0、年龄为负数和数组下标越界等，如果不能发现这些错误并加以处理，很可能会导致程序崩溃。

和 C++、Java 等编程语言一样，Python 也提供了处理异常的机制，可以捕获并处理这些错误，让程序继续沿着一条不会出错的路径执行。简单地理解异常处理机制，就是在程序运行出现错误时，让 Python 解释器执行事先准备好的除错程序，进而让程序尝试恢复执行。

在程序崩溃前也可以做一些必要的工作，例如将内存中的数据写入文件、关闭已打开的文件和释放分配的内存等。Python 异常处理机制会涉及 try、except、else 和 finally 这 4

个关键字，同时还提供了可主动使程序引发异常的 raise 语句。

本章思维导图如图 5-1 所示。

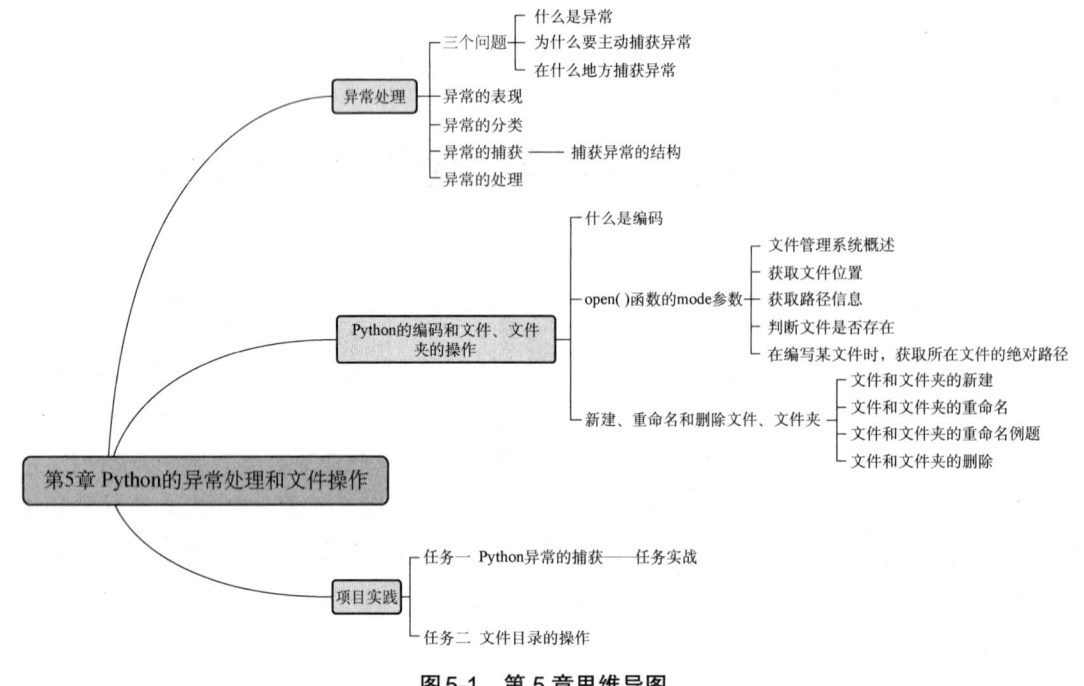

图5-1　第 5 章思维导图

5.1　异常处理

开发人员在编写程序时，难免会遇到错误，有的是编写人员疏忽造成的语法错误，有的是程序内部隐含的逻辑问题造成的数据错误，还有的是程序运行时与系统的规则冲突造成的系统错误。那什么是异常处理？异常即一个事件，该事件会在程序执行过程中发生，并影响程序的正常执行。一般情况下，在 Python 无法正常处理程序时就会发生异常。异常是 Python 对象，表示一个错误。当 Python 脚本发生异常时需要捕获并处理，否则程序会终止执行。

1. 三个问题

先来看一段大家熟悉的 Python 程序，如图 5-2 所示。

在图 5-2 所示的代码中，直接打印未被定义的变量，会出现"NameError"的错误，并且程序停止运行。

程序中会出现各种各样的异常，编写捕获异常的代码后，程序会进行自我检查、自我修复。

```
print(a)
```

```
NameError                                 Traceback (most recent call last)
<ipython-input-3-bca0c2660b9f> in <module>
----> 1 print(a)

NameError: name 'a' is not defined
```

图 5-2 Python 程序

pass 语句能起到忽略逻辑的作用，但是如果我们想主动捕获异常，就要用到异常处理语句。我们先了解如下三个问题。

（1）什么是异常

如上例，异常即是一个事件，该事件会在程序执行过程中发生，影响程序的正常执行。一般情况下，在 Python 无法正常处理程序时就会发生异常。异常是 Python 对象，表示一个错误。当 Python 脚本发生异常时，需要捕获并处理，否则程序会终止执行。

（2）为什么要主动捕获异常

程序在运行过程中，如果我们放任错误或异常不管，可能会引起程序崩溃、退出和卡死等问题。如果主动捕获这些可能出现的异常，就有机会在发生错误时主动对程序做出必要的调整，使程序在可控范围内执行。

（3）在什么地方捕获异常

就像在骑摩托车之前要佩戴头盔一样，这是事先要做好的必要防护措施。同理，为了防止程序异常，一定要在编写代码时就考虑到哪些地方可能会出现异常，并在对应的代码块中加入异常处理逻辑，做到异常可控，有路可退。程序并不是一蹴而就的，开发时经常会遇到各种各样的错误，因此需要不断改写、优化程序逻辑。所以并不是所有的错误都要异常捕获，有些问题我们只需换种方法就能解决，存在不可控因素的地方，我们要谨慎捕获异常。

2. 异常的表现

不同的程序出现不同的错误或者异常，它们的表现形式可能是不同的。比如计算机出现蓝屏，计算机中毒后无法正常启动或在玩游戏时出现卡顿等问题，这些是我们看得见的异常。程序中也可能出现一些我们看不到的异常，这些看不到的异常很可能在程序中用 Plan B 解决了，只是我们没有感知到。不论异常或错误是否可见，在编写程序的时候需要尽可能考虑周全，让程序变得"聪明"起来，能够处理和应对各种各样的问题。

3. 异常的分类

Python 中出现错误或者异常时，程序会停止运行，Python 的解释器会告知我们程序出了什么问题，以帮助我们快速找到异常点，快速修复程序。这里总结一下常见 Python

标准异常，如表 5-1 所示为异常的分类。

表 5-1 异常的分类

异常名称	异常基类	异常名称	异常基类	异常名称	异常基类
BaseException	所有异类的基类	OverflowError	数值运算超出最大限制	ImportError	导入模块/对象失败
KeyboardInterrupt	用户中断执行（通常是输入Ctrl+C）	TabError	Tab 和空格混用	IndexError	序列中没有此索引（index）
Exception	常规错误的基类	AttributeError	对象没有这个属性	KeyError	映射中没有这个键
StopIteration	迭代器没有更多的值	ValueError	传入无效参数	MemoryError	内存溢出错误（对于 Python 解释器不是致命的）
GeneratorExit	生成器（Generator）发生异常时通知退出	EnvironmentError	操作系统错误的基类	NameError	未声明/初始化对象（没有属性）
StandardError	所有的内建标准异常的基类	I/OError	输入/输出操作失败	ValueError	传入无效的参数
NotImplementedError	尚未实现的方法	TypeError	对类型无效的操作	ReferenceError	弱引用（Weak Reference）试图访问垃圾回收了的对象
SyntaxError	Python 语法错误	UnicodeError	Unicode 相关错误	RuntimeError	一般的运行错误

比如之前在学习中遇到过的情况，字符串不能和数字类型进行相加运算。若相加则会出现错误提示 TypeError，这就是错误或异常的类型之一——类型错误，TypeError 示例如图 5-3 所示。

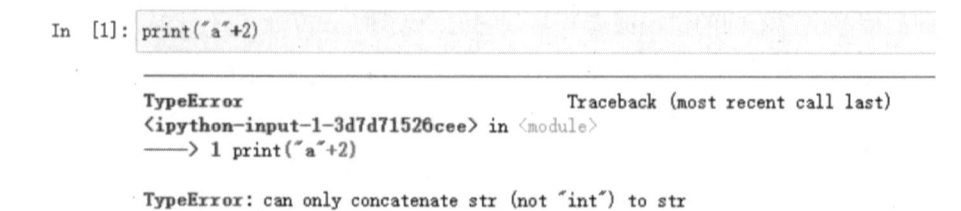

```
In [1]: print("a"+2)

TypeError                                 Traceback (most recent call last)
<ipython-input-1-3d7d71526cee> in <module>
----> 1 print("a"+2)

TypeError: can only concatenate str (not "int") to str
```

图 5-3 TypeError 示例

Python 对异常和错误的提示有两点内容需要注意，分别是

◆ ——>：箭头指向代码行号及内容，可以快速定位错误的位置。

◆ TypeError：说明了错误的原因。我们可以根据错误的原因确定问题，并修正

程序。

编写的程序上升到一定的规模后，存在这样的错误分类提示是非常有必要的，了解这些标准的错误类型就可以快速定位问题所在。如果不是常见的错误类型，且不清楚问题原因，那么可以使用搜索引擎检索。

4. 异常的捕获

Python 提供了三个非常重要的语句来捕获 Python 程序运行中出现的异常和错误，可以使用它们来测试 Python 程序。一个是 try/except，一个是 raise，另一个是 assert。下面我们来学习异常处理 try/except 语句的功能。

捕获异常可以使用 try/except 语句，try 语句可用于检测一块程序的错误，except 语句用于捕获异常信息并处理。我们看一段伪代码，了解该语句是如何执行的，如图 5-4 所示。

```
try:
    <代码块>      # 运行尝试捕获异常的代码
except <名字>:
    <代码块>      # 如果在try捕获了异常，执行该部分的代码
```

图 5-4　伪代码

执行一个 try 语句时，Python 解析器会在当前程序流的上下文中做标记，当出现异常后，程序流能够根据上下文的标记回到标记位，从而避免程序终止。

◆ 如果执行 try 语句时发生异常，程序流跳回标记位，并向下匹配，执行第一个与该异常匹配的 except 语句。异常处理完后，程序流就通过了整个 try 语句（除非在处理异常时又引发新的异常）。

◆ 如果没有找到与异常相配的 except 语句（也可以不指定异常类型或同样异常类型 Exception 来捕获所有异常），异常被递交到上层的 try 嵌套时，甚至会逐层向上提交异常给程序（逐层向上直到能找到匹配的 except 语句，实在没有找到则结束程序，并打印默认的错误信息）。

◆ 如果在执行 try 语句时没有发生异常，Python 将控制流通过整个 try 语句。举一个简单的捕获异常例子，如图 5-5 所示。

```
try:
    result = "a" > 1
except Exception as e:
    print("出错了", e)
```

出错了 '>' not supported between instances of 'str' and 'int'

图 5-5　捕获异常

在该例子中，程序 try 语句下的代码块出现了异常，于是执行 except 下的代码块。这里没有指定捕获异常的类型，而是将不确定的错误类型用 Exception 接收，并用 e 来代替 Exception 所捕获的异常（可以捕获多种异常），之后正常输出 print( )语句，从而捕获到了

我们想要的异常。

```
try:
    num = 0
    result = 9 / num
    print(result)
except ZeroDivisionError:
    print("除以0错误")
```

除以0错误

图 5-6 按类型捕获异常

如果我们想按错误或异常的类型捕获异常，可以如图 5-6 所示这样做。

如果确定异常的类型，则可以如图 5-5 中这样做。如果不确定，则可以使用之前通用的方式。如果没有捕获到确定的异常类型，程序会异常退出，并没有起到捕获异常的作用。

try/except 捕获异常的结构还有以下几种。

◆ try/except/else

如果在 try 子句执行时没有发生异常，Python 将执行 else 后的语句（可选），然后控制流通过整个 try 语句捕获异常结构，如图 5-7 所示。

```
try:
    openFile = open('notExistsFile.txt','r')
    fileContent = openFile.readlines()
except IOError:
    print('File not Exists')      #执行
except:
    print('process exception')    #不执行
else:
    print('Reading the file')     #不执行
```
File not Exists

```
try:
    1 == 1
except:
    print('process exception')
else:
    print('success')
```
success

图 5-7 捕获异常结构（1）

◆ try/finally

无论 try 语句块是否触发异常，都会执行 finally 子句中的语句块，因此一般用于关闭文件或关闭因系统错误而无法正常释放的资源。比如文件关闭、释放锁、把数据库连接返还给连接池等，如图 5-8 所示。

◆ try/except/finally

try/except/finally 中 finally 的意义在于，我们在 try 代码块中执行了 print 语句，但是仍然会继续执行在 finally 中的代码块，所以 finally 一般用来处理资源的释放，如图 5-9 所示。

```
try:
    print(1 < 2)
finally:
    print('finally')
```
True
finally

图 5-8 捕获异常结构（2）

```
try:
    openFile = open('notExistsFile.txt','r')
    fileContent = openFile.readlines()
except IOError:
    print('File not Exists')
except:
    print('process exception')
finally:
    print('finally')
```
File not Exists
finally

图 5-9 捕获异常结构（3）

5. 异常的处理

捕获异常的方法能帮助我们获取异常的内容，捕获模块的功能结束后，程序退出。正常来说，我们捕获到了异常，但程序还要继续，程序还要有自己的 Plan B、Plan C……程序发生异常很正常，但这并不意味着程序的结束。异常的处理需要根据不同情况来确定不同的处理方式。

举一个例子，在猜数字游戏中，如果输入的数字错误，则提示错误，但程序还要继续，直到输入正确为止。这样的功能，我们怎么实现呢？

可以在程序中定义 guess_num() 函数用来实现猜数字的小游戏。让用户输入猜数字的最大整数，如果用户输入错误，则执行最外层的 except 子句结束游戏。如果输入正确则开始游戏。

可以用 while 1 实现无限循环，直到猜对才结束游戏，即使捕获到异常仍会继续循环。

下面是对具体算法的一些注意事项的描述。

（1）try/except
- 首先，执行 try 子句，即 try 和 except 关键字之间的（多行）语句。
- 如果没有异常发生，则跳过 except 子句，并完成 try 语句的执行。
- 如果在执行 try 子句时发生了异常，则跳过该子句中剩下的部分。如果异常的类型和 except 关键字后面的异常匹配，则执行 except 子句，然后继续执行 try 语句之后的代码。
- 如果发生的异常和 except 子句中指定的异常不匹配，则将其传递到外部的 try 语句中。如果没有找到处理程序，则该异常是一个未处理异常，程序将停止处理。

（2）多个 except 子句
- 一个 try 语句可能有多个 except 子句，分别用于指定不同异常的处理程序。
- 最多会执行一个处理程序。
- 处理程序只处理相应的 try 子句中发生的异常，而不处理同一 try 语句内其他处理程序中的异常。
- 一个 except 子句可以将多个异常命名为带圆括号的元组。

（3）finally 的作用

无论 except 是否捕捉到异常，finally 后面的代码都会执行。try 子句用于获取资源，finally 子句用于释放资源，保证了收尾工作的完成。

5.2 Python 的编码和文件、文件夹的操作

1. 什么是编码

目前全世界有 7000 多种语言，文字也有数千种。计算机如何让数千种文字的信息都

存储在计算机中,并将存储的信息作为信息传播的准备?

17世纪,法国著名数学家莱布尼兹首次提出二进制记数法的概念,该记数法仅用0和1两个符号。20世纪,计算机之父——冯·诺依曼大胆提出抛弃十进制记数法,采用二进制作为数字计算机的数制基础。他提出的理论(冯·诺依曼体系结构)一致沿用至今。

计算机中存储、运行都基于二进制,那么文字是如何转换为二进制数存储在计算机中的呢?计算机存储的信息是以0和1的二进制形式存储的,而我们在屏幕上看到的文字、符号等字符是二进制数转换后的结果。通俗地说,按某种规则将字符存储在计算机中,如"A"用0和1表示,称为编码。反之,将存储在计算机中的二进制数据解析并显示成人们能看懂的字符,称为解码。

计算机能表示出很多国家的文字和符号等字符,我们称这些字符为字符集。和字符集有对应关系的是字符的编码,一套字符编码规则能表示一部分自然语言的字符。随着技术进步,编码规则能表示的文字、符号越来越多了。计算机的编码从最开始的ASCII码陆续发展出很多编码格式,如GBK、GB2312、GB18030、Unicode和UTF-8等。

GBK是微软推出的,它的字符集包含中文的生僻字、繁体字、日语和朝鲜语等。GB2312编码规则包含了中国国家标准简体中文字符集,共收录6763个汉字和682个外国字符。为了让所有字符都能在屏幕上显示,Unicode联盟将全世界所有的文字都编写在一张表中,自此Unicode字符集诞生了,它被称为万国码。为了提升编码的性能,用更少的0和1表示字符,于是出现了高性能的UTF-8编码规则。

我们已经安装的Python3.x版本的默认编码是Unicode,当然也可以指定编码的规则,如UTF-8、GBK和GB2312等。Python的旧版本,如Python2.x版本的默认编码是ASCII码。

(1)打开、读取文件

Python内置函数open( )函数可以打开文件,通过设置参数实现文件读写。

打开并读取文件内容的案例如图5-10所示。文件路径及内容如图5-11所示。

```
path = 'E:\\file\\给我一首歌的时间.txt'   # 文件的完整路径
f = open(file=path, mode='r', encoding='utf-8')   # open函数,实现打开读取文件
con = f.read()   # read方法读取
print(con)   # 打印读取的内容
```

图5-10　打开并读取文件内容

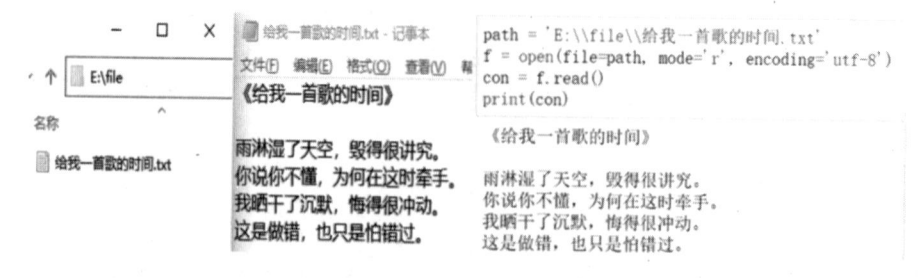

图5-11　文件路径及内容

上例中，Python 内置的 open() 函数用到的参数的解释为

◆ file：文件的路径，包含文件的路径和完整名称。
◆ mode：打开的模式，r 表示读取。
◆ encoding：编码方式（读取的过程其实是解码），UTF-8 是一种编码规则。

Windows 10 系统中，txt 文件的默认编码为 UTF-8（另存为可以看到）。当我们创建 txt 文件，写入时系统使用 UTF-8 编码规则进行编码。编写代码读取该 txt 文件时，指定解码方式也应为 UTF-8 编码规则，即 encoding='utf-8'，编码、解码规则应一致，创建 txt 文件如图 5-12 所示。

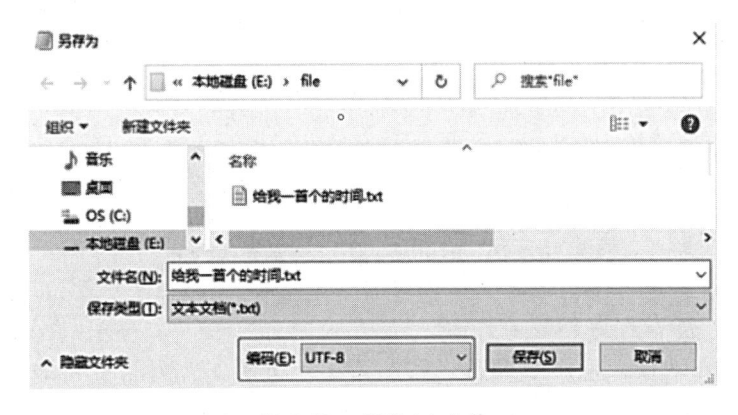

图 5-12　创建 txt 文件

（2）打开、写入文件

在当前目录（文件夹）的 one.txt 文本文件中写入信息。文本文件写入信息如图 5-13 所示。

```
# 文件末尾追加内容，不存在则新建
f = open(file='.\\one.txt', mode='a+', encoding='utf-8')
con = "今日小目标：……"
f.write(con)            # 写文件内容为con
```

图 5-13　文本文件写入信息

file 是文件的路径信息，"."表示当前目录，"\"表示目录层级，".\\"表示当前目录下（或文件夹下）。

"mode='a+'"表示将内容追加写入已有文件末尾，若文件不存在，则新建文件后写入。

使用 write 方法对打开的文件对象 f 进行写入操作，写入内容为变量 con 指向的内容，write 方法的写入操作代码示例如图 5-14 所示。

（3）关闭文件

读和写都需要使用 open() 函数，打开文件进行读写之后，最好使用 close() 函数将文件关闭，代码如图 5-15 所示。

```
f = open(file='.\\one.txt', mode='a+', encoding='utf-8')
con = "今日小目标：……"
f.write(con)    # 写文件内容为con
print('ok')
```

ok

one.txt - 记事本
文件(F) 编辑(E) 格式(O) 查看(V) 帮助(H)
今日小目标：……

图 5-14 write 方法的写入操作代码示例

```
f = open(file='.\\one.txt', mode='w', encoding='utf-8')
con = "今日小目标：掌握Python的编码和对文件文件夹的操作"
f.write(con)    # 写文件内容为con
f.close()       # close关闭文件
print('ok')
```

图 5-15 使用 close() 函数将文件关闭

f = open(file='.\\one.txt', mode='w', encoding='utf-8')

f 是文件操作对象，使用 close() 函数即可实现关闭。上例已经用 a+ 方式创建了新的 one.txt 文件，本例中的 mode 是 w 方式，表示覆盖写入。mode 参数可以控制读写模式。

2. open() 函数的 mode 参数

open() 函数的 mode 参数不止包括 r、a+ 和 w，mode 参数的常见模式（部分）如表 5-2 所示。

表 5-2 mode 参数的常见模式（部分）

格式	含义	格式	含义
r	以只读方式打开文件，文件必须存在，默认模式	r+	打开一个文件用于读写
w	打开一个文件只用于写入。如果该文件已存在则打开文件，并从头开始编辑，即原有内容会被删除；如果该文件不存在，则创建新文件	w+	打开一个文件用于读写。如果该文件已存在则打开文件，并从头开始编辑，即原有内容会被删除；如果该文件不存在，则创建新文件
a	追加写入。如果文件存在，则在末尾追加；如果文件不存在，则新建文件后写入	a+	打开一个文件用于读写。如果该文件已存在，文件指针将会放在文件的结尾，文件打开时会是追加模式；如果该文件不存在，则创建新文件用于读写

未列出的模式：x、b、t、rb、rb+、wb、wb+、ab 和 ab+。

（1）文件管理系统概述

问题：Python 如何操作文件和文件夹呢？

不论是 Windows、Linux 或 macOS 系统，它们都会有自己的文件系统。文件系统是操作系统用于明确存储设备（常见的是磁盘，也有基于 NAND Flash 的固态硬盘）或分区上的文件的方法和数据结构，即在存储设备上组织文件的方法。操作系统中负责管理和存储文件信息的软件机构称为文件管理系统，简称文件系统。

os 库是 Python 的标准库之一，它提供了使用各种操作系统功能的接口，其中就包含了很多操作文件和文件夹的函数。在写一些系统脚本或者自动化运维脚本的时候，经常会用到 os 库。此外，Python 还有一些内置方法可以实现对文件的操作。

（2）获取文件位置

关于路径有两个概念：绝对路径和相对路径。下面以 Windows 系统的路径来举例说明。

◆ 绝对路径。

指文件或文件夹的完整路径，如 "E:\commonsoftware\Tencent\QQ_Music" 是 Windows 系统中 QQ_Music 文件夹的完整路径，是文件的绝对路径。再如 "E:\book\穷查理宝典.pdf"。

◆ 相对路径。

在某个文件夹下，如果它当前的子文件夹下的文件夹或文件在 " E:\book\ " 下，那么 "穷查理宝典.pdf" 的相对路径可以表示为 ".\穷查理宝典.pdf"，"." 表示当前所在文件夹。Windows 系统、Linux 系统的路径分隔符如图 5-16 所示。

拓展： Windows 系统的路径分隔符，显示为 \，Python 程序中使用 \\ 分隔。
Linux 系统的路径分隔符，显示为 /，Python 程序中也使用 / 分隔。

图 5-16　Windows 系统、Linux 系统的路径分隔符

（3）获取路径信息

Python 如何获取路径信息？首先使用 import 语句引入 Python 的 os 库，即 "import os"，这样我们就可以使用 os 库里的所有方法了。

◆ 已知文件名，获取该文件的绝对路径，如图 5-17 所示。

```
import os
os.path.abspath('one.txt') # 已知文件名 获取完整绝对路径
'C:\\Users\\sober\\one.txt'
```

图 5-17　绝对路径

（4）判断文件是否存在

判断文件是否存在如图 5-18 所示。

```
os.path.exists('one.txt')
True
```

图 5-18　判断文件是否存在

（5）在编写某文件时，获取所在文件的绝对路径

os.path.basename(__file__)

__file__指当前的文件（适用于.py 后缀的 Python 文件，但在 Jupyter Noterbook 中使用会报错，可使用其他 IDE）。

3. 新建、重命名和删除文件、文件夹

（1）文件和文件夹的新建
- 创建一个文件夹：os.mkdir（文件夹路径）。
- 创建多个文件夹：os.makedirs（文件夹路径）。
- 创建文件：可以使用 open( )函数创建新的文件。

案例：先导入 os 库，再使用 os.mkdir()方法创建文件夹，如图 5-19 所示。

```
import os
os.mkdir('E:\\file\\new')
print('ok')

ok
```

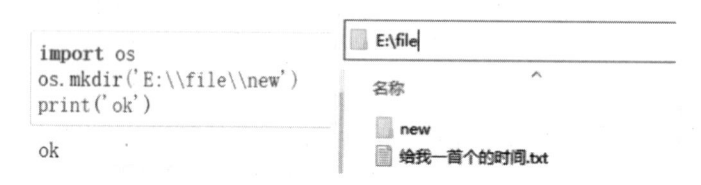

图 5-19　创建文件夹

（2）文件和文件夹的重命名

文件和文件夹的重命名都可以使用同一个方法，即

os.rename(src, dst)

其中，src 是要修改的文件名或文件夹名，dst 是修改后的文件名或文件夹名。该方法没有返回值，可以用 if 条件判断语句判断是否重命名成功。

在以下两种情况下程序可能出现报错：①src 参数对应的文件夹或者文件不存在；②dst 参数对应的文件夹或文件已经存在。

（3）文件和文件夹的重命名例题

例 1：将上面案例中建立的 new 文件夹改名为 NEW，如图 5-20 所示。

```
import os
os.rename('E:\\file\\new', 'E:\\file\\NEW')
print('ok')

ok
```

图 5-20　new 文件夹改名为 NEW

例 2：如果没有 src 源文件，程序将报错，如图 5-21 所示。

```
import os
os.rename('E:\\file\\New', 'E:\\file\\N')
# print('ok')
```

```
FileNotFoundError                         Traceback (most recent call last)
<ipython-input-10-40d02e72f3c4> in <module>
      1 import os
----> 2 os.rename('E:\\file\\New', 'E:\\file\\N')
      3 # print('ok')

FileNotFoundError: [WinError 2] 系统找不到指定的文件。: 'E:\\file\\New' ->
'E:\\file\\N'
```

图 5-21　程序报错

（4）文件和文件夹的删除

◆ 删除文件夹：os.rmdir（文件夹路径）。

◆ 删除空文件夹：os.removedirs（文件夹路径）。

◆ 删除文件：os.remove（文件路径）。

案例：删除文件夹的操作如图 5-22 所示。

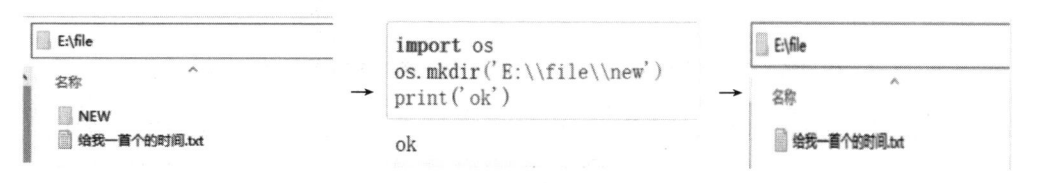

图 5-22　删除文件夹

项目实践

任务一　Python 异常的捕获——任务实战

1. 任务描述

学习异常处理，掌握异常捕获的三种结构。

教学视频

| try/except |
| try/except/else |
| try/except/finally |

2. 操作步骤

◆ 使用 try/except 捕获数字与字母相加的错误，如图 5-23 所示。

```
#参考代码1:
try:
    c = "a" + 1
except TypeError:
    print("出现语法错误，类型异常")
#参考代码2:
try:
    c = "a" + 1
except Exception as Err:
    print(Err)
```

出现语法错误，类型异常
can only concatenate str (not "int") to str

图 5-23　使用 try/except 捕获数字与字母相加的错误

◆ 设计并使用 try/except/else 结构进行异常捕获，并执行到 else，如图 5-24 所示。

```
#参考代码:
try:
    a = 1 + 2
except:
    print("Process exception")
else:
    print('code is ok')
```

code is ok

图 5-24　设计并使用 try/except/else 结构进行异常捕获

◆ 设计并使用 try/except/finally 结构进行异常捕获，并执行到 finally，如图 5-25 所示。

```
try:
    print(b)
except SyntaxError:
    print('出现语法异常')
except Exception as e:
    print(e)
finally:
    print('over')
```

name 'b' is not defined
over

图 5-25　设计并使用 try/except/finally 结构进行异常捕获

任务二　文件和目录的操作

1. 任务描述

◆ 文件的读写操作
◆ 文件和目录的创建操作
◆ 文件和目录的删除操作

教学视频

2. 操作步骤

◆ 读取本地任意一个后缀为.txt 的文本文件，如图 5-26 所示。

```
#参考代码:
f = open('Python异常处理和文件操作/hero.txt', mode='r', encoding='utf-8')
con1 = f.read()
print(con1)
f.close()
```

图 5-26　读取本地任意一个后缀为.txt 的文本文件

◆ 在任意路径下的后缀为.txt 的文本文件中写入任意内容，如图 5-27 所示。

```
#参考代码:
f2 = open('write.txt', mode='a+', encoding='utf-8')
con2 = "I am a hero."
f2.write(con2)
f2.close()
print('写入成功')
```

图 5-27　任意路径下的后缀为.txt 的文本文件中写入任意内容

◆ 创建一个目录，并在该目录下创建一个文本文件，如图 5-28 所示。

```
#参考代码:
import os
os.makedirs('文件夹操作/Beyond')
open('文件夹操作/Beyond/beyond.txt','w')
```

图 5-28　建一个目录，并在该目录下创建一个文本文件

◆ 判断上一步操作中的文件是否创建成功，如图 5-29 所示。

```
#参考代码:
import os
if os.path.exists('文件夹操作/Beyond'):
    print('存在')
else:
    print('不存在')
```

图 5-29　判断上一步操作中的文件是否创建成功

◆ 删除一个文件。删除 beyond.txt 文件，如图 5-30 所示。

```
#参考代码:
import os
os.remove('文件夹操作/Beyond/beyond.txt')
```

图 5-30　删除 beyond.txt 文件

◆ 删除一个目录。删除 Beyond 文件夹，如图 5-31 所示。

```
#参考代码:
import os
os.rmdir('文件夹操作/Beyond')
```

图 5-31　删除 Beyond 文件夹

项目实践
参考代码

> 拓展阅读

深度剖析 Python 异常处理机制的底层实现机制

前面章节中，我们详细介绍了 try 和 except 异常处理的用法。当位于 try 块中的程序执行出现异常时，会将这种异常捕获，同时找到对应的 except 块来处理该异常，那么这里就有一个问题，它是如何找到对应的 except 块的呢？

我们知道，一个 try 块也可以对应多个 except 块，一个 except 块可以同时处理多种异常。如果我们想使用一个 except 块处理所有异常，就可以采用如图 5-32 所示的方式进行编写。

```
01. try:
02.     #...
03. except Exception:
04.     #...
```

图 5-32　一个 except 块处理所有异常

这种情况下，对于 try 块中可能出现的任何异常，Python 解释器都会交给仅有的这个 except 块处理，因为它的参数是 Exception，表示可以接收任何类型的异常。

需要注意的是，对于可以接收任何异常的 except 来说，其后可以跟 Exception，也可以不跟任何参数，但表示的含义都是一样的。

这里详细介绍一下 Exception。为了表示程序中可能出现的各种异常，Python 提供了大量的异常类，这些异常类之间有严格的继承关系，图 5-33 展示了 Python 的常见异常类之间的继承关系。

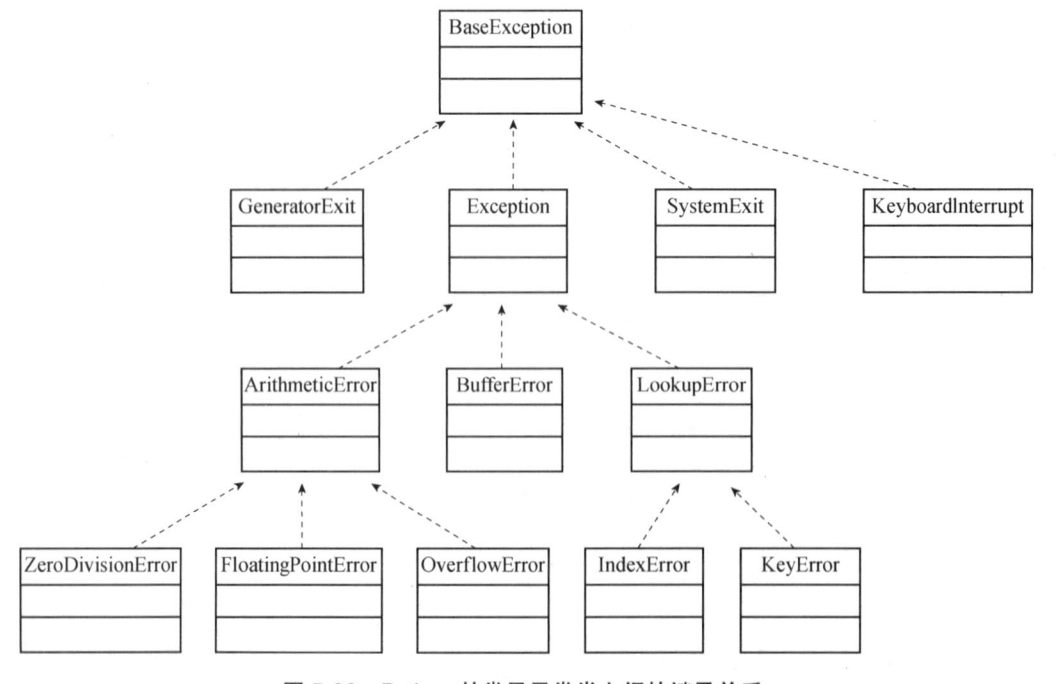

图 5-33　Python 的常见异常类之间的继承关系

从图 5-33 中可以看出，BaseException 是 Python 中所有异常类的基类，但对于我们来说，最主要的是 Exception 类，因为程序中出现的各种异常可能都继承自 Exception。

因此，如果用户要实现自定义异常，就不应该继承 BaseException，而应该继承 Exception 类。

当 try 块捕获到异常对象后，Python 解释器会拿这个异常类型依次和各个 except 块指定的异常类进行比较。如果捕获到的这个异常类和某个 except 块后面的异常类一样，又或者是该异常类的子类，那么 Python 解释器就会调用这个 except 块来处理异常。反之，Python 解释器会继续比较，直到和最后一个 except 块比较完成。如果没有比对成功，则证明该异常无法处理。

图 5-34 所示的 Python 异常捕获流程示意图展示了位于 try 块中的程序发生异常时，从捕获异常到处理异常的整个流程。

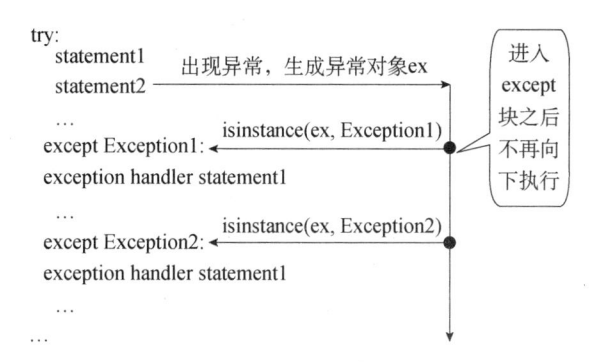

```
try:
    statement1        出现异常，生成异常对象ex         进入
    statement2 ─────────────────────────────►       except
    ...                                              块之后
    except Exception1: ◄── isinstance(ex, Exception1) 不再向
    exception handler statement1                      下执行
    ...
    except Exception2: ◄── isinstance(ex, Exception2)
    exception handler statement1
    ...
    ...
```

图 5-34 Python 异常捕获流程示意图

下面看几个简单的 Python 的异常捕获实例，如图 5-35 所示。

```
01.  try:
02.      a = int(input("输入 a: "))
03.      b = int(input("输入 b: "))
04.      print( a/b )
05.  except ValueError:
06.      print("数值错误: 程序只能接收整数参数")
07.  except ArithmeticError:
08.      print("算术错误")
09.  except Exception:
10.      print("未知异常")
```

图 5-35 Python 的异常捕获实例

该程序中，如果用户输入的 a 值和 b 值不同，可能会导致 ValueError 或 ArithmeticError 异常；如果用户输入的 a 值或者 b 值是其他字符，而不是数字，会发生 ValueError 异常，try 块会捕获到该类型异常，同时 Python 解释器会调用第一个 except 块处理异常；如果用户输入的 a 值和 b 值是数字，但 b 的值为 0。由于在进行除法运算时除数不能为 0，因此会发生 ArithmeticError 异常，try 块会捕获该异常，同时 Python 解释器会调用第二个 except 块处理异常。当然，程序运行过程中，还可能由于其他因素造成异常，但 try 块都可以捕获，同时 Python 会调用最后一个 except 块来处理。

当一个 try 块配有多个 except 块时，这些 except 块应遵循这样一个排序规则，即可处理全部异常的 except 块（参数为 Exception，也可以什么都不写）要放到所有 except 块的后面，且所有父类异常的 except 块要放到子类异常的 except 块的后面。

本章小结

本章主要围绕异常捕捉与处理、文件与文件夹的操作等方面带领大家探索 Python 异常处理和文件操作的关键技术，主要学习了 Python 异常与错误产生的原因、异常的捕捉与解决方法、Python 程序编写的关键技术原理，使学生对 Python 程序有了初步的感性认识。另外，本章详细且清晰地讲解了 Python 中的异常的概念及其处理方式，并通过具体案例展示了 try/except、try/finally 等句式的具体用法。最后通过项目任务实践，鼓励学生带着问题去查找资料、去实际体验，进而达到基本的理性认识。下面是本章的重点句式。

① try/except。
② 多个 except 子句。
③ finally。

思考测试

一、选择题

1. "mode=' (　　) '"表示将内容追加写入已有文件末尾，若文件不存在，则新建后写入。（单选题）

　　A．a　　　　　　　　　　　　B．b
　　C．w　　　　　　　　　　　　D．r

2. 操作系统中负责管理和存储文件信息的软件机构称为（　　）。（单选题）

　　A．储存系统　　　　　　　　　B．文件管理系统
　　C．信息储存系统　　　　　　　D．管理系统

3. open() 函数的哪个 mode 参数以只读方式打开文件？（　　）（单选题）

　　A．w　　　　　　　　　　　　B．r
　　C．a　　　　　　　　　　　　D．r+

4. 关于 Linux 系统和 Windows 系统的路径分隔符，下面表述正确的是（　　）。（多选题）

　　A．Windows 系统的路径分隔符，显示为 "\"，Python 程序中可以使用 "\\" 分隔
　　B．Linux 系统的路径分隔符，显示为 "/"，Python 程序中使用 "/" 分隔
　　C．Linux 系统和 Windows 系统的路径分隔符不同
　　D．Linux 系统和 Windows 系统的路径分隔符相同

5．计算机的编码从最开始的 ASCII 码陆续发展出很多编码格式，其中有（　　）。（多选题）

　　A．GBK　　　　　　　　　　　　B．GB2312

　　C．GB18030　　　　　　　　　　 D．UTF-8

6．文件的路径信息有两种描述方式，分别是（　　）。（多选题）

　　A．绝对路径　　　　　　　　　　B．长路径

　　C．短路径　　　　　　　　　　　D．相对路径

7．Python 提供了哪三个非常重要的语句来应对 Python 程序在运行中出现的异常和错误？（　　）（多选题）

　　A．try/except　　　　　　　　　 B．raise

　　C．assert　　　　　　　　　　　 D．repair

8．文件夹和文件的重命名都可以使用同一个方法：os.rename(src, dst)，以下描述正确的有（　　）。（多选题）

　　A．src 是要修改的文件夹名或文件名　　B．dst 是要修改的文件夹名或文件名

　　C．dst 是修改后的文件夹名或文件名　　D．该方法没有返回值

二、判断题

1．异常是一个事件，也是 Python 对象，表示一个错误。当 Python 程序无法正常执行程序时，程序就会发生一个异常，我们可以通过捕获来处理它，否则程序可能会终止执行。（　　）

2．如果在 try 语句执行时发生异常，程序流跳回标记位，并向下执行第一个与该异常匹配的 except 语句。异常处理完后，程序流就通过整个 try 语句（除非在处理异常时又引发新的异常）。（　　）

三、思考题

1．结合生活实际，请给出你身边的三个可以应用工作量计算器的场景。

2．试分析 Python 与现实生活的联系，并举例说明。

第 6 章　Python 模块、包和库

| 教案 | 教学课件 | 教学视频 |

导　言

Python 的流行主要依赖于其众多强大的功能，其自带的标准库（Standard Library）可以满足大多数的基本需求，除了函数库，模块（Module）和包（Package）也常会被使用。学生常常会分不清库、模块和包，因此本章将用简单易懂的方式让学生认识到 Python 模块、包和库的区别，通过实际案例让学生能够对 Python 模块、包和库形成一个大体的框架，初步掌握用 Python 处理财务数据的方法。

学习目标

- 了解 Python 模块、包和库的区别
- 理解 Python 模块、包和库的基本概念
- 掌握 Python 库的基本语法法则
- 掌握 Python 常用库的应用领域
- 熟练运用 Python 的库解决一些财务问题

素质目标

- 培养学生运用 Python 模块、包和库解决财务问题的能力
- 培养学生区分 Python 模块、包和库功能的能力
- 培育学生爱国敬业、努力奋斗的精神

知识探索

Python 模块、包和库的概念

1. 模块

模块是一个单独的.py 文件，用于存放一些功能相关的代码，所以是应用实现的核心。

2. 包

包是一个有层级的目录结构，包含 n 个模块或者 n 个子包，包中一定要有 __init__.py 文件，所以包只是一个组织方式，虽然更加有条理，并不是必需的。

3. 库

库是完成一个"大"功能的代码集合，表现形式通常是包。

下面介绍 Python 模块、包和库三者之间的关系。

库可以是包的集合或者模块的集合，其主要用于完成一个整体应用，侧重功能的完整性。

包是库的组织形式。在开发一个库的时候，如果有一些模块功能紧密相关，那么就放在一个包里。由于有很多模块，那么按照功能差异，可能会分给很多个包，最终形成一个库。模块则是一个单独的.py 文件，用于实现一个小功能。

本章思维导图如图 6-1 所示。

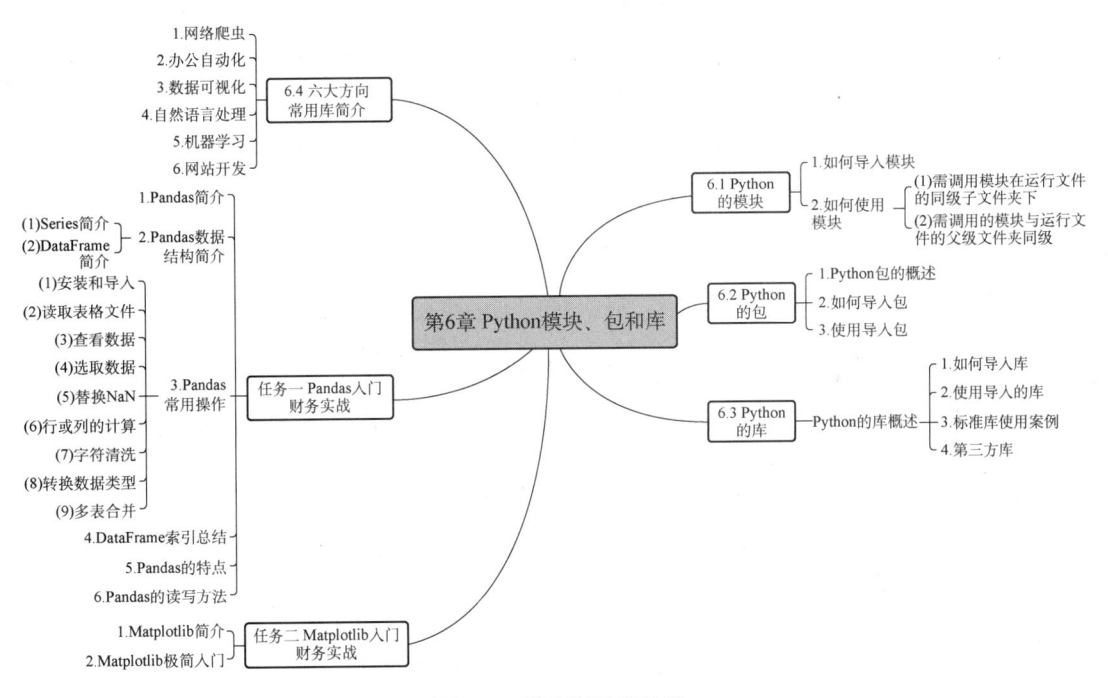

图 6-1 第 6 章思维导图

6.1 Python 的模块

可运行的 Python 文件都是以.py 为后缀的。一个以.py 为后缀的文件就可以称为一个模块，模块中包含定义的类、函数、表达式和语句等内容，其表达的含义是实现了某个功能。

1. 如何导入模块

我们写好模块之后如何使用它呢？这里需要了解导入模块的方法，导入某个模块可以理解为有了对该模块的使用权。自身模块的功能（自身文件内的功能）不用导入，导入其他模块的方式有以下几种。

（1）精确导入：from 模块名 import 函数名

（2）模糊导入：from 模块名 import *

"*"代表全部导入，这里需要注意，要尽量少用"*"，避免多个文件循环导入。

这里可以使用 as 为模块或者函数起一个别名，如 import my_model as mm。

2. 如何使用模块

举个例子，先建立一个名为 use_module 的文件夹，之后在该文件夹下建立两个 Python 文件，分别为 my_module.py 和 run.py。文件结构如图 6-2 所示。

```
use_module
├── my_module.py
└── run.py
```

图 6-2　文件结构

其中 my_module.py 是我们自定义的模块，模块内容如图 6-3 所示。

```
# -*- coding : utf -8 -*-
def model():
    print("This is my_model")
    return "abc"
```

图 6-3　my_module.py 模块内容

run.py 的作用是调用 my_module.py，所以需要在 run.py 中导入 module.py 模块，如图 6-4 所示。

```
# -*- coding : utf -8 -*-
form my_module import model
model()
```

图 6-4　在 run.py 中导入 module.py 模块

注意："# -*- coding:utf-8 -*-"可以告诉 Python 解释器按照 UTF-8 编码规则读取代码文件，否则，文件中的文字或符号在输出时可能会有乱码。

导入语句用"from 模块名 import 函数名"，这里需要注意，我们定义的模块与使用该模块的文件在同一级文件夹下，即都在 use_module 下，所以可以直接写模块名。如果不在同一级文件夹下，就不能直接写模块名，需要根据模块位置来写。不在同级文件夹下，可分为以下两种情况。

（1）需调用的模块在运行文件的同级子文件夹下

我们建立如图 6-5 所示结构的文件夹，use_module 文件夹下有 com 文件夹和 run.py，

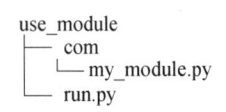

com 文件夹下有 my_module.py。my_module.py 模块在 run.py 的同级子文件夹下，文件内容与之前一致。

那么我们在 run.py 中导入 my_module.py 中的 model() 函数时，要怎么导入模块呢？示例如下：

from com.my_module import model

图 6-5 my_module.py 模块在 run.py 的同级子文件夹下

（2）需调用的模块与运行文件的父级文件夹同级

我们建立如图 6-6 所示结构的文件夹，use_module 文件夹下有 com 文件夹和 my_module.py，com 文件夹下有 run.py。my_module.py 模块与 run.py 的父级文件夹同级，文件内容与之前一致。

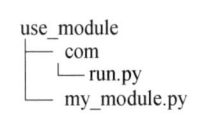

图 6-6 my_module.py 模块与 run.py 的父级文件夹同级

在 run.py 中导入 my_module.py 中的 model() 函数，要怎么导入模块呢？示例如下：

from use_module.my_module import model

注意：这里表示当前的文件路径，具体位置需要具体分析。如果这里导入失败，可以使用 sys.path.append() 方法添加模块所在文件夹的绝对路径。

6.2 Python 的包

1. Python 包的概述

Python 的包（Package）是在模块之上的概念。项目中的模块多了之后，众多功能相似的模块可以使用包组成新的组织结构，方便维护和使用。

Python 的模块是 .py 文件，包是文件夹。如果文件夹中包含 __init__.py 文件，则 Python 解释器就将该文件夹识别为一个包，其中的模块文件（.py 后缀）属于包的模块。

特殊地，__init__.py 文件可以为空，也可以有属于包的代码，当导入或调用包中的模块时，执行 __init__.py 文件。包可以包含子包，没有层级限制，需要注意避免名称冲突。

Python 的包为什么需要 __init__.py 文件呢？我们来看看它的作用。

（1）Python 中包的标识不能删除。包其实是一个文件夹，为了和普通文件夹做区别，使用了 __init__.py。

（2）当我们导入包中模块的时候，实际上是导入了 __init__.py 文件。可以一次性全部导入，而不需要将模块一个一个地导入，也不需要找层级关系。

（3）编写 Python 代码。因为导入包的时候，__init__.py 也会一起导入，所以可以在 __init__.py 文件中写初始设置。

Python 的一个自定义包，可用如图 6-7 所示的结构图表示。

```
my_project
├── __init__.py
├── base.py
└── process_data.py
```

my_project 是包或新建项目的名字，它是一个文件夹。在该文件夹下，包含 __init__.py、base.py 和 process_data.py 等文件或文件夹。

图 6-7　Python 的自定义包

2. 如何导入包

一般在编写一个包的模块时导入包，如果需要用到其他包中模块的方法，则导入的方法是

```
from 包名.模块名 import 函数名
from 包名.模块名 import 类名
from 包名.模块名 import 类名.函数名
```

如果直接导入函数名，则该函数 def 必须写在最左侧，没有缩进，不在类里面。当然，也可以只导入包名，但是在使用的时候，需要使用如下的方法：

```
包名.模块名.函数名()
包名.模块名.类名.函数名()
```

包如果是自定义的，则需要根据路径来写，具体写法与导入模块类似。注意也可能用到"..", 比如：

```
from ..包名.模块名 import 类名
```

3. 使用导入包

前面学会了导入模块，又学习了导入自己定义的包，那么导入包和导入模块一样吗？答案是非常像。我们先建立如图 6-8 所示的文件和文件夹结构。

```
test
├── my_project
│   ├── __init__.py
│   ├── base.py
│   └── process_data.py
└── run.py
```

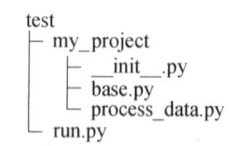

图 6-8　文件和文件夹结构

其中 __init__.py 文件不写内容，base.py 内容如图 6-9 所示。

```
# -*- coding : utf-8 -*-
def display(con):
    print(con)
```

图 6-9　base.py 内容

process_data.py 文件的内容如图 6-10 所示。

```
# -*- coding : utf-8 -*-
class process():
    @classmethod
    def print_date(cls):
        print("this is data from process_data")
        return "ok"
```

图 6-10　process_data.py 文件的内容

run.py 文件的内容如图 6-11 所示。

```
# -*- coding : utf-8 -*-
from my_project.base import display
from my_project.process_data import process
```

```
display("this is module")
p = process()
p.print_data()  # 调用类方法
print("------")
print(p.print_data()) #调用并打印返回值
```

图 6-11　run.py 文件的内容

运行 run.py 文件，运行结果和下面的内容一致则说明导入成功，并运行了自定义的包，如图 6-12 所示。

```
this is base module
this is data from process_data
------
this is data from process_data
ok
```

图 6-12　run.py 文件的运行结果

6.3　Python 的库

库是由具有相关功能，且数量不定的模块、包构成的一个完整品。Python 的一大特色是具有强大的标准库、第三方库以及自定义模块。标准库是由 Python 官方撰写的，第三方库是个人或组织开发的，任何人都可以发布自己的开源库。

库、包、模块的引用顺序：官方库模块>第三方库模块>自定义库模块。

1. 如何导入库

在编写模块时，常常需要用到其他库中的方法。导入库的方法：

```
import 库名
import 库名 as 自定义简称    例如：import numpy as np
from 库名.模块名 import 函数名
from 库名.模块名 import 类名
from 库名.模块名 import 类名.函数名
```

2. 使用导入的库

导入库和导入自定义的包非常类似，区别在于包是自己定义的，库是其他开发者发布并开源的，我们可以在已经安装库的前提下自由导入和使用，不受文件夹父级和子级的影响，且在任何位置都可以导入开源的库和 Python 的标准库或模块。标准库不用再进行安装，第三方库根据实际情况下载安装后使用。

这里尝试一个简单的案例，Python 的标准库 os 库是如何导入并使用的？如图 6-13 所示。

```
import os
print(os.path.abspath(__file__))
```

图 6-13　导入并使用 Python 的标准库 os 库

在任意名称的 .py 文件里输入上述代码，上述代码的功能是打印出当前文件的绝对路径。如果能运行程序并正常打印结果，则说明成功调用了 Python 的标准库。标准库是 Python 安装好就自带的，不需要进行额外的安装。不同 Python 版本的标准库略有不同，随着 Python 自身版本更新，功能也在不断优化。

3. 标准库使用案例

例一：使用 random 库，生成随机数。

```
import random
n = random.random()          # random 方法，随机生成 0~1 的浮点数
print(n)                     #输出随机数 n
n1 = random.uniform(1,10)    # uniform 方法，随机生成指定范围的浮点数
print(n1)                    #输出随机数为 n1
n2 = random.randint(1,10)    # randint 方法，随机生成指定范围的整数
print(n2)                    #输出随机数为 n2
```

例二：使用 re 库，提取字符串中的数字和时间。

```
import re
con = '成本 50 元'
s = re.search(r'\d{1,}',con).group() #search 方法，返回第一次匹配成功的结果
print(s)                 # 结果为 50
con2 = '时间是 2077 年 7 月 7 日'
t = re.search(r'.*?(\d{1,}年\d{1,}月\d{1,}日)',con2).group(1)
print(t)                 # 2077 年 7 月 7 日
```

例三：使用 time 库，获取不同形式的时间。

```
import time
time.time()      # time 方法，返回当前时间戳
```

```
# 1611105783.0196116
ime.asctime()      # asctime 方法，返回 24 个字符的时间格式
# 'Wed Jan 20 09:28:27 2021'
#strftime 方法支持时间格式转换；
time.strftime('%Y-%m-%d %H:%M:%S',time.localtime())
```

例四：使用 glob 库，获取指定文件夹下的文件名称。

```
import glob
book_list = glob.glob("E:\\book_Python\\*pdf")
print(book_list)           #返回该路径下，后缀为 pdf 的文件名列表
```

注意：导入的这些库实际都是.py 文件的名称。可在 PyCharm 或 VSCode 等编辑器里，通过按住 Ctrl 键，同时使用鼠标左键单击库名，即可跳转到源码文件。glob.glob()使用了 glob 库（模块）中的 glob 方法。通过查看源码，可以了解任意的标准库、第三方库都有哪些用法。

4. 第三方库

如果使用 Windows10 系统，并且已经安装了 Anaconda，那么在安装新的第三方库时，就可以使用如下方法。

单击"开始"菜单，再单击 Anaconda 下的 Anaconda Prompt，如图 6-14 所示。

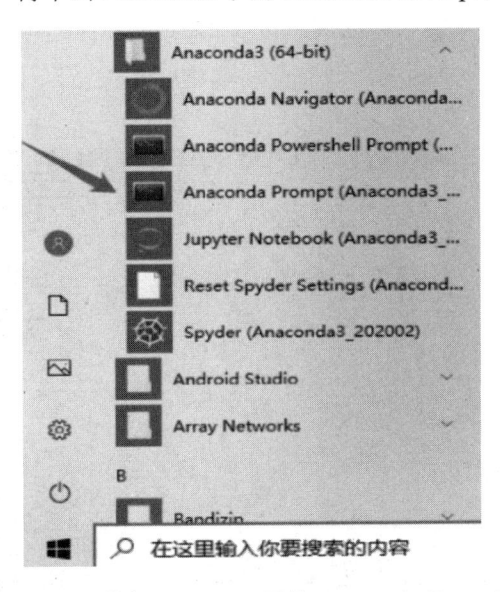

图 6-14 单击 Anaconda 下的 Anaconda Prompt

单击 Anaconda Prompt 之后，会弹出一个对话框，可以在对话框中输入命令，如图 6-15 所示。

在对话框中输入"pip install XXX"，"XXX"为我们需要安装的第三方库名称，例如安装 Requests 则在命令行中输入"pip install requests"，结果如图 6-16 所示。因已安装

过，所以出现"Requirement already satisfied"。若未安装，将自动下载、安装，安装成功后会出现"Successfully"的提示信息。

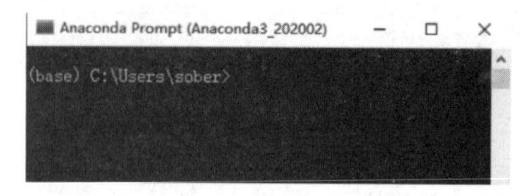

图 6-15 单击 Anaconda Prompt 后弹出对话框

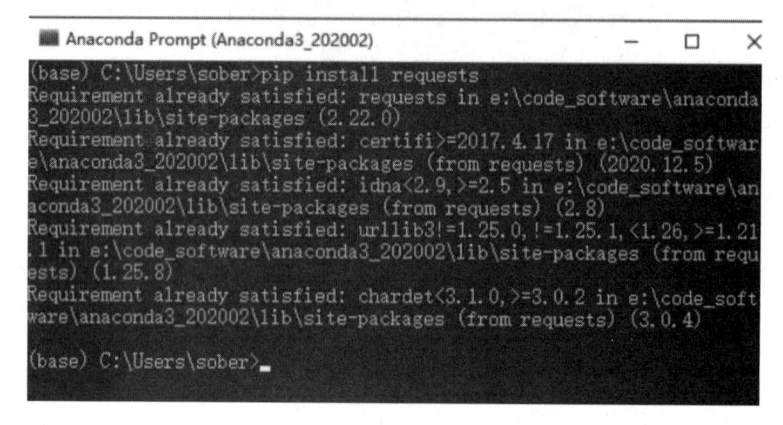

图 6-16 安装 Requests 的结果

如果我们想查看已经安装了哪些库，可以在这个对话框中输入命令"pip list"，就可以在 Anaconda 中查看 Python 安装过的库，如图 6-17 所示。

图 6-17 输入"pip list"在 Anaconda 中查看 Python 安装过的库

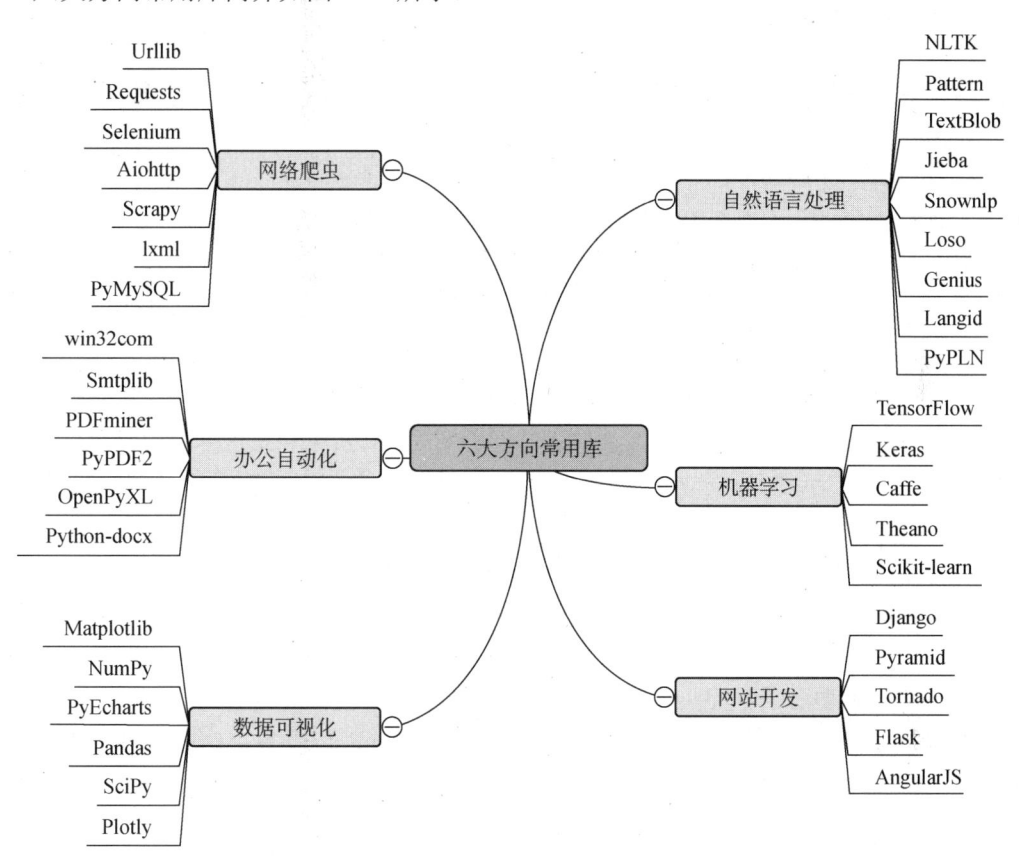

6.4 六大方向常用库简介

六大方向常用库简介如图 6-18 所示。

```
网络爬虫：Urllib、Requests、Selenium、Aiohttp、Scrapy、lxml、PyMySQL
办公自动化：win32com、Smtplib、PDFminer、PyPDF2、OpenPyXL、Python-docx
数据可视化：Matplotlib、NumPy、PyEcharts、Pandas、SciPy、Plotly
自然语言处理：NLTK、Pattern、TextBlob、Jieba、Snownlp、Loso、Genius、Langid、PyPLN
机器学习：TensorFlow、Keras、Caffe、Theano、Scikit-learn
网站开发：Django、Pyramid、Tornado、Flask、AngularJS
```

图 6-18　六大方向常用库简介

1. 网络爬虫

（1）Urllib：是 Python 自带的标准库，无须安装，可以直接用。它提供了多种功能，包括网页请求响应获取、代理和 cookie 设置、异常处理、URL 解析及爬虫所需要的功能。

（2）Requests：基于 Urllib，号称"为人类准备的 HTTP 库"。

（3）Selenium：自动化测试工具，一个调用浏览器的 driver，通过这个库，可以直接调用浏览器完成某些操作，比如输入账号、密码登录。

（4）Aiohttp：基于 Asyncio 实现的 HTTP 框架，异步操作时借助 async/await 关键字，使用异步库进行数据抓取，可以大大提高效率。

（5）Scrapy：强大的爬虫框架，可抓取网站并从其页面中提取结构化数据，用于数据挖掘、数据监控、自动化测试等方面。

（6）lxml：是 Python 的一个解析库，这个库支持 HTML 和 XML 的解析，支持 XPath 的解析方式。

（7）PyMySQL：实现的 MySQL。

2. 办公自动化

（1）win32com：有关 Windows 系统操作、Microsoft Office（Word、Excel 等）文件读写等的综合应用库。

（2）Smtplib：发送电子邮件。

（3）PDFminer：可以从 PDF 文档中提取各类信息的第三方库。

（4）PyPDF2：能够分割、合并和转换 PDF 页面的库。

（5）OpenePyXL：处理 Microsoft Excel 文档的 Python 第三方库，它支持读写 Excel 的 XLS、XLSX、XLSM、XLTX 及 XLTM 格式文件。

（6）Python-docx：一个处理 Microsoft Word 文档的 Python 第三方库，它支持读取、查询以及修改 DOC、DOCX 等格式文件，并能够对 Word 常见样式进行编程设置。

3. 数据可视化

（1）Matplotlib：一个绘图库，可以生成各种可用于出版品质的硬拷贝格式和跨平台交互式环境数据。Matplotlib 可用于 Python 脚本、Python 和 IPython Shell、Jupyter Notebook 和 Web 服务器程序。

（2）NumPy：是 Python 进行科学计算所需的基础包，可用来存储和处理大型矩阵，如矩阵运算、矢量处理和 N 维数据变换等。

（3）PyEcharts：用于生成 Echarts 图表的类库。

（4）Pandas：一个强大的分析结构化数据的工具集，基于 NumPy 扩展而来，提供了一批标准的数据模型和大量便捷处理数据的函数与方法。

（5）SciPy：基于 Python 的 MATLAB 实现，旨在实现 MATLAB 的所有功能，在 NumPy 库的基础上增加了众多的数学、科学以及工程计算中常用的库函数。

（6）Plotly：提供的图形库可以进行在线 Web 交互，并提供具有出版品质的图形，支持线图、散点图、区域图、热图、子图、多轴、极坐标图、气泡图、玫瑰图、热力图及漏斗图等众多图形。

4. 自然语言处理

（1）NLTK：一个自然语言处理的第三方库，在 NLP 常用领域中，可建立词袋模型（单词计数），支持词频分析（单词出现次数）、模式识别、关联分析、情感分析（词频分析+度量指标）及可视化（Matplotlib 做分析图）等。

（2）Pattern：Python 的网络挖掘模块。它有自然语言处理、机器学习及其他方向的工具。

（3）TextBlob：为深入完成自然语言处理任务提供了一致的 API，是基于 NLTK 以及 Pattern 的巨人之肩上发展的。

（4）Jieba：中文分词工具。

（5）Snownlp：中文文本处理库。

（6）Loso：中文分词库。

（7）Genius：基于条件随机域的中文分词。

（8）Langid：独立的语言识别系统。

（9）PyPLN：用 Python 编写的分布式自然语言处理通道。

5. 机器学习

（1）TensorFlow：谷歌的第二代机器学习系统，是一个使用数据流图进行数值计算的开源软件库。

（2）Keras：是一个高级神经网络 API，用 Python 编写，能够在 TensorFlow、CNTK 或 Theano 上运行。它旨在实现快速实验，能够以最小的延迟把想法变成结果是进行研究的关键。

（3）Caffe：一个深度学习框架，主要用于计算机视觉。它在图像识别和图像分类方面具有很好的应用效果。

（4）Theano 深度学习库：它与 NumPy 紧密集成，支持 GPU 计算、单元测试和自我验证，是为执行深度学习中大规模神经网络算法的运算而设计的，擅长处理多维数组。

（5）Scikit-learn：简单且高效的数据挖掘和数据分析工具。它基于 NumPy、SciPy 和 Matplotlib 构建。Scikit-learn 的基本功能主要包括 6 个部分，即分类、回归、聚类、数据降维、模型选择和数据预处理。Scikit-learn 也被称为 Sklearn。

6. 网站开发

（1）Django：一个开放源代码的 Web 应用框架，由 Python 写成，是 Python 生态中最流行的开源 Web 应用框架，Django 采用模型、模板和视图的编写模式，称为 MTV 模式。

（2）Pyramid：是一个通用、开源的 Python Web 应用程序开发框架。它的主要目的是让 Python 开发者更简单地创建 Web 应用。相比 Django，Pyramid 是一个相对小巧、快速和灵活的开源 Python Web 框架。

（3）Tornado：一种 Web 服务器软件的开源版本。Tornado 和现在主流的 Web 服务器框架（包括大多数 Python 的框架）有着明显的区别，它是非阻塞式服务器，而且速度相当快。

（4）Flask：是轻量级 Web 应用框架，相比 Django 和 Pyramid，它也被称为微框架。使用 Flask 开发 Web 应用十分方便，几行代码即可建立一个小型网站。Flask 核心十分简单，并不直接包含如数据库访问等抽象访问层，而是通过扩展模块形式来实现。

（5）AngularJS：客户端的 JavaScript MVC 开源框架，是为使用 MVC 架构模式的单页面 Web 应用而设计的，可用于开发动态 Web 应用程序。它不是一个完整的堆栈，而是一个处理 Web 页面的前端框架，与 React、Vue 并称为前端三大框架。

项目实践

任务一　Pandas 入门财务实战

1. Pandas 简介

Pandas 是一个开源的 Python 库，使用其强大的数据结构能提供高性能的数据处理和分析工具。Pandas 这个名字源自"Panel Data"（面板数据）——来自多维数据的计量经济学。

2008 年，就职于 AQR 的量化研究员 Wes McKinney（韦斯·麦金尼），将研究和生产模型的构建以及研究过程迁移到了 Python 编程语言的基础上，开始构建具有高性能的、灵活的数据分析工具 Pandas。开源后，Pandas 从 2012 年逐渐流行起来。

在 Pandas 之前，Python 主要用于数据管理和准备，对数据分析的贡献很小。Pandas 解决了这个问题。Pandas 提供了方便的类表格和类 SQL 的操作，同时提供了强大的缺失值处理方法，可以方便地进行数据导入、选取、清洗、处理、合并和统计分析等操作。

Python 与 Pandas 一起使用的领域非常广泛，主要包括学术和商业领域，在金融学、经济学、统计学、分析学、生物学和物理学等学科也有广泛应用。

2. Pandas 数据结构简介

Series 和 DataFrame 是 Pandas 两个主要的数据结构，二者都遵循数据对齐的内在原则。

（1）Series 简介

Series 类似一维数组的对象，与 NumPy 中的一维 array 类似。二者与 Python 基本的数据结构 List 也很相近。Series 是带标签的一维数组，可存储整数、浮点数、字符串和 Python 对象等类型的数据。

（2）DataFrame 简介

DataFrame 是由多种类型的列构成的二维标签数据结构，类似于 Excel、SQL 表或 Series 对象构成的字典。DataFrame 是最常用的 Pandas 对象，与 Series 一样，

DataFrame 支持多种类型的输入数据，如：①一维 Ndarray、列表、字典和 Series 字典；②二维 numpy.ndarray；③结构化的多维数组；④Series；⑤DataFrame。index 和 columns 属性分别用于访问行、列标签，如图 6-19 所示。

DataFrame:二维数据，整个表格，多行多列　　df.columns（列标签）

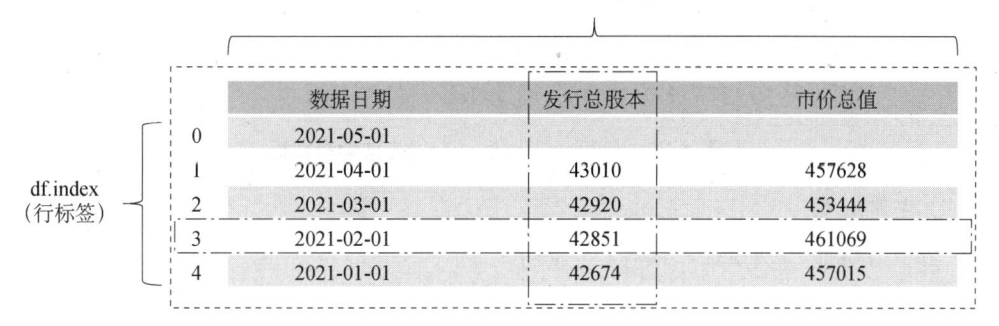

	数据日期	发行总股本	市价总值
0	2021-05-01		
1	2021-04-01	43010	457628
2	2021-03-01	42920	453444
3	2021-02-01	42851	461069
4	2021-01-01	42674	457015

df.index（行标签）

无指定行标签，默认数字行标签　　Series:一维数据，一行或一列

图 6-19　index 和 columns 属性

3. Pandas 常用操作

（1）安装和导入

若已经安装 Anaconda，则不用再安装 Pandas。如果没有安装 Anaconda，可以在命令窗口，使用 pip 命令快速安装 Pandas 库，代码示例如下：

```
pip install pandas
```

编写代码时，需要导入 Pandas 库才能使用。在文件的前几行使用 import 语句导入，代码示例如下：

```
import pandas as pd
```

其中，as pd 相当于给 Pandas 库取别名为 pd，用 pd 调用更为方便。

（2）读取表格文件

读取常见的后缀为.xlsx 的表格文件，可以使用 read_excel()方法，代码示例如下：

```
import pandas as pd
df = pd.read_excel('上交所股票交易统计表.xlsx')
print(df.head())
```

pd.read_excel()读取出的数据类型是 DataFrame。df.head()表示默认打印前 5 行。若文件中单元格为空，则以 NaN 代替。左边第一列 0～4 为 index（行标签），第一行为 columns（列标签）。其在开发环境中运行，结果如图 6-20 所示。

```
import pandas as pd
df = pd.read_excel('上交所股票交易统计表.xlsx')
print(df.head())
```

```
       数据日期      发行总股本        市价总值      成交金额      成交量
0  2021-05-01        NaN         NaN       NaN      NaN
1  2021-04-01    43010.0    457628.0   68925.0  5705.67
2  2021-03-01    42920.0    453444.0   84279.0  7456.77
3  2021-02-01    42851.0    461069.0   65364.0  4856.11
4  2021-01-01    42674.0    457015.0   96861.0  6653.58
```

图 6-20　使用 pd.read_excel()方法读取数据

（3）查看数据

◆ 查看行标签和列标签，代码示例如下：

查看行标签 print(list(df.index))
查看列标签 print(list(df))

上述代码在 Anaconda 里运行，可得到将行或列标签转换为列表类型的打印结果如图 6-21 所示。

```
print(list(df.index))
```
[0, 1, 2, 3, 4, 5, 6, 7, 8, 9, 10, 11, 12, 13, 14, 15, 16, 17, 18, 19, 20, 21, 22, 23, 24, 25, 26, 27, 28, 29, 30, 31, 32, 33, 34, 35, 36, 37, 38, 39, 40, 41, 42, 43, 44, 45, 46, 47, 48, 49, 50, 51, 52, 53, 54, 55, 56, 57, 58, 59, 60, 61, 62, 63, 64, 65, 66, 67, 68, 69, 70, 71, 72, 73, 74, 75, 76, 77, 78, 79, 80, 81, 82, 83, 84, 85, 86, 87, 88, 89, 90, 91, 92, 93, 94, 95, 96, 97, 98, 99, 100, 101, 102, 103, 104, 105, 106, 107, 108, 109, 110, 111, 112, 113, 114, 115, 116, 117, 118, 119, 120, 121, 122, 123, 124, 125, 126, 127, 128, 129, 130, 131, 132, 133, 134, 135, 136, 137, 138, 139, 140, 141, 142, 143, 144, 145, 146, 147, 148, 149, 150, 151, 152, 153, 154, 155, 156, 157, 158, 159, 160]

```
print(list(df))
```
['数据日期', '发行总股本', '市价总值', '成交金额', '成交量']

图 6-21　将行或列标签转换为列表类型的打印结果

◆ 查看 DataFrame 的值，代码示例如下：

```
print(df.values)
```

注意：打印出 df.values 值的多维数据，类型为 NumPy 中的 numpy.ndarray，可以用 Python 列表的方法解析它。具体操作如图 6-22 所示。

```
print(df.values)
```
```
[['2021-05-01' nan nan nan nan]
 ['2021-04-01' 43010.0 457628.0 68925.0 5705.67]
 ['2021-03-01' 42920.0 453444.0 84279.0 7456.77]
 ['2021-02-01' 42851.0 461069.0 65364.0 4856.11]
 ['2021-01-01' 42674.0 457015.0 96861.0 6653.58]
 ['2020-12-01' 42601.0 455322.0 84058.0 6481.91]
 ['2020-11-01' 42306.0 441857.0 72843.0 5698.09]
 ['2020-10-01' 42214.0 416867.0 42839.0 3046.16]
```

图 6-22　打印出 df.values 值的多维数据

◆ 查看 DataFrame 数据的统计，代码示例如下：

```
print(df.describe())
```

注意：df.describe()可以实现数据的快速统计汇总。需要注意，数字列、字母列是不同的。

DataFrame 数据示例如图 6-23 所示。

count：数量统计，此列共有多少有效值
mean：均值
std：标准差
min：最小值
25%：四分之一分位数
50%：二分之一分位数
75%：四分之三分位数
max：最大值

df.describe()				
	发行总股本	市价总值	成交金额	成交量
count	160.000000	160.000000	160.000000	160.000000
mean	28084.066827	237121.223372	39192.719720	3492.622858
std	8477.153341	92459.073913	32186.240065	2394.453945
min	14198.160000	91719.660000	7324.390000	861.338000
25%	22440.917125	157141.048275	19064.491575	1891.350475
50%	26705.400000	197989.730000	30824.380000	2886.838600
75%	35329.987500	317223.655000	45035.802500	4089.042500
max	43010.000000	461069.000000	200365.300000	13203.140000

图 6-23　DataFrame 数据示例

（4）选取数据

◆ 使用 df[col] 选择列，col 为传入一个列名称的对象。代码示例如下所示：

```
df['发行总股本']    # 选取第 1 列；
df[['发行总股本','市价总值']]    # 选取第 1、2 列；
# 要选取多列数据时，df[]中为 columns 名称的列表；
```

上述代码在 Anaconda 里运行，分别得到如图 6-24 和图 6-25 所示的结果。

```
df['发行总股本']    # 选取第1列
0           NaN
1       43010.00
2       42920.00
3       42851.00
4       42674.00
       ...
156     14980.19
157     14785.95
158     14476.47
159     14300.84
160     14198.16
Name: 发行总股本, Length: 161, dtype: float64
```

图 6-24　df['发行总股本']

df[['发行总股本','市价总值']] # 选取第1、2列		
	发行总股本	市价总值
0	NaN	NaN
1	43010.00	457628.00
2	42920.00	453444.00
3	42851.00	461069.00
4	42674.00	457015.00
...	...	...
156	14980.19	181247.11
157	14785.95	194727.31
158	14476.47	181350.15
159	14300.84	225846.35
160	14198.16	225354.97
161 rows × 2 columns		

图 6-25　df[['发行总股本','市价总值']]

◆ 使用 df.loc[] 选择行。

选取第 2 行数据，本例中 1 表示 index（行标签）；
df.loc[1]

上述代码在 Anaconda 里运行，如图 6-26 所示。

```
# 选取第2行数据 本例中1是index（行标签）
df.loc[1]
数据日期         2021-04-01
发行总股本            43010
市价总值            457628
成交金额             68925
成交量            5705.67
Name: 1, dtype: object
```

图 6-26　选取第 2 行数据

选取第 1 行到第 4 行数据 0:3 行标签的名称；
df.loc[0:3]

上述代码在 Anaconda 里运行，如图 6-27 所示。

```
# 选取第1到4行数据 0:3 行标签的名称
df.loc[0:3]
```

	数据日期	发行总股本	市价总值	成交金额	成交量
0	2021-05-01	NaN	NaN	NaN	NaN
1	2021-04-01	43010.0	457628.0	68925.0	5705.67
2	2021-03-01	42920.0	453444.0	84279.0	7456.77
3	2021-02-01	42851.0	461069.0	65364.0	4856.11

图 6-27　选取第 1 行到第 4 行数据 0:3 行标签的名称

◆ 使用 df.loc[] 选择行和列。

选取第 1 到第 4 行数据,市价总值列数据；
df.loc[[0,1,2,3],['市价总值']] 或者 df.loc[0:3 ,['市价总值']]

上述代码在 Anaconda 里运行，如图 6-28 所示。

```
## 选取第1到4行数据,市价总值列数据
df.loc[[0,1,2,3],['市价总值']]
# 或者
df.loc[0:3,['市价总值']]
```

	市价总值
0	NaN
1	457628.0
2	453444.0
3	461069.0

图 6-28　选取第 1 到第 4 行数据，市价总值列数据

```
# 选择前 7 行，发行总股本和市价总值两列的内容;
df.loc[:6, ['发行总股本', '市价总值']]
```

上述代码在 Anaconda 里运行，如图 6-29 所示。

◆ 使用 df.iloc[] 数字索引选择行。

```
# 使用数字索引选择第 2 行;
    df.iloc[1]
```

上述代码在 Anaconda 里运行，如图 6-30 所示。

图 6-29　选择前 7 行，发行总股本和市价总值两列的内容

图 6-30　使用数字索引选择第 2 行

```
# 使用数字索引选择前两行;
df.iloc[:2]
```

上述代码在 Anaconda 里运行，如图 6-31 所示。

图 6-31　使用数字索引选择前两行

（5）替换 NaN

◆ 空数据 NaN 的替换，代码示例如下：

```
# 将所有 NaN 值替换为零
df.fillna(0)
```

上述代码在 Anaconda 里运行，如图 6-32 所示。

```
df = df.fillna(0)
df
```

	数据日期	发行总股本	市价总值	成交金额	成交量
0	2021-05-01	0.00	0.00	0.00	0.0000
1	2021-04-01	43010.00	457628.00	68925.00	5705.6700
2	2021-03-01	42920.00	453444.00	84279.00	7456.7700
3	2021-02-01	42851.00	461069.00	65364.00	4856.1100
4	2021-01-01	42674.00	457015.00	96861.00	6653.5800

图 6-32　将所有 NaN 值替换为零

注意：使用 Pandas 处理数据集时，数据集中会有 NaN，即为空的情况，要用某个平均值或合适的值替换。

（6）行或列的计算

◆ 列的计算，代码示例如下：

```
# 选取数据后，可进行计算，结果设置为新的列；
df['均价'] = df['成交金额']/df['市价总值']
```

上述代码在 Anaconda 里运行，如图 6-33 所示。

```
df['均价'] = df['成交金额']/df['市价总值']
df
```

	数据日期	发行总股本	市价总值	成交金额	成交量	均价
0	2021-05-01	0.00	0.00	0.00	0.0000	NaN
1	2021-04-01	43010.00	457628.00	68925.00	5705.6700	0.150614
2	2021-03-01	42920.00	453444.00	84279.00	7456.7700	0.185864
3	2021-02-01	42851.00	461069.00	65364.00	4856.1100	0.141766
4	2021-01-01	42674.00	457015.00	96861.00	6653.5800	0.211943

图 6-33　列的计算实例

注意：除数和被除数都为零，计算结果为 NaN。新计算的数据可以作为 DataFrame 的一列数据。

◆ 行或列的删除，代码示例如下：

```
# drop()可以按 index 或 columns 删除标签列表 # df1 为数据的副本；
df1 = df.drop(index=[0])
```

上述代码在 Anaconda 里运行，如图 6-34 所示。

```
df1 = df.drop(index=[0])
df1
```

	数据日期	发行总股本	市价总值	成交金额	成交量	均价
1	2021-04-01	43010.00	457628.00	68925.00	5705.6700	0.150614
2	2021-03-01	42920.00	453444.00	84279.00	7456.7700	0.185864
3	2021-02-01	42851.00	461069.00	65364.00	4856.1100	0.141766
4	2021-01-01	42674.00	457015.00	96861.00	6653.5800	0.211943
5	2020-12-01	42601.00	455322.00	84058.00	6481.9100	0.184612

图 6-34　删除标签列表

（7）字符清洗

将字符串中的"-"替换为"/"，代码示例如下：

```
df1['数据日期'] = df1['数据日期'].str.replace('-', '/')
```

注：replace 方法对字符串类型的数据有效，如果要对其他类型的数据生效，先要查看数据类型，必要时转换其数据类型。

上述代码在 Anaconda 里运行，如图 6-35 所示。

```
df1['数据日期'] = df1['数据日期'].str.replace('-', '/')
df1
```

	数据日期	发行总股本	市价总值	成交金额	成交量	均价
1	2021/04/01	43010.00	457628.00	68925.00	5705.6700	0.150614
2	2021/03/01	42920.00	453444.00	84279.00	7456.7700	0.185864
3	2021/02/01	42851.00	461069.00	65364.00	4856.1100	0.141766
4	2021/01/01	42674.00	457015.00	96861.00	6653.5800	0.211943
5	2020/12/01	42601.00	455322.00	84058.00	6481.9100	0.184612

图 6-35　将字符串中的"-"替换为"/"

（8）转换数据类型

◆ 查看数据类型，代码示例如下：

```
df.dtypes # 查看列的数据类型；
```

上述代码在 Anaconda 里运行，如图 6-36 所示。

```
# 查看列的数据类型
df.dtypes
数据日期       object
发行总股本      float64
市价总值       float64
成交金额       float64
成交量        float64
dtype: object
```

图 6-36　查看列的数据类型

```
df.info() # 查看整个 DataFrame 的信息；
```

上述代码在 Anaconda 里运行，如图 6-37 所示。

```
# 查看整个DataFrame的信息
df.info()

<class 'pandas.core.frame.DataFrame'>
RangeIndex: 161 entries, 0 to 160
Data columns (total 5 columns):
 #   Column   Non-Null Count  Dtype
---  ------   --------------  -----
 0   数据日期    161 non-null    object
 1   发行总股本   160 non-null    float64
 2   市价总值    160 non-null    float64
 3   成交金额    160 non-null    float64
 4   成交量     160 non-null    float64
dtypes: float64(4), object(1)
memory usage: 6.4+ KB
```

图 6-37 查看整个 DataFrame 的信息

◆ 数据类型转换，代码示例如下：

```
df['数据日期'].astype('datetime64')
```

上述代码在 Anaconda 里运行，如图 6-38 所示。

注意：astype()可实现类型的转换，如本例将“数据日期”转换为 datetime64 类型，显示的结果为 datetime64[ns]。datetime64[ns,tz]表示带时区的时间类型。

全部类型：float64、int64、bool、datetime64[ns]、datetime64[ns, tz]、timedelta[ns]，category 和 object 默认的数据类型是 int64 和 float64。

```
df['数据日期'].astype('datetime64')

0      2021-05-01
1      2021-04-01
2      2021-03-01
3      2021-02-01
4      2021-01-01
          ...
156    2008-05-01
157    2008-04-01
158    2008-03-01
159    2008-02-01
160    2008-01-01
Name: 数据日期, Length: 161, dtype: datetime64[ns]
```

图 6-38 数据类型转换

（9）多表合并

◆ 基于共同列合并，代码示例如下：

```
df1 = pd.read_excel('上交所股票交易统计表.xlsx', sheet_name='Sheet1')
df2 = pd.read_excel('上交所股票交易统计表.xlsx', sheet_name='Sheet2')
# pd.merge()数据合并 on 设置为相同的列标签
df = pd.merge(df1, df2, on='数据日期')
df.head()
```

上述代码在 Anaconda 里运行，如图 6-39 所示。

```
df1 = pd.read_excel('上交所股票交易统计表.xlsx', sheet_name='Sheet1')
df2 = pd.read_excel('上交所股票交易统计表.xlsx', sheet_name='Sheet2')
# pd.merge() 数据合并 on设置为相同的列标签
df = pd.merge(df1, df2, on='数据日期')
df.head()
```

	数据日期	发行总股本	市价总值	成交金额	成交量	A股最高综合股价指数	A股最低综合股价指数
0	2021-05-01	NaN	NaN	NaN	NaN	3603.4881	3384.6966
1	2021-04-01	43010.0	457628.0	68925.0	5705.67	3497.1208	3373.0939
2	2021-03-01	42920.0	453444.0	84279.0	7456.77	3577.6218	3328.3119
3	2021-02-01	42851.0	461069.0	65364.0	4856.11	3731.6870	3465.7706
4	2021-01-01	42674.0	457015.0	96861.0	6653.58	3637.1002	3446.5471

图 6-39 基于共同列合并

◆ 表的横向合并，代码示例如下：

```
df1=pd.read_excel('上交所股票交易统计表.xlsx', sheet_name='Sheet1')
df2=pd.read_excel('上交所股票交易统计表.xlsx', sheet_name='Sheet2')
# 按列进行拼接
axis=1 表示列的变化
pd.concat([df1, df2], axis=1)
```

上述代码在 Anaconda 里运行，如图 6-40 所示。

图 6-40　表的横向合并

◆ 表的纵向合并，代码示例如下：

```
# 取前 2 行
df1 = pd.read_excel('上交所股票交易统计表.xlsx', sheet_name='Sheet1')[0:2]
# 取第 3～5 行
df2 = pd.read_excel('上交所股票交易统计表.xlsx', sheet_name='Sheet1')[2:5]
# 两个结构一致的 DataFrame 纵向合并
df = df1.append(df2)
```

上述代码在 Anaconda 里运行，如图 6-41 所示。

图 6-41　表的纵向合并

4. DataFrame 索引总结

DataFrame 索引总结如表 6-1 所示。

表 6-1　DataFrame 索引总结

操作	语法	举例	结果类型
按标签选择列	df [col]	df ['成交金额']	Series
按标签选择行	df . loc [label]	df . loc ['产品']	Series
按标签选择行和列	df . iloc [loc]	df . loc [0:4，'成交金额']	DataFrame
按位置选择行	df . iloc [loc]	df.iloc[2]	Series

续表

操作	语法	举例	结果类型
行切片	df[start:end]	df[1:2]	DataFrame
按布尔向量选择行	Df [bool_vec]	df[[True,False]]	DataFrame

其中布尔向量选择行，多维数组中的 True 表示提取该行，False 表示不提取该行。

5. Pandas 的特点

（1）带有标签的数据结构，Pandas 库主要包括 Series 类型（一维）和 DataFrame 类型（二维）这两种数据结构。

（2）允许简单索引和多级索引。

（3）轻松处理浮点数据中的丢失数据（以 NaN 表示）以及非浮点数据。

（4）功能强大，可以按组功能来执行数据集的拆分、合并、转换等。

（5）可以轻松地将其他 Python 和 NumPy 数据结构中的不同索引的数据转换为 DataFram 对象。

（6）基于标签的切片，便于获取大型数据集的子集。

（7）直观地合并和连接数据集。

（8）可灵活地实现数据集的重塑和旋转。

（9）Pandas 所有数据结构的值都是可变的，但数据结构的大小并非都是可变的，比如，Series 的长度不可改变，但 DataFrame 中可以插入列。

（10）在 Pandas 中，绝大多数方法都不改变原始的输入数据，而是复制数据，生成新的对象。一般来说，不改变原始输入数据更稳妥。

6. Pandas 的读写方法

Pandas 的读写方法都是通过函数实现的，而 Pandas 的输入/输出函数对不同数据格式有不同的读写方法。比如 pandas.read_csv() 函数可以返回 Pandas 对象，相应的 write() 函数是 DataFrame.to_csv()。表 6-2 所示的是一个方法列表，包含了不同数据格式的 reader() 函数和 writer() 函数。

表6-2　Pandas 的读写方法列表

Format Type	Data Description	Reader	Writer
text	CSV	read_csv	to_csv
text	JSON	read_json	to_json
text	Excel	read_excel	to_excel
SQL	SQL	read_sql	to_sql

其中，CSV 相较于 Excel 文件，它是一个纯文本，没有过多的公式和结构，导入数据更快，易于解析。

下面针对 CSV、Excel 文件列举一些简单例子，来介绍使用 Pandas 读取不同类型的文件。

（1）案例一

使用 Pandas 库中的 read_csv 函数读取以 .csv 为后缀的文件。

案例一代码如下：

```
import pandas as pd
con = pd.read_csv('01.csv', encoding='GBK')
# head 读取文件的前 5 行
print(con.head())
```

图 6-42 所示的是后缀为 .csv 的文件内容，图 6-43 所示为代码和读取的内容。

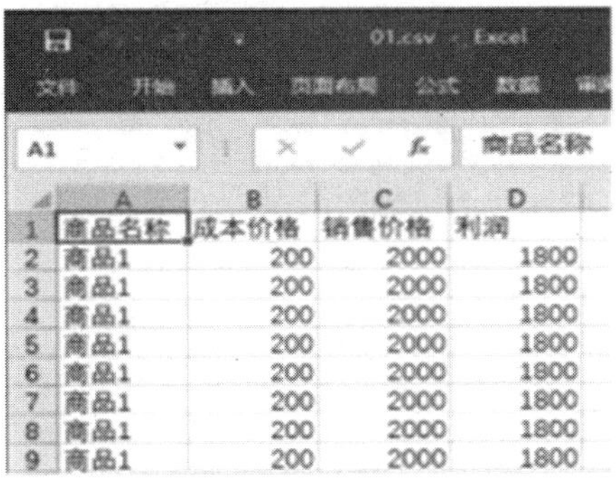

图 6-42　后缀为 .csv 的文件内容 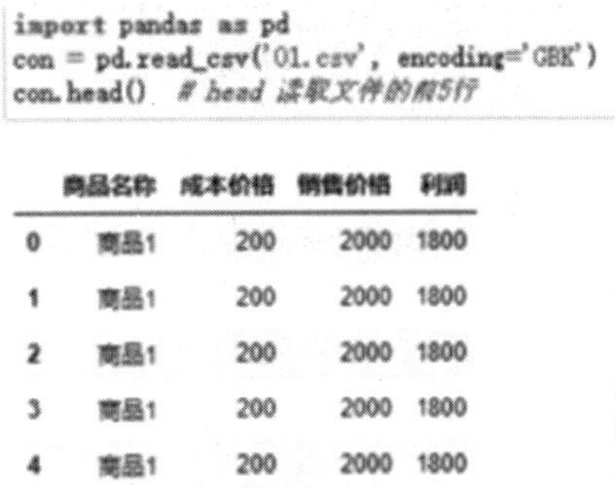　　　　　图 6-43　代码和读取的内容

（2）案例二

使用 Pandas 库中的 to_csv() 函数，将数据写入以 .csv 为后缀的文件。注意：CSV 行索引、列索引默认是从 0 开始的数字。

案例二代码如下：

```
import pandas as pd
array = [[1, 2, 3], [4, 5, 6]]
# 转换为 DataFrame 类型 con.to_csv('02.csv', encoding='GBK')
con = pd.DataFrame(array) con.head()
```

图 6-44 所示为后缀为 .csv 的文件内容，图 6-45 所示为代码和运行结果。

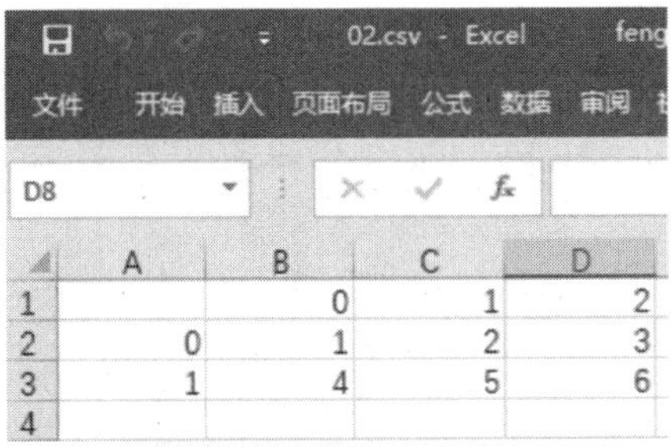

图 6-44　后缀为 .csv 的文件内容 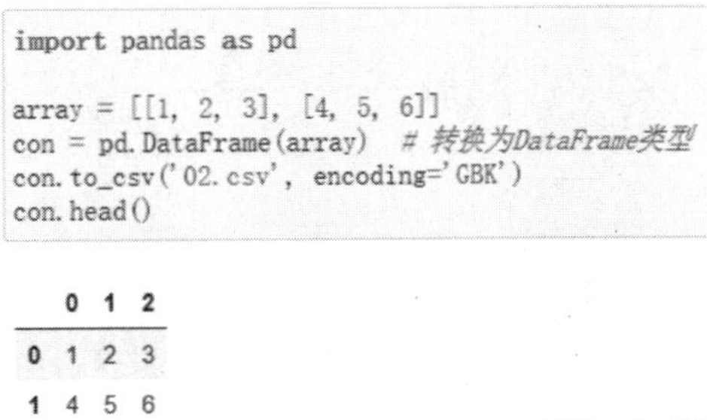　　　　　图 6-45　代码和运行结果

基于上例，修改 header，去掉行标签，加入列标签，并写入 CSV 文件，代码如何修改？

案例代码如下：

```
import pandas as pd
array = [[1, 2, 3], [4, 5, 6]]
# 转换为 DataFrame 类型
con = pd.DataFrame(array)
con.to_csv('03.csv', encoding='GBK', header=['Mon', 'Tue', 'Wed'], index=False)
con.head()
```

图 6-46 所示为后缀为 .csv 的文件内容，图 6-47 所示为代码和运行结果。

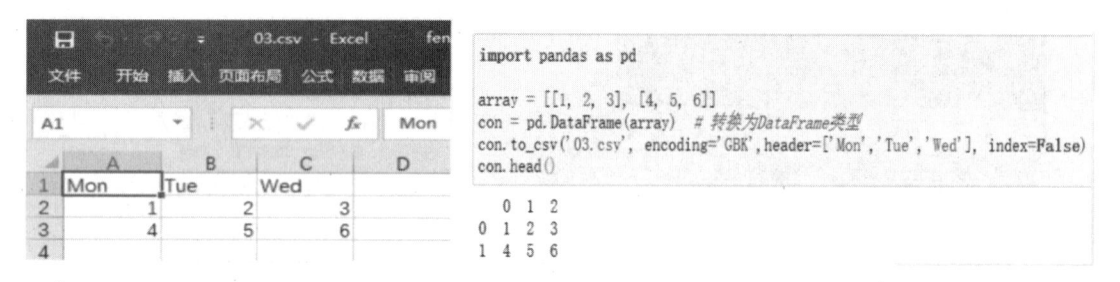

图 6-46 后缀为 .csv 的文件内容

图 6-47 代码和运行结果

注意：使用 header 参数修改 CSV 文件列标签，使用 index=False 将行标签去除。

（3）案例三

使用 Pandas 库的 read_excel() 函数读取以 .xlsx 为后缀的文件。

案例三代码如下：

```
import pandas as pd
con=pd.read_excel('04.xlsx', encoding='GBK')
con.head(6) # 读取前 6 行数据
```

图 6-48 所示为后缀为 .xlsx 的文件内容，图 6-49 所示为代码和运行结果。

图 6-48 后缀为 .xlsx 的文件内容

图 6-49 代码和运行结果

注意：若无 sheet_name 参数，则默认读取第一个 sheet。

（4）案例四

使用 Pandas 库的 to_excel() 函数，将数据写入以 .xlsx 为后缀的文件中。

案例四代码如下：

```
con = pd.DataFrame({'折旧费': ['会计折旧',
'计税折旧'], '2020': [10.56, 23.04],
'2019': [17.28, 23.04]})
# 转换为 DataFrame 类型
con.to_excel('05.xlsx', sheet_name='01', index=False, encoding='GBK')
```

图 6-50 所示为后缀为 .xlsx 的文件内容，图 6-51 所示为代码和运行结果。

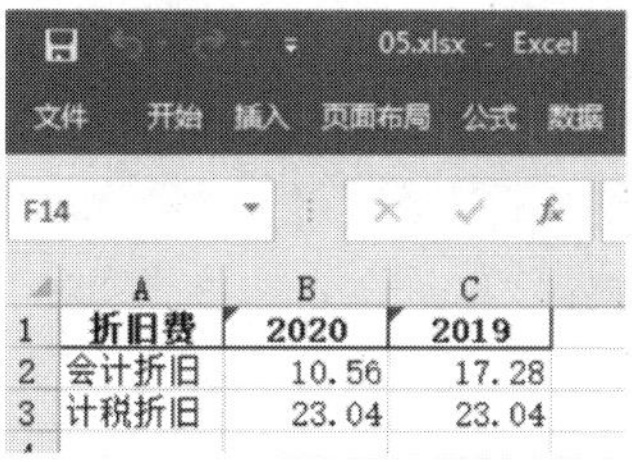

	A	B	C
1	折旧费	2020	2019
2	会计折旧	10.56	17.28
3	计税折旧	23.04	23.04

图 6-50　后缀为 .xlsx 的文件内容

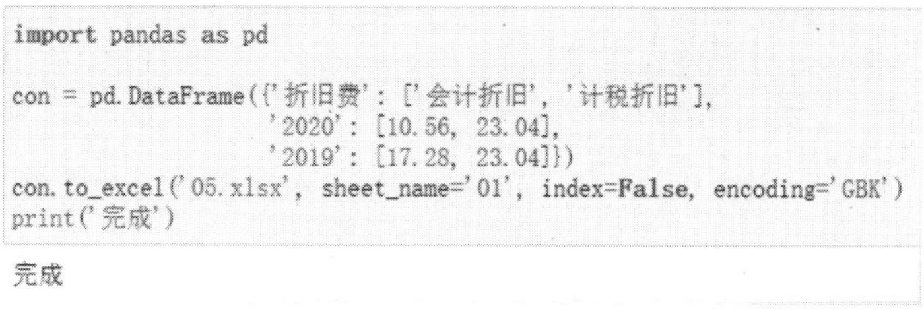

```
import pandas as pd

con = pd.DataFrame({'折旧费': ['会计折旧', '计税折旧'],
                    '2020': [10.56, 23.04],
                    '2019': [17.28, 23.04]})
con.to_excel('05.xlsx', sheet_name='01', index=False, encoding='GBK')
print('完成')
```

完成

图 6-51　代码和运行结果

任务二　Matplotlib 入门财务实战

1. Matplotlib 简介

（1）概述

Matplotlib 是一个 Python 2D 绘图库（目前使用工具包可以绘制 3D 图像），可以在 Python Shell、Jupyter Notebook 和 Web 应用程序服务器中使用。Matplotlib 尝试使容易的事情变得更容易，使困难的事情变得可能。几行代码就可以生成图表，如直方图、功率谱、条形图、误差图、散点图等。

（2）下载安装

Matplotlib 库在 Anaconda 资源库中，安装 Anaconda 后，不用再单独下载安装 Matplotlib。

（3）使用

Matplotlib 绘图功能非常强大，可绘制多种图形，适用于各种学科和专业领域。在使用前可在官网查找适合的图形样例或模板，并查看相应代码，在其基础上进行修改，实现自己的可视化需求。

图 6-52 所示为某矿业公司不同产品的销售收入信息表（产品 C、产品 D 在不同的

Sheet 中，未展示）。我们以该表为数据源，结合 Pandas 来学习 Matplotlib 库。

图 6-52 某矿业公司不同产品的销售收入信息表

2. Matplotlib 极简入门

（1）绘制一条折线统计图

```
In [1]: import matplotlib.pyplot as plt
        year = ['2015','2016', '2017', '2018', '2019']
        price = [498.58, 492.40, 491.53, 445.60, 449.92]
        plt.plot(year, price)
        plt.show()
```

将 4 个点的横纵坐标分别写入 x、y 的列表中，plt.plot(x, y)用来设置二维坐标图，plt.show()用于显示绘制的折线统计图，如图 6-53 所示。

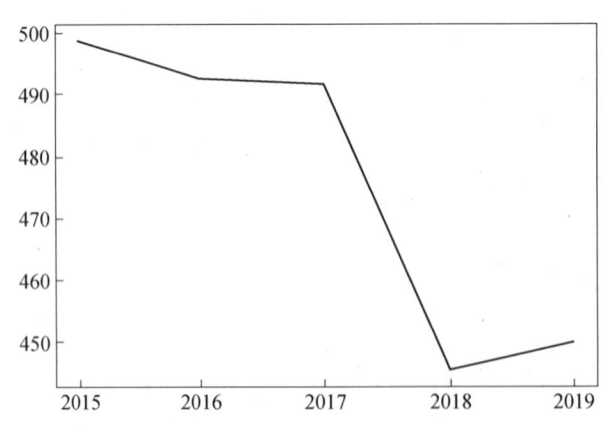

图 6-53 绘制一条折线统计图

(2)读表绘制一条折线统计图

```
In [7]: # 导入pandas、matplotlib库
import pandas as pd
import matplotlib.pyplot as plt
# 文件路径仅为文件名,即读取的表格文件需要与代码脚本文件在同一个文件夹下
# 不指定sheet,默认读取第一个sheet
df = pd.read_csv('C:/Users/Administrator/Desktop/产品销售收入表.csv', )
# 取出产品列内容为 产品A 的所有行
dfA = df[df['产品'] == '产品A']
# 将日期列数据中的年去掉
year = dfA['日期'].apply(lambda x: x[:-1])
# 保留两位小数
price = dfA['单价'].round(2)
plt.plot(year, price)
plt.show()
```

使用 Pandas 库读取表格,对数据做处理后进行可视化,运行结果如图 6-54 所示。

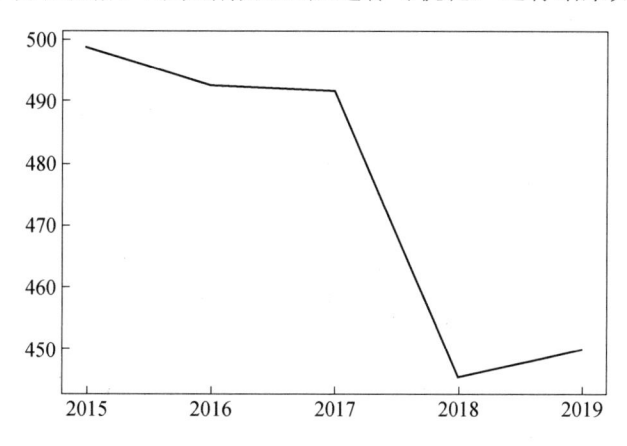

图 6-54　读表绘制一条折线统计图的运行结果

(3)绘制基本柱形统计图

```
In [8]: import matplotlib.pyplot as plt
year = ['2015','2016', '2017', '2018', '2019']
countA = [176235.94, 69931.71, 279122.49, 169649.85, 396852.13]
plt.bar(year, countA)
plt.show()
```

绘制产品 A 的年份和数量相关的柱形统计图(有时称为柱状图、柱形图)。与折线统计图不同的是,需要使用 plt.bar() 设置柱形图,代码的运行结果如图 6-55 所示。

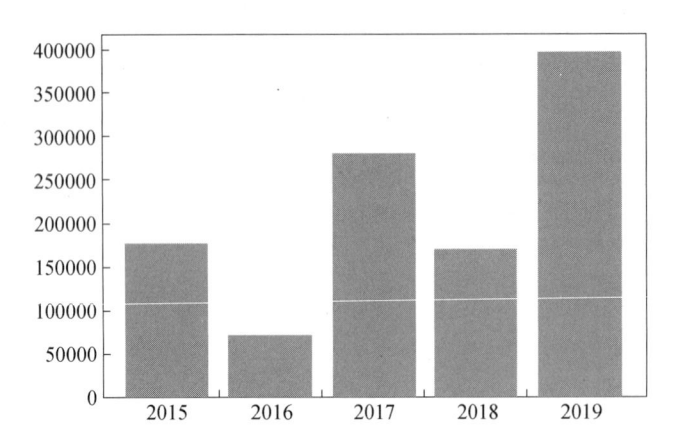

图 6-55　绘制基本柱形统计图的代码运行结果

（4）读表绘制基本柱形统计图

```
In [12]: import pandas as pd
         import matplotlib.pyplot as plt
         # 文件路径仅为文件名，即读取的表格文件需要与代码脚本文件在同一个文件夹下
         df = pd.read_csv('C:/Users/Administrator/Desktop/产品销售收入表.csv')
         year = df[df['产品'] == '产品A']['日期'].apply(lambda x: x[:-1])
         countA = df[df['产品'] == '产品A']['数量'].round(2)
         plt.bar(year, countA)
         plt.show()
```

绘制产品 A 的年份和数量相关的柱形统计图，代码的运行结果如图 6-56 所示。

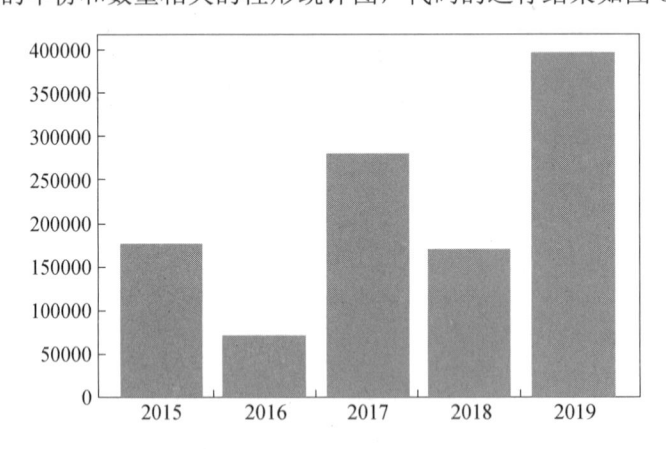

图 6-56　读表绘制基本柱形统计图的代码运行结果

（5）绘制堆叠柱形统计图

```
In [13]: import matplotlib.pyplot as plt
         year = ['2015','2016', '2017', '2018', '2019']
         countA = [176235.94, 69931.71, 279122.49, 169649.85, 396852.13]
         countB = [246988.67, 107641.54, 156532.97, 276963.38, 206406.87]
         plt.bar(year, countA, label='productA')
         plt.bar(year, countB, bottom=countA, label='productB')
         plt.legend()  # 增加图例
         plt.show()
```

用 label 给柱形统计图添加标签，用 plt.legend()增加图例。设置堆叠时，要使用 bottom 参数指明上下组关系，代码的运行结果如图 6-57 所示。

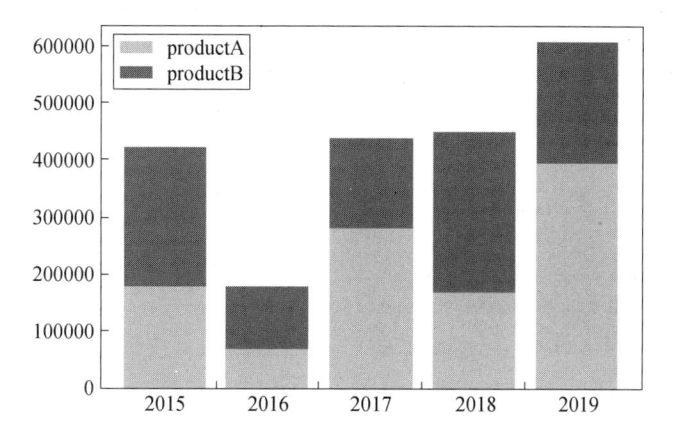

图 6-57　绘制堆叠柱形统计图代码的运行结果

（6）读表绘制堆叠柱形统计图

```
In [28]: import pandas as pd
         import matplotlib.pyplot as plt
         df = pd.read_excel('C:/Users/Administrator/Desktop/产品销售收入表.csv')
         year = df[df['产品'] == '产品A']['日期'].apply(lambda x: x[:-1])
         countA = df[df['产品'] == '产品A']['数量'].round(2)
         countB = df[df['产品'] == '产品B']['数量'].round(2)
         plt.bar(year, countA, label='productA')
         plt.bar(year, countB, bottom=countA, label='productB')
         plt.legend()  # 增加图例
         plt.show()
```

使用 Pandas 读取表格数据后绘制图形。除了读取处理数据的 4 行代码，其他代码不变。代码的运行结果如图 6-58 所示。

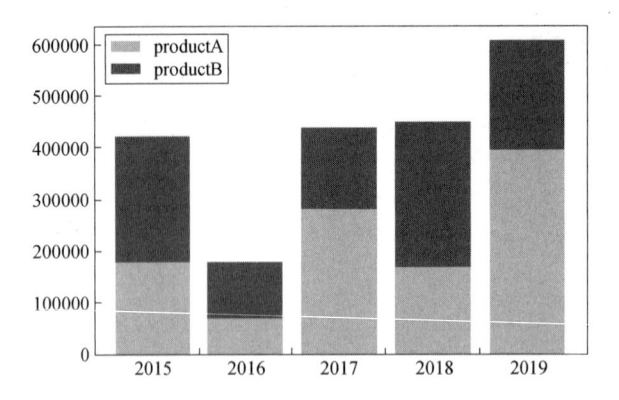

图 6-58　读表绘制堆叠柱形统计图代码的运行结果

（7）绘制双柱形统计图

```
import numpy as np
import matplotlib.pyplot as plt
year = ['2015', '2016', '2017', '2018', '2019']
countA = [176235.94, 69931.71, 279122.49, 169649.85, 396852.13]
countB = [246988.67, 107641.54, 156532.97, 276963.38, 206406.87]
x = np.arange(len(year))           # 一维数组
width = 0.35                        # 一个柱图的宽度
gap = x - width / 2                 # 一维数组的运算
plt.bar(gap, countA, width=width, label='productA')
plt.bar(gap + width, countB, width=width, label='productB')
plt.xticks(x, year)
plt.legend()    # 增加图例
plt.show()
```

为方便运算，使用 NumPy 构造一维数组。两条柱形统计图的中心坐标与实际坐标刻度有偏差（本例为 gap），需要设计和计算出来。plt.bar()中第一个参数为柱形图中心坐标，width 为柱形图宽度。使用 plt.xticks()可以修改 x 坐标轴的刻度。

在各种设置图形的函数中（如：plt.bar()），设置 label 标签，再使用 plt.legend()即可显示不同图形的图例。运行结果如图 6-59 所示。

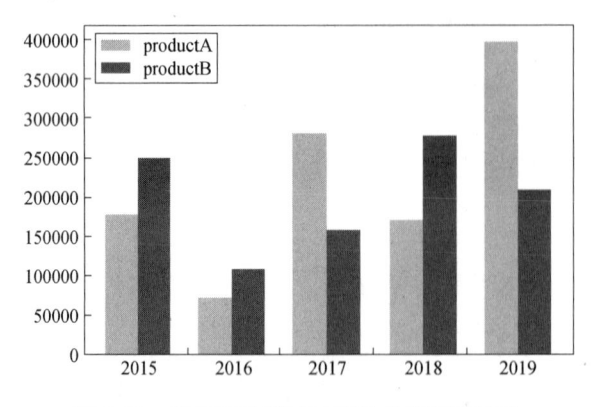

图 6-59　绘制双柱形统计图的代码运行结果

（8）读表绘制双柱形统计图

```
In [48]: import pandas as pd
         import numpy as np
         import matplotlib.pyplot as plt
         df = pd.read_excel('C:/Users/Administrator/Desktop/产品销售收入表.csv')
         year = df[df['产品'] == '产品A']['日期'].apply(lambda x: x[:-1])
         countA = df[df['产品'] == '产品A']['数量'].round(2)
         countB = df[df['产品'] == '产品B']['数量'].round(2)
         x = np.arange(len(year))  # 一维数组
         width = 0.35  # 一个柱图的宽度
         gap = x - width / 2  # 一维数组的运算
         plt.bar(gap, countA, width=width, label='productA')
         plt.bar(gap + width, countB, width=width, label='productB')
         plt.xticks(x, year)
         plt.legend()  # 增加图例
         plt.show()
```

运行结果与图 6-59 一致。

（9）读表绘制横向柱形统计图

```
In [53]: import pandas as pd
         import matplotlib.pyplot as plt
         # 文件路径仅为文件名，即读取的表格文件需要与代码脚本文件在同一个文件夹下
         df = pd.read_csv('C:/Users/Administrator/Desktop/产品销售收入表.csv')
         year = df[df['产品'] == '产品A']['日期'].apply(lambda x: x[:-1])
         countA = df[df['产品'] == '产品A']['数量'].round(2)
         plt.barh(year,countA,facecolor='tomato',height=0.6)
         plt.show()
```

barh 表示绘制横向的柱形统计图，facecolor 可指定颜色，height 可以设置横向柱形统计图的宽度。与（8）中不同的是，这里将 bar 换成 barh，其他没变。如果想要添加颜色效果，可到 Matplotlib 官方网站查询学习。

运行结果如图 6-60 所示。

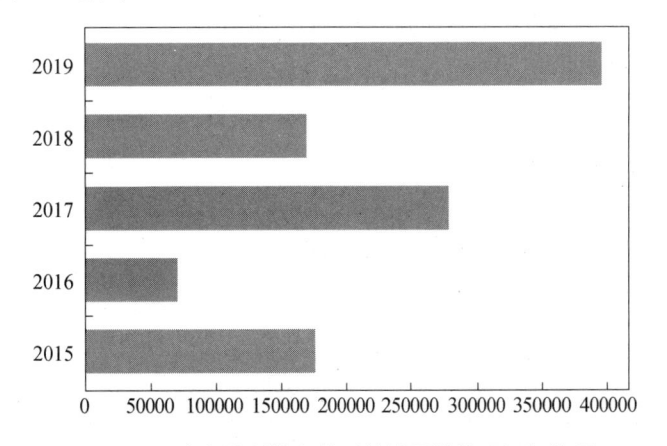

图 6-60　读表绘制横向柱形统计图的代码运行结果

（10）读表绘制双向的横向柱形统计图

```
In [54]: import pandas as pd
         import matplotlib.pyplot as plt
         df = pd.read_csv('C:/Users/Administrator/Desktop/产品销售收入表.csv')
         year = df[df['产品'] == '产品A']['日期'].apply(lambda x: x[:-1])
         countA = df[df['产品'] == '产品A']['数量'].round(2)
         countB = df[df['产品'] == '产品B']['数量'].round(2)
         plt.barh(year,countA, facecolor='skyblue')
         plt.barh(year, -countB, facecolor='salmon')
         plt.show()
```

本例中"数量"的数值不为负。这里仅举例说明绘制双向的横向柱形统计图。
运行结果如图 6-61 所示。

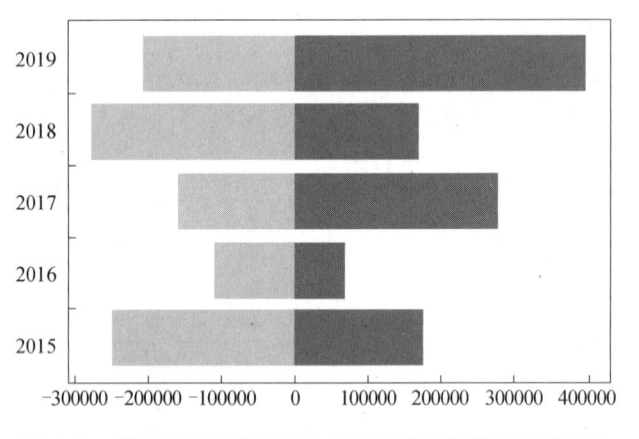

图 6-61　读表绘制双向的横向柱形统计图的代码运行结果

（11）修改颜色

每种图形的参数名称可能不一样，如 barh 的颜色参数为 facecolor，饼图的颜色参数为 colors，具体需要以源码为准。颜色的值可以修改和调整，这里仅给出一个示例，具体可到 Matplotlib 官方网查询学习。

```
In [57]: import pandas as pd
         import matplotlib.pyplot as plt
         import matplotlib as mpl
         mpl.rcParams['font.sans-serif'] = 'SimHei' # 显示正常中文标签
         mpl.rcParams['axes.unicode_minus'] = False # 解决负号显示为方框的问题
         df = pd.read_csv('C:/Users/Administrator/Desktop/产品销售收入表.csv')
         year = df[df['产品'] == '产品A']['日期'].apply(lambda x: x[:-1])
         countA = df[df['产品'] == '产品A']['数量'].round(2)
         countB = df[df['产品'] == '产品B']['数量'].round(2)
         plt.barh(year,countA, facecolor='#c4fff7')
         plt.barh(year, -countB, facecolor='#ffb19a')
         plt.show()
```

运行结果如图 6-62 所示。

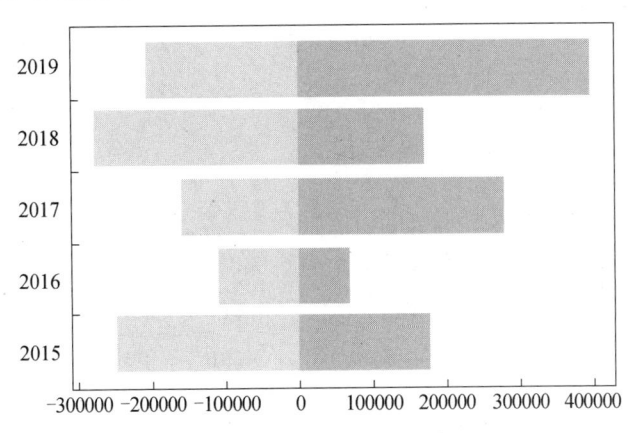

图 6-62　修改颜色的运行结果

（12）显示中文和负号

```
In [ ]: import matplotlib as mpl
        mpl.rcParams['font.sans-serif'] = 'SimHei' # 显示正常中文标签
        mpl.rcParams['axes.unicode_minus'] = False # 解决负号显示为方框的问题
```

Matplotlib 默认不支持中文和负号的显示，因此需要设置参数，如上述代码所示。其中，中文字体的设置可参考表 6-3。

表6-3　中文字体的设置参考表

字体中文名称	字体英文名称	字体中文名称	字体英文名称
黑体	SimHei	微软雅黑	Microsoft YaHei
微软正黑体	Microsoft Jhenghei	宋体	SimSun
仿宋	Fangsong	新宋体	Nsimsun
仿宋_GB2312	Fangsong_2312	新细明体	PmingLiu
楷体	KaiTi	楷体_GB2312	KaiTi_GB2312

（13）设置标题和轴标签

```
In [60]: import pandas as pd
         import matplotlib.pyplot as plt
         import matplotlib as mp
         mpl.rcParams['font.sans-serif'] = 'KaiTi' # 显示正常中文标签
         df = pd.read_csv('C:/Users/Administrator/Desktop/产品销售收入表.csv')
         year = df[df['产品'] == '产品A']['日期'].apply(lambda x: x[:-1])
         year = df[df['产品'] == '产品A']['日期'].apply(lambda x: x[:-1])
         # 设置字体字典
         font = {'family': 'KaiTi', 'color': 'teal',     'weight': '2', 'size': 16}
         # 添加x轴的标签描述
         plt.xlabel('销售数量（单位：吨）', fontdict=font)
```

```python
# 添加y轴的描述
plt.ylabel('年份', fontdict=font)
# 添加标题的描述
plt.title('某矿业公司销售数量横向柱状图', fontdict=font)
plt.barh(year, countA, facecolor='tomato', height=0.6)
plt.show()
```

使用 plt.title() 设置标题，plt.xlabel() 设置 x 轴标签，plt.ylabel() 设置 y 轴标签，也可以使用 fontdict 字典来设置它们的字体、颜色、粗细和字号。

weight 可设置为 0～1000、"ultralight"、"light"、"normal"、"regular"、"book"、"medium"、"roman"、"semibold"、"demibold"、"demi"、"bold"、"heavy"、"extra bold"和"black"。

运行结果如图 6-63 所示。

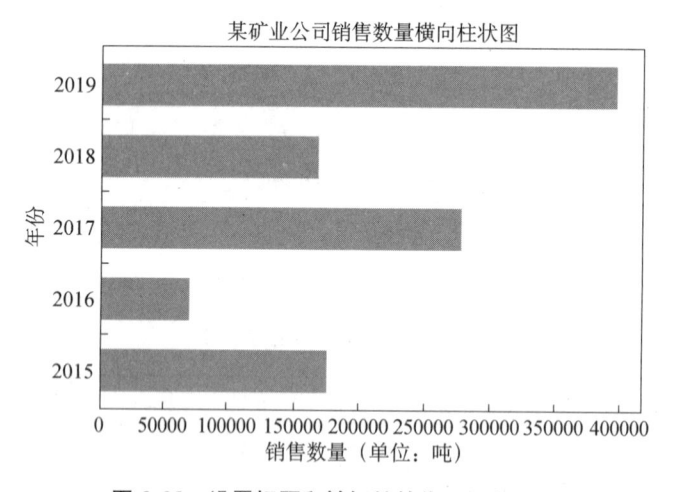

图 6-63　设置标题和轴标签的代码运行结果

（14）双轴、重写刻度标签

```python
import matplotlib.pyplot as plt
import matplotlib as mpl
mpl.rcParams['font.sans-serif'] = 'KaiTi'  # 显示正常中文标签
df = pd.read_excel('C:/Users/Administrator/Desktop/产品销售收入表.csv', sheet_name='产品销售统计表1')
df2 = pd.read_excel('C:/Users/Administrator/Desktop/产品销售收入表.csv', sheet_name='产品销售统计表2')
df3 = pd.read_excel('C:/Users/Administrator/Desktop/产品销售收入表.csv', sheet_name='产品销售统计表3')
df4 = df.append(df2, ignore_index=True).append(df3, ignore_index=True)
price = df4[df4['日期'] == '2019年']['单价']  # 单价
count = df4[df4['日期'] == '2019年']['数量']  # 数量
product = df4['产品'].drop_duplicates()  # 产品名称
fig, ax = plt.subplots()  # 添加画布fig，子图ax
ax2 = ax.twinx()  # 添加双轴
x1 = ax.bar(product, count, color='#5470c6', label='数量')
x2 = ax2.plot(product, price, 'o-', color='#ee6767', label='单价')
ax.set_ylabel('数量（单位:吨）')
```

```
ax2.set_ylabel('单价（单位:元）')
ax.legend(loc='upper left', bbox_to_anchor=(0.5, -0.06))
ax2.legend(loc='upper right', bbox_to_anchor=(0.5, -0.06)) # 分别展示图例
plt.title('某矿业公司2019年主要产品销售情况')
plt.show()
```

运行结果如图 6-64 所示。

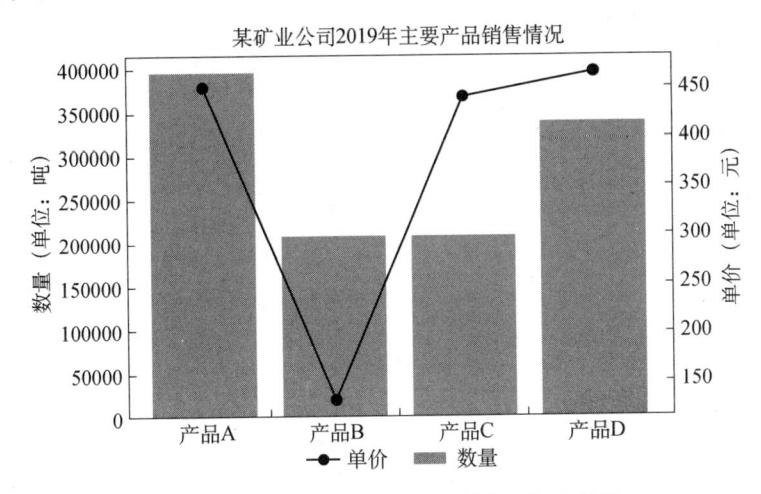

图 6-64　双轴、重写刻度标签的代码运行结果

（15）读表绘制饼图

```
#读表绘制饼图
import pandas as pd
import matplotlib.pyplot as plt
df = pd.read_csv('C:/Users/Administrator/Desktop/产品销售收入表.csv')
year = df[df['产品'] == '产品A']['日期'].apply(lambda x: x[:-1])
rateA = df[df['产品'] == '产品A']['金额占比']
fig1, ax1 = plt.subplots()
ax1.pie(rateA, labels=year, autopct='%1.2f%%', shadow=True, startangle=90)
ax1.axis('equal') # 相等的纵横比确保饼图绘制为圆形
plt.show()
```

参数解析：①labels，饼图标签说明；②autopct，显示百分比；③shadow，显示阴影；④startangle，设置饼图的初始摆放角度。

运行结果如图 6-65 所示。

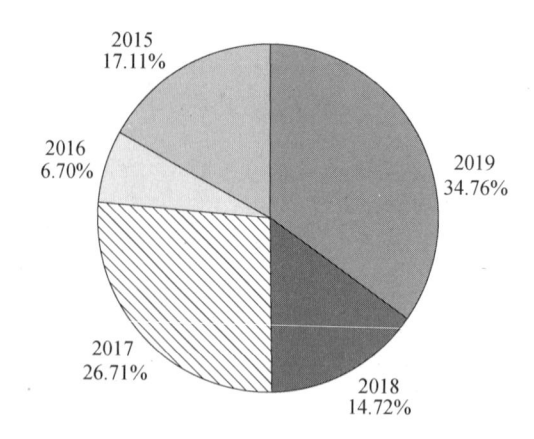

图 6-65　读表绘制饼图运行结果

> **拓展阅读**

数据可视化概述

一、什么是数据可视化

数据可视化,简单理解为用图来代替数据集,也可以理解为把信息映射成视觉效果的过程。

1. 为什么要进行数据可视化

我们利用视觉获取的信息量,远比别的感官要多得多。数据可视化能够在小空间中展示大规模数据。

2. 数据可视化的目的

数据可视化的目的是对数据进行可视化处理,以明确地、有效地传递信息。

3. 数据可视化是为了从数据中寻找三方面的信息:模式、关系和异常

(1) 模式,指数据中的规律。

(2) 关系,指数据之间的相关性,如关联性和因果关系、数据间的比较、数据的构成、数据的分布或联系等。

(3) 异常,指有问题的数据。如设备出错、人为地输入错误数据。

二、数据可视化的作用与意义

(1) 作用:记录信息,分析推理,信息传播与协同。

(2) 数据可视化的分类:科学可视化、信息可视化和可视分析学。

① 科学可视化:面向科学和工程领域数据,如以几何、拓扑和形状特征来呈现数据中蕴含的规律,如图 6-66 所示。

② 信息可视化:针对的是非结构化、非几何的数据,如从大规模、高维的复杂数据中提取出有用信息,如图 6-67 所示。

③ 可视分析学:由于数据分析的重要性,将可视化与数据分析进行结合,如图 6-68 所示。

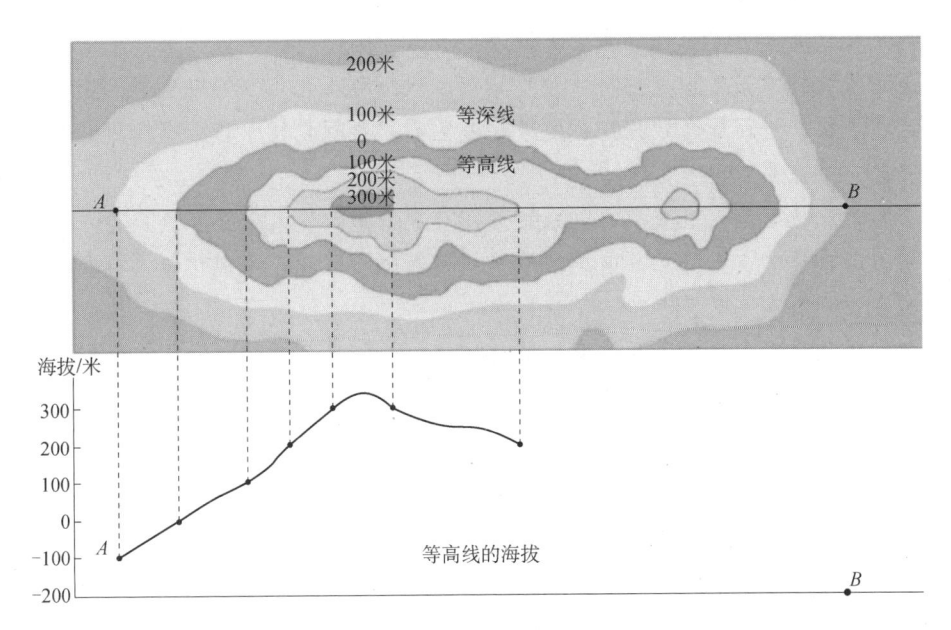

图 6-66　科学可视化

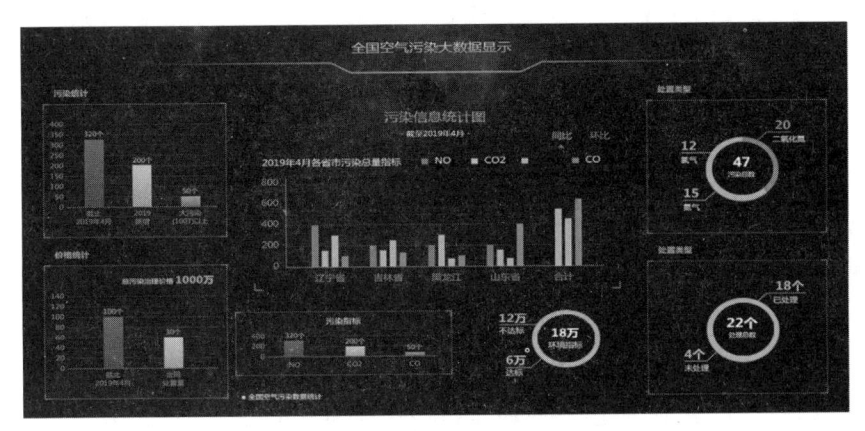

图 6-67　信息可视化

图 6-68　可视分析学

三、数据可视化的发展方向

数据可视化的发展方向可分为以下三个：

（1）可视化技术与数据挖掘将联系更紧密。数据可视化可以帮助人类洞察出数据背后隐藏的潜在规律，进而提高数据挖掘的效率，因此，可视化技术与数据挖掘紧密结合是可视化研究的一个重要方向。

（2）可视化技术与人机交互将联系更紧密。更好地实现人机交互是人类一直追求的目标，而用户与数据的友好交互，能方便用户控制数据。因此，可视化与人机交互相结合是可视化研究的一个重要发展方向。

（3）可视化将与大规模、高维度、非结构化数据联系更紧密。目前，我们正处在大数据时代，大规模、高维度、非结构化数据层出不穷，要将这些数据以可视化形式完美地展示出来，并非易事。因此，可视化与大规模、高维度、非结构化数据的结合是可视化研究的一个重要发展方向。

四、数据可视化面临的挑战

（1）数据规模大。

（2）数据质量问题。

（3）数据快速动态变化。

（4）分析能力不足。

（5）多来源数据的类型和结构各异。

注意：本章参考了 CSDN 博主"刘新源870"的原创文章。

本章小结

本章通过详细讲述 Python 模块、包和库的概念和用法，再配合实际的财经案例让学生清楚地知道 Python 模块、包和库的用法和它们之间的联系。在项目实践中，Pandas 入门实战案例和 Matplotlib 入门财务实战是本章知识的重要内容，在项目实践中我们结合了生活中的财经案例，详细地讲解了 Pandas 数据处理和 Matplotlib 数据可视化的每一个知识点，配置了几个实战联系案例。希望同学们能够反复练习 Pandas 数据处理和 Matplotlib 数据可视化的知识点，为接下来的 Pandas 和 Matplotlib 财务实战打下坚实的基础。

思考测试

一、选择题

1. 库、包、模块的引用顺序是（　　）。（单选题）

A. 官方库模块>第三方库模块>自定义库模块

B. 第三方库模块>官方库模块>自定义库模块

C. 第三方库模块>官方库模块>自定义库模块

D. 官方库模块>第三方库模块=自定义库模块

2．想要安装 Python 第三方开源的 Requests 库，使用的命令是（　　）。（单选题）

A．pip install requests B．pip uninstall requests

C．pip requests install D．requests pip uninstall

3．Python 的开源库可分为（　　）。（多选题）

A．标准库 B．第三方库

C．自定义的包 D．开源的文件

4．导入包时可以只导入包名，但是在使用的时候，需要使用（　　）。（多选题）

A．包名.模块名.函数名() B．模块名.包名.函数名()

C．包名.模块名.类名.函数名() D．包名.类名.模块名.函数名()

5．Python 六大方向常用库包括（　　）。（多选题）

A．网络爬虫方向的 Requests、lxml

B．办公自动化方向的 Smtplib、Selenium

C．数据可视化方向的 Matplotlib、Pandas、PyEcharts

D．自然语言处理方向的 Jieba、NLTK

E．网站开发方向的 Django、Flask

6．一般是在编写一个包的模块时导入包的，需要用到其他包中模块的方法，导入的方法有（　　）。（多选题）

A．from 包名.模块名 import 函数名 B．from 包名.模块名 import 类名

C．from 包名.模块名 import 类名.函数名 D．from 模块名.类名 import 包名

二、判断题

1．Python 的包可以包含子包，有层级限制，需要注意避免名称的冲突。（　　）

2．Python 具有强大的标准库、第三方库以及自定义模块，标准库是 Python 官方撰写的，第三方库是个人或组织开发的，任何人都可以发布自己的开源库。（　　）

3．导入库和导入自定义的包类似，区别在于包是自己定义的，库是由开发者发布并开源的，我们可以在已经安装的前提下自由导入和使用，不受文件夹父级、子级的影响，在任何位置都可以导入开源的库和 Python 的标准库或模块。（　　）

4．os 库是 Python 的标准库之一，它提供了使用各种操作系统功能的接口，其中就包含了很多操作文件夹和文件的函数，在写一些系统脚本或者自动化运维脚本的时候，经常会用到它。（　　）

三、思考题

1．描述 Python 模块、包和库的概念和它们之间关系。

2．反复练习任务一 Pandas 入门财务实战的内容，并总结规律。

第 7 章　大数据会计 Python 综合实践

教案　　**教学课件**

> **导　言**

大数据会计是什么？大数据会计是适应当今人工智能与大数据时代的会计业务和会计信息日益呈现海量数据处理、实时云计算化、会计智能决策等新型会计业务特征，集会计财务专业理论知识、计算机 IT 信息技术与人工智能为一身的新型高端复合型会计。

　　Python 作为处理大数据会计信息和会计业务的主要工具，在当今大数据时代的财务领域里发挥着不可或缺的作用。本章将通过展现 Python 语言在会计业务中的具体实例，让大家初步掌握高效处理海量财务数据的方法。

　　同时，在讲述基本原理时，注重培养学生谨慎、务实的品格，强调做事要未雨绸缪，提高人生的抗风险能力，有助于建立安全稳定的市场经济。

> **学习目标**

- 熟悉 Python 常用的库——Pandas 和 Matplotlib
- 理解 Pandas 和 Matplotlib 的功能
- 掌握用 Pandas 处理 CSV 数据的具体方法
- 熟悉 Pandas 和 Matplotlib 处理数据的各种函数的具体用法
- 灵活运用 Pandas 和 Matplotlib 处理生活中的财务问题

> **素质目标**

- 提高学生对数据可视化学习的兴趣
- 激发学生对数据自动化处理的探索欲望
- 引发学生思考大数据背景下会计行业的未来发展

> **知识探索**

　　大数据时代背景下，会计行业迎来了重要的发展契机和变革机会，为我国会计行业的持续性发展起到了相应的推动作用，这是会计行业和会计从业人员面临的一场机遇。在机遇之外，我国会计行业及其从业人员也同样面临着挑战，所谓"欲戴其冠，必承其重"，会计从业人员也需要坦然和正确地面对大数据时代所带来的挑战。

传统的会计人员已经不符合大数据时代的要求，大数据人才的培养迫在眉睫。我们应该重视对会计人员进行大数据的相关技术培训，对企业的会计人员进行大数据的知识培训，从而确保企业的会计人员能够有效地利用大数据带来的数据信息；还可以通过招聘招揽大数据的相关技术人才；同样，可以从学生抓起，注重在校大学生的培养，对会计专业的学生加强相关内容的课程，大数据人才是复合型人才，因此要在培养学生方面注重学生的多方面发展，将学生培养成为多方面的复合型人才。

本章基于现今大数据时代会计行业变革的背景，通过两个 Python 财务的具体应用——CSV 文件数据处理和数据可视化，培养会计专业学生的大数据财务的数据处理能力，向学生灌输借助大数据处理问题的思维，也让学生养成自觉遵守各项法律制度，恪守职业道德，知法、守法、敬法，切实保护国家、社会、公众及投资人利益的思想。大数据与会计（智能财税方向）如图 7-1 所示。

图 7-1　大数据与会计（智能财税方向）

本章思维导图如图 7-2 所示。

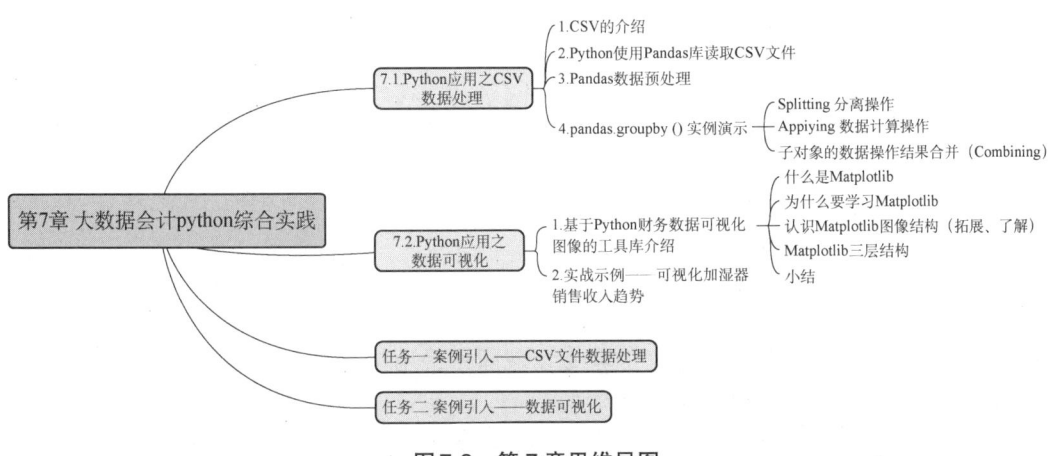

图 7-2　第 7 章思维导图

7.1 Python 应用之 CSV 数据处理

1. CSV 的介绍

CSV 是逗号分隔值（Comma-Separated Values）的缩写，是存储数据的常用格式。大多数时候人们使用数据库、表格读取数据，但 CSV 仍占一席之地，因为它简单又方便，使用时不需要额外驱动或 API。

CSV 是一个包含数据的文本文件，通常文件第一行都是头文件，让你知道值的含义。

如图 7-3 所示，这是华泰公司 2020 年 12 月销售量统计表的 CSV 文件，第一行（区域、省、市、销售量）表示值的含义，后续的都是数据。将每行数据看作数据库中的记录，每行数据都由逗号分隔。注意此为文本文件，没有数据类型，也可以在心里想象成数据流，这些数据流都可以认为是字符串。

当阅读 CSV 文件，有必要将数据转换为适当的数据类型。当看到两个连续的逗号",,"时意味着有一段数据丢失了。

区域	省	市	销售量
华北	北京	北京	5943
华南	广东	广州	1174
华中	河南	开封	4195
华南	广东	广州	7718
华中	湖北	武汉	4046
华北	河北	石家庄	2306
华北	山西	太原	4957
华东	上海	上海	6638
华南	广西	桂林	5298
华北	北京	北京	1787
华东	江苏	南京	668
华南	福建	厦门	2608
华北	天津	天津	5934
华东	江苏	南京	4331
华北	河北	张家口	972
华南	福建	厦门	3764
华北	山西	太原	5481

图 7-3 华泰公司 2020 年 12 月销售量统计表的 CSV 文件

2. Python 使用 Pandas 库读取 CSV 文件

前面我们详细介绍了 CSV 文件的含义，下面将会用华泰公司 2020 年 12 月销售量统计表演示如何利用 Pandas 库读取 CSV 文件。

在桌面新建目录文件夹，并命名为"Python 财务应用"，然后将"华泰公司 2020 年

12 月销售量统计表.csv"文件放入该文件夹下。最后查看"Python 财务应用"文件的属性，找到其绝对路径，如图 7-4 所示，其绝对路径为"C:\Users\Administrator\Desktop"。

图 7-4 查看"Python 财务应用"文件的属性

打开 Jupyter Notebook（Anaconda3）进入 Python3 开发环境。在开发环境里引入 Pandas 库并开始读取 CSV 文件——华泰公司 2020 年 12 月销售量统计表。

注意：我们在写文件的绝对路径时要用 "/" 来写入文件的绝对路径。示例如下："C:/Users/Administrator/Desktop/Python 财务应用/华泰公司 2020 年 12 月销售量统计表.csv"

具体代码操作如图 7-5 所示。

```
#python 使用pandas库读取csv文件
# 导入用于处理csv文件的库pandas
import pandas as pd

# 读取华泰办公用品公司2021年6月销售数据，并赋值给con。指定目标文件的路径，绝对路径或相对路径
con = pd.read_csv('C:/Users/Administrator/Desktop/Python财务应用/华泰公司2020年12月销售量统计表.csv')

#打印con
print(con)
```

图 7-5 代码操作

运行结果如图 7-6 所示。

	区域	省	市	销售量
0	华北	北京	北京	5943
1	华南	广东	广州	1174
2	华中	河南	开封	4195
3	华南	广东	广州	7718
4	华中	湖北	武汉	4046
5	华北	河北	石家庄	2306
6	华北	山西	太原	4957
7	华东	上海	上海	6638
8	华南	广西	桂林	5298
9	华北	北京	北京	1787
10	华东	江苏	南京	668
11	华南	福建	厦门	2608
12	华北	天津	天津	5934
13	华东	江苏	南京	4331
14	华北	河北	张家口	972
15	华南	福建	厦门	3764
16	华北	山西	太原	5481

图 7-6　运行结果

3. Pandas 数据预处理

使用 Python 进行数据处理分析，那就不得不提其优秀的数据分析库——Pandas。官网对它的介绍是：快速、功能强大、灵活而且容易使用的数据分析和操作的开源工具。这些前面已经体验过了，现在就详细介绍其常用的分组（groupby）功能。大多数的 pandas.groupby() 操作主要涉及以下的三个操作，该三个操作也是 pandas.groupby() 的核心，分别是：

（1）分离（Splitting）原始数据对象。
（2）在每个分离后的子对象上进行数据操作函数应用（Applying）。
（3）将每一个子对象的数据操作结果合并（Combining）。
接下来我们通过具体的例子对各个步骤进行讲解。

4. pandas.groupby（）实例演示

接下来我们使用上次导入的华泰公司 2020 年 12 月销售量统计表进行 pandas.groupby( ) 实例演示。

（1）Splitting 分离操作
首先我们根据单一变量进行分组，如按照列进行分组，代码如图 7-7 所示。

```python
#python 使用pandas库读取csv文件
#导入用于处理CSV文件的pandas库
import pandas as pd
#读取华泰办公用品公司2021年6月销售数据，并赋值给con。指定目标文件的路径，绝对路径或相对路径
con = pd.read_csv('C:/Users/Administrator/Desktop/Python财务应用/华泰公司2020年12月销售量统计表.csv')
#按照 "区域" 进行分组，并赋值给df
df = con.groupby("区域")
print(df)
```

图 7-7　按照列进行分组的代码

运行结果如图 7-8 所示。

```
<pandas.core.groupby.generic.DataFrameGroupBy object at 0x0000020854CF3AC8>
```

图 7-8　运行结果

这里返回的是一个 DataFrameGroupBy 对象，当然，我们也可以对两个或两个以上的变量进行分组操作，代码如图 7-9 所示。

```
#对两个或两个以上的变量进行分组操作
df01 = con.groupby(["区域","销售量"])
```

图 7-9　两个或两个以上的变量进行分组的代码

返回的同样是分组对象。那么我们如何查看分组后的各个小组的情况以及分组后的属性呢？代码操作如图 7-10 所示。

```
# 查看分组后的小组个数
print(len(df))

# 返回各个小组的情况
print(df.groups)   #注意：上面返回的数字为其对应的索引数(index)

#运行结果：{'华东': Int64Index([7, 10, 13], dtype='int64'), '华中': Int64Index([2, 4], dtype='int64'), '华北': Int64Index([0, 5, 6, 9, 12, 14, 16], dtyp
```

图 7-10　查看分组后的各个小组的情况以及分组后的属性的代码操作

而当需要查看具体某一个小组的情况时，我们可以使用如图 7-11 所示的方法。

```
#查看华东小组的情况时
print(df.get_group("华东"))
```

图 7-11　查看具体某一个小组的情况的代码

运行结果如图 7-12 所示。

```
     区域   省   市   销售量
7    华东  上海  上海  6638
10   华东  江苏  南京   668
13   华东  江苏  南京  4331
```

图 7-12　运行结果

（2）Applying 数据计算操作

一旦分组后，我们就可对分组后的对象进行 Applying 应用操作，这部分最常用的就是 Aggregations 摘要统计类的计算，如计算平均值（mean）、和（sum）等，下面我们通过实例解释：以上方数据为例，根据区域进行分组并求出各区域销售量的和。

求出各区域销售量的和的代码如图 7-13 所示。

在进行 Applying 数据计算求和操作时，有两种计算方法，一种是直接操作，例如：df_sum = df["销售量"].sum().reset_index()；另外一种是使用 aggregate()方法进行数据求和，例如：df_sum2 = df.aggregate(np.sum)，这种方法要引入 NumPy 库，代码实例为 import numpy as np。

```
#根据区域进行分组并求出各区域销售量的和
#导入pandas库
import pandas as pd
import numpy as np
#读取华泰公司2020年12月销售量统计表.csv，并赋值给con
con = pd.read_csv('C:/Users/Administrator/Desktop/Python财务应用/华泰公司2020年12月销售量统计表.csv')
#按照单一变量"区域"进行分组，并赋值给df，结果返回的是一个DataFrameGroupBy对象
df = con.groupby("区域")
#查看华东小组的情况时
# print(df.get_group("华东"))
#进行Applying数据计算操作，求出各区域销售量的和，并赋值为df_sum
df_sum = df["销售量"].sum().reset_index()
#使用aggregate()方法进行数据求和，df.aggregate(np.sum)等同于df["销售量"].sum().reset_index()
df_sum2 = df.aggregate(np.sum)
print(df_sum)
print(df_sum2)
```

图 7-13　求出各区域销售量的和的代码

图 7-13 所示代码的运行结果如图 7-14 所示。

```
   区域   销售量
0  华东   11637
1  华中    8241
2  华北   27380
3  华南   20562
      销售量
区域
华东   11637
华中    8241
华北   27380
华南   20562
```

图 7-14　运行结果

Aggregate 数据计算操作除了 sum() 求和函数外，还有另外几个 Pandas 常用的计算函数，其用法与 sum() 求和函数用法一致，具体如表 7-1 所示。

表 7-1　Pandas 常用的计算函数

函数（Function）	描述（Description）
mean()	计算各组平均值
size()	计算分组大小
count()	计算组个数
std()	分组的标准偏差
var()	计算分组的方差
describe()	生成描述性统计
min()	计算分组值的最小值
max()	计算分组值的最大值
sum()	计算分组值的总和

（3）子对象的数据操作结果合并（Combining）

对于子对象的数据操作结果合并，可以先使用 Pandas 库的 to_csv() 函数，将各子对象的结果数据分别写入以 .csv 为后缀的文件中，实例如图 7-15 所示。

```
#这里是将各区域销售量的和数据导出为csv文件，并命名为华泰公司2020年12月各区域销售总量统计表，使用UTF-8编码
#则在桌面上出现一个文件——华泰公司2020年12月各区域销售总量统计表.csv
df_sum.to_csv("C:/Users/Administrator/Desktop/华泰公司2020年12月各区域销售总量统计表.csv",encoding='utf-8-sig')
```

图 7-15　将各子对象的结果数据分别写入 .csv 后缀的文件

然后利用 Pandas 库中的多表合并操作将多个子对象结果数据的 CSV 文件合并为一个 CSV 文件，最后输出结果。对这方面有兴趣的同学可以尝试不同的方法进行子对象的数据操作结果合并。

总之，Pandas 数据预处理最常见的操作就是分组（groupby）操作，而分组功能的核心操作则是对原始数据对象进行分离，然后对每个分离后的子对象进行数据操作函数应用，如求和、求平均值运算，最后输出相应的子对象数据结果。

补充说明：DataFrame 数据类型中有一个排序函数 DataFrame.sort_values()，这里讲解排序函数是为后面的财务会计应用做铺垫的。如表 7-2 所示为排序函数 DataFrame.sort_values() 参数说明（这里 DataFrame 是一个数据对象）。

其形式表现为

DataFrame.sort_values(by='xxx',axis=0,ascending=True, inplace=False, na_position='last')

表 7-2　排序函数 DataFrame.sort_values() 参数说明

参数	说明
by	指定列名(axis=0 或'index')或索引值(axis=1 或'columns')
axis	默认 axis=0 按行列排序，axis=1 按行排序
ascending	选择升序（默认 True），或者降序（False）
inplace	默认为 False，即不替换
na_position	{'first', 'last'}, default 'last'表示空值位置

排序函数 DataFrame.sort_values() 实例如图 7-16 所示。

```
#对df_sum (dataFrame对象) 按销售量进行从大到小排序即降序排列
df_sum = df_sum.sort_values(by = "销售量",ascending = False)
print(df_sum)
```

图 7-16　排序函数 DataFrame.sort_values() 实例

结果运行如图 7-17 所示。

```
   区域    销售量
2  华北  27380
3  华南  20562
0  华东  11637
1  华中   8241
```

图 7-17　结果运行

7.2　Python 应用之数据可视化

数据可视化是指将数据以视觉形式呈现，如图表或地图，以帮助人们了解这些数据的意义。文本形式的数据很混乱，而可视化的数据可以帮助人们快速、轻松地提取数据中的含义。用可视化方式可以充分展示数据的模式、趋势和相关性，而这些数据中隐藏的信息在其他呈现方式中难以被发现。

数据可视化可以是静态的或交互的。几个世纪以来，人们一直在使用静态数据可视化，如图表和地图。交互式的数据可视化则相对更为先进，人们能够使用电脑和移动设备深入到这些图表和图形的具体细节，然后用交互的方式改变他们看到的数据及数据的处理方式。大数据可视化平台如图 7-18 所示。

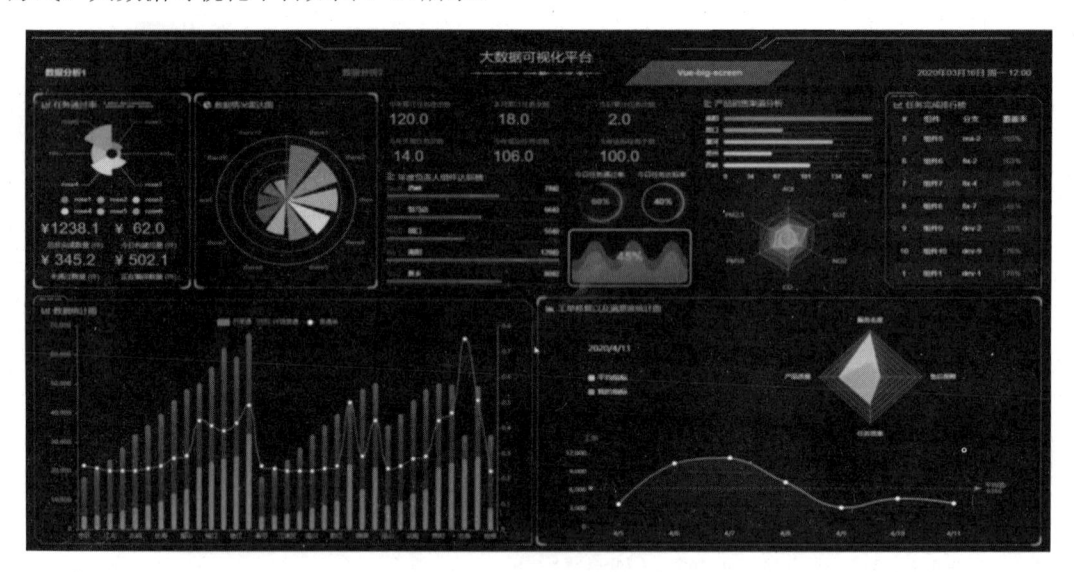

图 7-18　大数据可视化平台

1. 基于 Python 财务数据可视化图像的工具库介绍

（1）什么是 Matplotlib
◆ 是专门用于开发 2D 图表（包括 3D 图表）的。
◆ 使用起来极其简单。
◆ 以渐进、交互式方式实现数据可视化。
（2）为什么要学习 Matplotlib
可视化是整个数据挖掘的关键辅助工具，可以帮助我们清晰地理解数据，从而调整分析方法。它能将数据进行可视化，更直观地呈现数据，使数据更加客观、更具说服力。
on 可视化如图 7-19 所示。

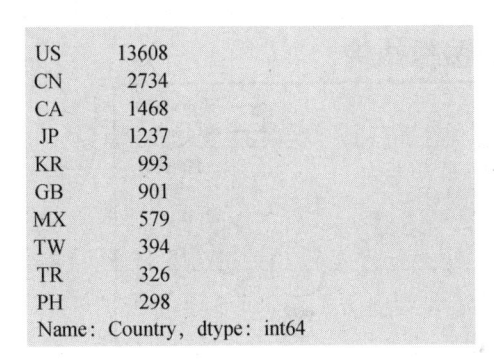

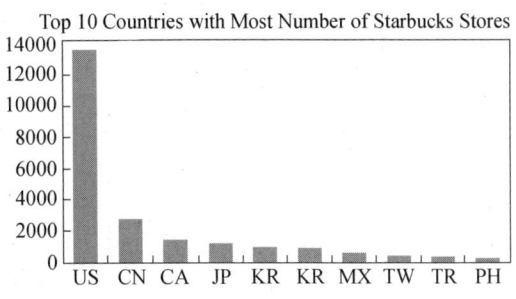

```
US         13608
CN          2734
CA          1468
JP          1237
KR           993
GB           901
MX           579
TW           394
TR           326
PH           298
Name: Country, dtype: int64
```

图 7-19　Python 可视化

实现一个简单的 Matplotlib 绘图，如图 7-20 所示。

```
import matplotlib.pyplot as plt
#创建画布,并布置画布属性
plt.figure(figsize=(3,3),dpi =150)
#绘制折线
plt.plot(["2016","2017","2018","2019","2020"],[1.5,2,3.1,2.4,5])
#展示图表
plt.show()
```

图 7-20　简单的 Matplotlib 绘图

运行结果如图 7-21 所示。

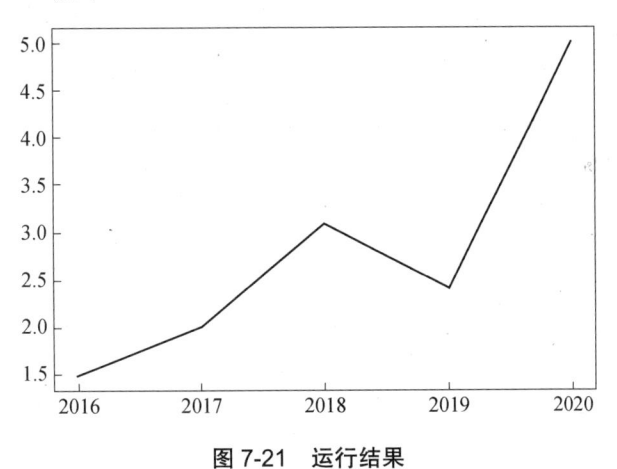

图 7-21　运行结果

（3）认识 Matplotlib 图像结构（拓展、了解）

Matplotlib 图像结构如图 7-22 所示。

（4）Matplotlib 三层结构

◆ 容器层。

容器层主要由 Canvas、Figure 和 Axes 组成。Canvas 是位于底层的系统层，在绘图的过程中充当画板的角色，即放置画布（Figure）的工具。

Figure 是 Canvas 上方的第一层，也是用户操作的应用层的第一层，在绘图的过程中充当画布的角色。Axes 是应用层的第二层，在绘图的过程中相当于画布上的绘图区。

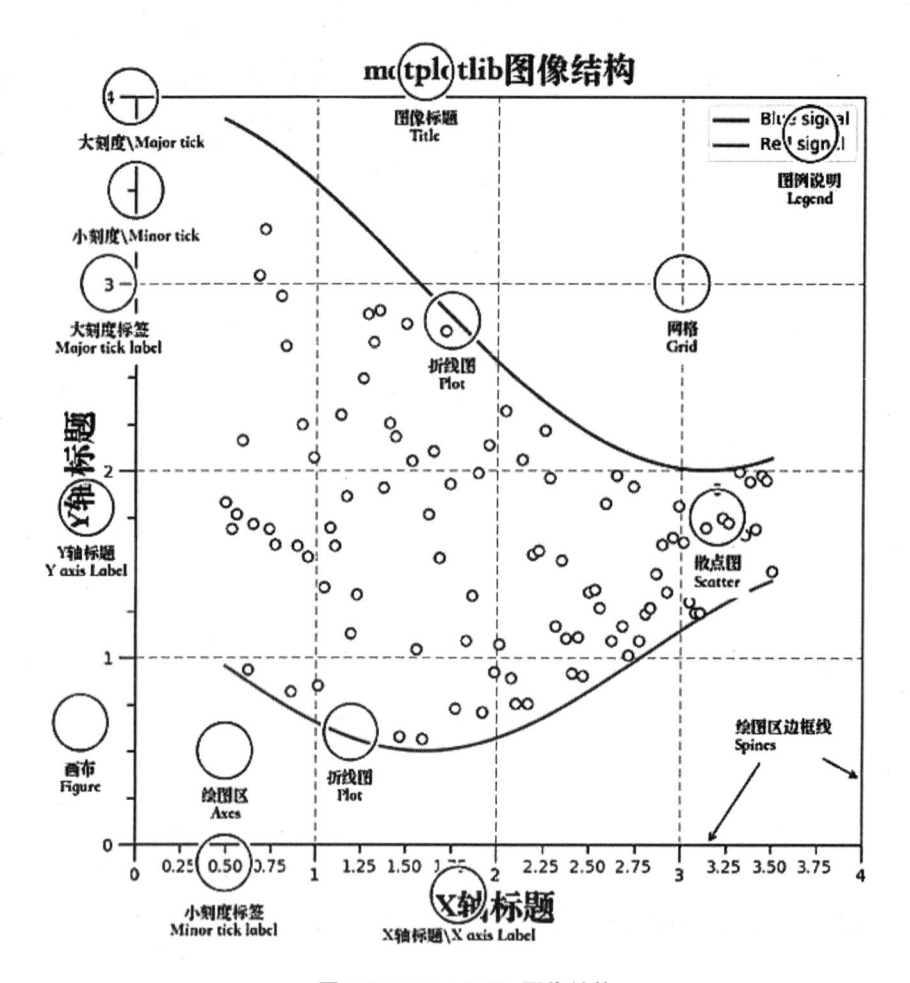

图 7-22 Matplotlib 图像结构

补充说明：

◇ Figure：指整个图形（可以通过 plt.figure()设置画布的大小和分辨率等）。

◇ Axes（坐标系）:数据的绘图区域。

◇ Axis（坐标轴）：坐标系中的一条轴，包含大小限制、刻度和刻度标签。

它们的特点：

◇ 1 个 Figure（图像）可以包含多个 Axes（坐标系、绘图区），但是 1 个 Axes 只能属于一个 Figure；

◇ 1 个 Axes（坐标系/绘图区）可以包含多个 Axis（坐标轴），包含 2 个即为 2D 坐标系，3 个即为 3D 坐标系，Matplotlib 三层结构如图 7-23 所示。

◆ 辅助显示层。

它是 Axes（绘图区）内除了根据数据绘制出的图像以外的内容，主要包括 Axes 的外观（Facecolor）、边框线（Spines）、坐标轴（Axis）、坐标轴名称（Axis label）、坐标轴刻度（Tick）、坐标轴刻度标签（Tick label）、网格线（Grid）、图例（Legend）、标题（Title）等内容。

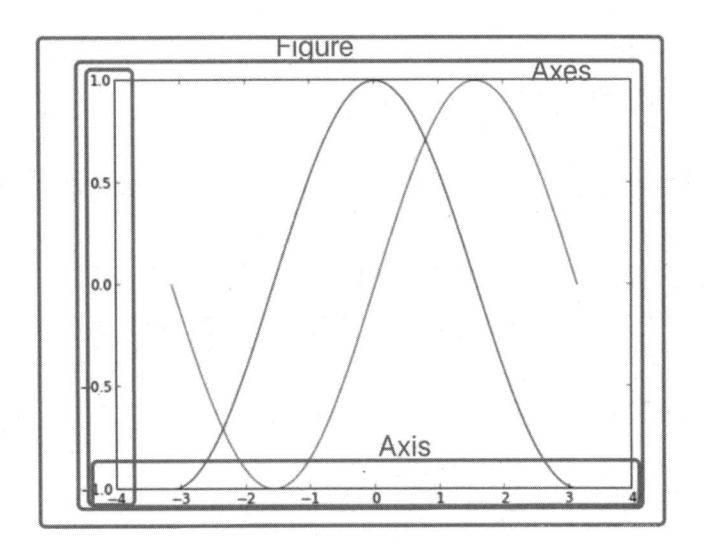

图 7-23　Matplotlib 三层结构

该层的设置可使图像显示更加直观，也更加容易被用户理解，而且不会对图像产生实质的影响。

◆ 图像层。

图像层指 Axes 内通过 Plot 线形图、Scatte 散点图、Bar 柱状图、Histogram 直方图和 Pie 饼图等函数根据数据绘制出的图像。

（5）小结

① Matplotlib 是专门用于开发 2D（3D）图表的包。

◆ 绘制图像流程。

◇ 创建画布：plt.figure(figsize=(20,8))。

◇ 绘制图像：plt.plot(x, y)。

◇ 显示图像：plt.show()。

② Matplotlib 图像结构。

◆ 容器层。

◇ Canvas（画板）：底层实现，不需要关注。

◇ Figure（画布）：在每次使用之前都需要进行实例化。

◇ Axes（坐标系）：数据的绘图区域。

◆ 辅助显示层。

主要作用是添加坐标轴描述、标题等内容。

◆ 图像层。

设定要画一个什么样的图像，可通过 Plot、Scatter 等实现。

2．实战示例——可视化加湿器销售收入趋势

根据美迪公司的产品需求文档说明，将 3 种加湿器的 2020 年销售收入绘制为折线图

展示收入走势,并分别绘制 4 张子图展示数据的不同特征。具体要求如下:

(1) 设置中文字体和负数显示。

(2) 导入美迪公司销售收入数据。

(3) 第 1 张图表:将 3 种类型加湿器的销售收入分别绘制为 3 条折线图,并显示在一张图表上。

(4) 第 2 张图表:设置子区域绘图,将区域划分为 2*2。

(5) 第 2 张图表第一个子区域:绘制 3 种类型加湿器的销售收入折线图,并设置标题为"折线图"。

(6) 第 2 张图表第二个子区域:将小熊迷你加湿器和智能恒温加湿器的销售收入做对比,并绘制双向条形图,设置标题为"双向条形图"。

(7) 第 2 张图表第三个子区域:将小熊迷你加湿器的销售收入绘制为直方图,并设置标题为"直方图"。

(8) 第 2 张图表第四个子区域:将大容量上加水加湿器和小熊迷你加湿器销售收入绘制为散点图,并设置标题为"散点图"。

① 任务 1 和任务 2 代码详解。

◆ 首先导入 Matplotlib 库,如图 7-24 所示。

```
import pandas as pd
import matplotlib.pyplot as plt
```

图 7-24　导入 Matplotlib 库

◆ 设置中文字体和负数显示,如图 7-25 所示。

```
#设置中文字体为黑体
plt.rcParams['font.sans-serif'] = ['SimHei']
# 并设置负数显示问题
plt.rcParams['axes.unicode_minus'] = False
```

图 7-25　设置中文字体和负数显示

◆ 导入美迪公司销售收入数据,如图 7-26 所示。

```
#读入美迪公司2020年销售收入.csv数据
df = pd.read_csv("C:/Users/Administrator/Desktop/Python应用之数据可视化/广东美迪电器销售有限公司2020年销售收入.csv")
```

图 7-26　导入美迪公司销售收入数据

② 任务 3 将三种类型加湿器的销售收入绘制为三条折线图,并显示在一张图表上。绘制折线图用 plt.plot()函数。详解如下:

plt.plot(x, y, format_string, **kwargs)

参数释义:

◇ x:x 轴数据,列表或数组,可选。

◇ y:y 轴数据,列表或数组。

◇ format_string:控制曲线的格式字符串,由颜色字符、风格字符和标记字符组成。

◆ 绘制一条折线图，只需用一次 plt.plot()，如果要在一张图表绘制多条折线图，只需多调用几次 plt.plot()，如图 7-27 所示。

```
#绘制三种类型加湿器的销售收入绘制为三条折线图，并显示在一张图表上。
plt.plot(df['月份'],df['小熊迷你加湿器'],df['月份'],df['智能恒温加湿器'],df['月份'],df['大容量上加水加湿器'])
```

图 7-27　绘制一条折线图

◆ 绘制折线图的另一种写法如图 7-28 所示。

```
#绘制三种类型加湿器的销售收入绘制为三条折线图，并显示在一张图表上。
plt.plot(df['月份'],df['小熊迷你加湿器'])
plt.plot(df['月份'],df['智能恒温加湿器'])
plt.plot(df['月份'],df['大容量上加水加湿器'])
```

图 7-28　绘制折线图的另一种写法

◆ plt.legend()函数添加图例，如图 7-29 所示。

```
#为第一张表添加图例
plt.legend(labels = ["小熊迷你加湿器","智能恒温加湿器","大容量上加水加湿器"],loc = "best")
```

图 7-29　plt.legend()函数添加图例

◆ plt.savefig()函数保存图表，如图 7-30 所示。

```
#保存图片用savefig()函数
plt.savefig("C:/Users/Administrator/Desktop/销售收入折线图.png")
```

图 7-30　plt.savefig()函数保存图表

◆ plt.show()展示图表，如图 7-31 所示。

```
plt.show()
```

图 7-31　plt.show()展示图表

③ 根据任务 4 设置子区域绘图，将区域划分为 2*2，如图 7-32 所示。

```
# plt.clf()函数--Clear figure清除所有轴，但是窗口打开，这样它可以被重复使用
plt.clf()
#绘制新的画板
fig = plt.figure()
#将新的画板用subplot函数分成2行2列的二维数组
ax = fig.subplots(2,2)
```

图 7-32　设置子区域绘图

④ 根据任务 5 在第一个子区域绘制 3 种类型加湿器的销售收入折线图，并设置标题为"折线图"。

如图 7-33 所示。

```
# 第一个子区域绘制三种类型加湿器销售收入折线图，并设置标题为"折线图"。
ax[0,0].plot(df['月份'],df['小熊迷你加湿器'],df['月份'],df['智能恒温加湿器'],df['月份'],df['大容量上加水加湿器'])
ax[0,0].set_title('折线图')
```

图 7-33　绘制 3 种类型加湿器的销售收入折线图

⑤ 根据任务 6 在第二个子区域将小熊迷你加湿器和智能恒温加湿器的销售收入做对

比，并绘制双向条形图，设置标题为"双向条形图"。使用 plt.barth(width,bottom,left,height) 绘制一个横向条形图，如图 7-34 所示。

```
#第二个子区域将小熊迷你加湿器和智能恒温加湿器的销售收入对比绘制为双向条形图，并设置标题为"双向条形图"。
ax[0,1].barh(df["月份"],df["小熊迷你加湿器"])
#绘制智能恒温加湿器，并把df["智能恒温加湿器"]加上负号，变成双向条形图
ax[0,1].barh(df["月份"],-df["智能恒温加湿器"])
ax[0,1].set_title("双向条形图") #命名条形图表的名称为双向条形图
```

图 7-34　绘制一个横向条形图

⑥ 根据任务 7 在第三个子区域将小熊迷你加湿器的销售收入绘制为直方图，并设置标题为"直方图"。使用 matplotlib.pyplot.hist(x, bins)绘制一个直方图，如图 7-35 所示。

参数详解：

◇ x：这个参数指定每个 bin（箱子）分布的数据，对应 x 轴。

◇ bins：这个参数指定 bin（箱子）的个数，即总共有几个条状图。

```
# 第三个子区域将小熊迷你加湿器的销售收入绘制为直方图，并设置标题为"直方图"。
ax[1,0].hist(df["小熊迷你加湿器"],5,color = "lightsalmon")
ax[1,0].set_title("直方图",y=-0.3)
#bins参数(这里的bins参数具体参数是5)控制直方图中划分的区间数
#这里的划分区间为4
```

图 7-35　绘制一个直方图

⑦ 根据任务 8 在第四个子区域将大容量上加水加湿器和小熊迷你加湿器销售收入绘制为散点图，并设置标题为"散点图"。使用 plt.scatte(x,y,c,alpha)绘制一个散点图，如图 7-36 所示。

参数详解：

◇ x/y：数据都是向量，而且长度必须相等。

◇ c：标记颜色。

◇ alpha：透明度（[0,1]：1 不透明，0 透明）。

```
#第四个子区域查看大容量上加水加湿器和小熊迷你加湿器销售收入之间的关系，绘制为散点图，并设置标题为"散点图"。
ax[1,1].scatter(df["大容量上加水加湿器"],df["小熊迷你加湿器"],c="midnightblue",alpha = 0.5)
#c就是为点指定的颜色数组，s是点的面积大小，alpha是点的颜色的透明度
ax[1,1].set_title('散点图',y=-0.3)
```

图 7-36　绘制一个散点图

项目实践

任务一　案例引入——CSV 文件数据处理

子任务 1　统计不同区域的销售量

华泰办公家具有限公司（简称华泰公司）是一家集设计、生产和销售为一体的大型办

公家具企业，公司的客户遍布全国。营销部想统计公司 2020 年 12 月不同区域的销售量。请编写代码完成统计工作。华泰公司 2020 年 12 月销售量统计表如表 7-3 所示。

表 7-3 华泰公司 2020 年 12 月销售量统计表

区域	省	市	销售量
华北	北京	北京	5 943
华南	广东	广州	1 174
华中	河南	开封	4 195
华南	广东	广州	7 718
华中	湖北	武汉	4 046
华北	河北	石家庄	2 306
华北	山西	太原	4 957
华东	上海	上海	6 638
华南	广西	桂林	5 298
华北	北京	北京	1 787
华东	江苏	南京	668
华南	福建	厦门	2 608
华北	天津	天津	5 934
华东	江苏	南京	4 331
华北	河北	张家口	972
华南	福建	厦门	3 764
华北	山西	太原	5 481

子任务 2 统计不同子类别的销售量

华泰公司是一家集设计、生产和销售为一体的大型办公家具企业，公司产品种类繁多，产品分成"类别"和"子类别"。

2021 年 6 月营销部王笑笑拿到了当月的门市销售数据表，其中的部分数据如表 7-4 所示（完整表见资源下载——"华泰公司 2021 年 6 月销售数据表"）。现在有一份包括 5465 条记录的门市销售数据表，需要根据子类别将商品的销售量统计出来，并保存为 CSV 文件。

表 7-4 门市销售数据表(部分)

订单日期	发货日期	邮寄方式	客户名称	细分	城市	产品ID	类别	子类别	品牌	销售额(元)	数量(PIC)	折扣	利润(元)	客户编号	品名	规格
2021/6/25	2021/7/5	二级	曾惠	公司	杭州	10002717	办公用品	用品	Fiskars	129.696	2	0.4	-60.4704	14485	剪刀	蓝色
2021/6/6	2021/6/16	标准级	许安	消费者	内江	10004832	办公用品	信封	GlobeWeis	125.44	2	0	42.56	10165	搭扣信封	红色
2021/6/21	2021/7/1	标准级	许安	消费者	内江	10001505	办公用品	装订机	Cardinal	31.92	2	0.4	4.2	17170	孔加固材料	回收
2021/6/11	2021/6/21	标准级	宋良	公司	镇江	10003746	办公用品	用品	Kleencut	321.216	4	0.4	-27.104	15730	开信刀	工业
2021/6/6	2021/6/16	二级	万兰	消费者	汕头	10003452	办公用品	器具	KitchenAid	1375.92	3	0	550.2	18325	搅拌机	黑色
2021/6/6	2021/6/16	标准级	俞明	消费者	景德镇	10001640	技术	设备	柯尼卡	11129.58	9	0	3783.78	18325	打印机	红色
2021/6/6	2021/6/16	标准级	俞明	消费者	景德镇	10001029	办公用品	装订机	Tbico	479.92	2	0	172.76		订书机	实惠
2021/6/15	2021/6/25	标准级	俞明	消费者	景德镇	10000578	家具	椅子	SAFCO	8659.84	4	0	2684.08	18325	扶手椅	可调

子任务 3 统计所有分公司连续三年利润表项目的汇总值

华泰公司在全国有 16 家分公司，分公司每个季度都会向总部的财务部提交利润表，利润表的数据见资源下载——"分公司利润表"，每个分公司提供的利润表有 12 个页签，分别为 2017—2019 年四个季度的数据，因为第四季度数据为全年累计数据，所以统计数据时只需要取每年第四个季度的页签数据，其中安徽分公司第四季度利润如表 7-5 所示。现在要求统计出分公司 2017～2019 年营业收入、营业成本和净利润的总和，并将结果保存到新的 CSV 文件中。

表 7-5 安徽分公司第四季度利润表

项目	2019/12/31
一、营业收入	544 006.96
减：营业成本	485 699.20
税金及附加	235.65
销售费用	8 957.34
管理费用	5 502.20
研发费用	3 749.66
财务费用	7 887.89
其中：利息费用	11 755.57
利息收入	5 393.82
加：其他收益	45 516.03
投资收益（损失以"–"号填列）	1 840.34
其中：对联营企业和合营企业的投资收益	−65.91
以摊余成本计量的金融资产终止确认收益	
公允价值变动收益（损失以"–"号填列）	
净敞口套期收益（损失以"–"号填列）	−601.68
信用减值损失（损失以"–"号填列）	−1 196.21
资产减值损失（损失以"–"号填列）	−139.31
资产处置收益（损失以"–"号填列）	−141.90
二、营业利润（亏损以"–"号填列）	77 536.08
加：营业外收入	3 539.46
减：营业外支出	80.05
三、利润总额（亏损以"–"号填列）	80 995.50
减：所得税费用	19 005.73
四、净利润（净亏损以"–"号填列）	61 989.77
（一）持续经营净利润（净亏损以"–"号填列）	−42 984.04
（二）终止经营净利润（净亏损以"–"号填列）	
五、其他综合收益的税后净额	2 107.36

续表

项目	2019/12/31
（一）不能重分类进损益的其他综合收益	2 107.36
1.重新计量设定受益计划变动额	
2.权益法下不能转损益的其他综合收益	
3.其他权益工具投资公允价值变动	2 107.36
4.企业自身信用风险公允价值变动	
5.其他	
（二）将重分类进损益的其他综合收益	
1.权益法下可转损益的其他综合收益	
2.其他债权投资公允价值变动	
3.金融资产重分类计入其他综合收益的金额	
4.其他债权投资信用减值准备	
5.现金流量套期储备	
6.外币财务报表折算差额	
7.其他	
六、综合收益总额	64 097.13
七、每股收益	
（一）基本每股收益	
（二）稀释每股权益	

子任务 1 统计不同区域的销售量代码实例，如图 7-37 所示。

```
#   子任务1 统计不同区域的销售量
# 导入pandas:数据分析库
import pandas as pd

# 1 指定文件路径，这里我的文件是放在了C盘的桌面，因此在这里输入文件的绝对路径，并将其赋值给file_name
file_name = 'C:/Users/Administrator/Desktop/Python应用之CSV数据处理/华泰公司2020年12月销售量统计表.csv'

# 2 获取华泰公司2020年12月销售量统计数据，并赋值给变量名df
df = pd.read_csv(file_name)

# 前面的第一步和第二步可以合成一步,代码如下所示:
#df = pd.read_csv('C:/Users/Administrator/Desktop/Python应用之CSV数据处理/华泰公司2020年12月销售量统计表.csv')

# 3 对华泰公司2020年12月销售量统计数据按照 "区域" 进行分组，并将分组的结果赋值给变量df_group
df_group = df.groupby('区域')

# 4 对区域分组结果df_group，统计每个区域的销售量总和
df_group_sum = df_group['销售量'].sum().reset_index()

# 5 输出区域销售量
print(df_group_sum)

#6 将区域销售量输出为csv文件，文件名称为华泰公司2020年12月不同区域的销售量，位置在电脑桌面
print(df_group_sum.to_csv("C:/Users/Administrator/Desktop/华泰公司2020年12月不同区域的销售量.csv",encoding = "utf-8-sig"))
```

图 7-37　子任务 1 统计不同区域的销售量

代码仅供参考，可以运行上面代码查看代码运行结果。

子任务 2 统计不同子类别的销售量代码实例，如图 7-38 所示。

```
# 子任务2 统计不同子类的销售量数据

# 导入用于数据分析的库pandas
import pandas as pd

# 1 读取华泰办公用品公司2021年6月销售数据，并赋值给con。
con = pd.read_csv('C:/Users/Administrator/Desktop/Python应用之CSV数据处理/华泰办公用品公司2021年6月销售数据表.csv')

# 2 这里统计子类别的数量，所以获取需要处理的列，'子类别','数量(PIC)'，并赋值给变量con_kind
con_kind = con[['子类别','数量(PIC)']]

# 3 对con_kind中的"子类别"分组，并求出每个子类别的数量的和，并赋值给变量count
count = con_kind.groupby('子类别').sum()

#4 对count中的"子类别"，按照"数量"降序排序。并将结果重新赋值给变量count
count = count.sort_values(by='数量(PIC)',ascending=False)

# 5 保存count的不同"子类别"的商品的销售数量
count.to_csv('C:/Users/Administrator/Desktop/华泰办公用品公司2021年6月销售数据表 分析结果.csv', encoding='utf-8-sig')
print(count)
```

图 7-38　子任务 2 统计不同子类的销售量

代码仅供参考，可以运行上面代码查看结果。

子任务 3 统计所有分公司连续三年利润表项目的汇总值，如图 7-39 所示。

```
# 子任务3 统计所有分公司连续三年利润表项目的汇总值

# 导入用于数据分析的库pandas
import pandas as pd
#将分公司连续三年利润表用列表来存储所有要操作csv元素
file_list = ['C:/Users/Administrator/Desktop/Python应用之CSV数据处理/某公司利润表_云南_2017_12.csv',
    'C:/Users/Administrator/Desktop/Python应用之CSV数据处理/某公司利润表_云南_2018_12.csv',
    'C:/Users/Administrator/Desktop/Python应用之CSV数据处理/某公司利润表_云南_2019_12.csv',
    'C:/Users/Administrator/Desktop/Python应用之CSV数据处理/某公司利润表_内蒙古_2017_12.csv',
    'C:/Users/Administrator/Desktop/Python应用之CSV数据处理/某公司利润表_内蒙古_2018_12.csv',
    'C:/Users/Administrator/Desktop/Python应用之CSV数据处理/某公司利润表_内蒙古_2019_12.csv',
    'C:/Users/Administrator/Desktop/Python应用之CSV数据处理/某公司利润表_北京_2017_12.csv',
    'C:/Users/Administrator/Desktop/Python应用之CSV数据处理/某公司利润表_北京_2018_12.csv',
    'C:/Users/Administrator/Desktop/Python应用之CSV数据处理/某公司利润表_北京_2019_12.csv',
    'C:/Users/Administrator/Desktop/Python应用之CSV数据处理/某公司利润表_四川_2017_12.csv',
    'C:/Users/Administrator/Desktop/Python应用之CSV数据处理/某公司利润表_四川_2018_12.csv',
    'C:/Users/Administrator/Desktop/Python应用之CSV数据处理/某公司利润表_四川_2019_12.csv',
    'C:/Users/Administrator/Desktop/Python应用之CSV数据处理/某公司利润表_安徽_2017_12.csv',
    'C:/Users/Administrator/Desktop/Python应用之CSV数据处理/某公司利润表_安徽_2018_12.csv',
    'C:/Users/Administrator/Desktop/Python应用之CSV数据处理/某公司利润表_安徽_2019_12.csv',
    'C:/Users/Administrator/Desktop/Python应用之CSV数据处理/某公司利润表_江苏_2017_12.csv',
    'C:/Users/Administrator/Desktop/Python应用之CSV数据处理/某公司利润表_江苏_2018_12.csv',
    'C:/Users/Administrator/Desktop/Python应用之CSV数据处理/某公司利润表_江苏_2019_12.csv',
    'C:/Users/Administrator/Desktop/Python应用之CSV数据处理/某公司利润表_江西_2017_12.csv',
    'C:/Users/Administrator/Desktop/Python应用之CSV数据处理/某公司利润表_江西_2018_12.csv',
    'C:/Users/Administrator/Desktop/Python应用之CSV数据处理/某公司利润表_江西_2019_12.csv',
    'C:/Users/Administrator/Desktop/Python应用之CSV数据处理/某公司利润表_河北_2017_12.csv',
    'C:/Users/Administrator/Desktop/Python应用之CSV数据处理/某公司利润表_河北_2018_12.csv',
    'C:/Users/Administrator/Desktop/Python应用之CSV数据处理/某公司利润表_河北_2019_12.csv',
    'C:/Users/Administrator/Desktop/Python应用之CSV数据处理/某公司利润表_河南_2017_12.csv',
    'C:/Users/Administrator/Desktop/Python应用之CSV数据处理/某公司利润表_河南_2018_12.csv',
    'C:/Users/Administrator/Desktop/Python应用之CSV数据处理/某公司利润表_河南_2019_12.csv',
    'C:/Users/Administrator/Desktop/Python应用之CSV数据处理/某公司利润表_浙江_2017_12.csv',
    'C:/Users/Administrator/Desktop/Python应用之CSV数据处理/某公司利润表_浙江_2018_12.csv',
    'C:/Users/Administrator/Desktop/Python应用之CSV数据处理/某公司利润表_浙江_2019_12.csv',
    'C:/Users/Administrator/Desktop/Python应用之CSV数据处理/某公司利润表_海南_2017_12.csv',
    'C:/Users/Administrator/Desktop/Python应用之CSV数据处理/某公司利润表_海南_2018_12.csv',
    'C:/Users/Administrator/Desktop/Python应用之CSV数据处理/某公司利润表_海南_2019_12.csv',
    'C:/Users/Administrator/Desktop/Python应用之CSV数据处理/某公司利润表_湖南_2017_12.csv',
    'C:/Users/Administrator/Desktop/Python应用之CSV数据处理/某公司利润表_湖南_2018_12.csv',
    'C:/Users/Administrator/Desktop/Python应用之CSV数据处理/某公司利润表_湖南_2019_12.csv',
    'C:/Users/Administrator/Desktop/Python应用之CSV数据处理/某公司利润表_贵州_2017_12.csv',
    'C:/Users/Administrator/Desktop/Python应用之CSV数据处理/某公司利润表_贵州_2018_12.csv',
    'C:/Users/Administrator/Desktop/Python应用之CSV数据处理/某公司利润表_贵州_2019_12.csv',
    'C:/Users/Administrator/Desktop/Python应用之CSV数据处理/某公司利润表_辽宁_2017_12.csv',
    'C:/Users/Administrator/Desktop/Python应用之CSV数据处理/某公司利润表_辽宁_2018_12.csv',
    'C:/Users/Administrator/Desktop/Python应用之CSV数据处理/某公司利润表_辽宁_2019_12.csv',
    'C:/Users/Administrator/Desktop/Python应用之CSV数据处理/某公司利润表_陕西_2017_12.csv',
    'C:/Users/Administrator/Desktop/Python应用之CSV数据处理/某公司利润表_陕西_2018_12.csv',
    'C:/Users/Administrator/Desktop/Python应用之CSV数据处理/某公司利润表_陕西_2019_12.csv',
    'C:/Users/Administrator/Desktop/Python应用之CSV数据处理/某公司利润表_黑龙江_2017_12.csv',
    'C:/Users/Administrator/Desktop/Python应用之CSV数据处理/某公司利润表_黑龙江_2018_12.csv',
    'C:/Users/Administrator/Desktop/Python应用之CSV数据处理/某公司利润表_黑龙江_2019_12.csv']
```

```python
# 营业收入、营业成本、净利润三项指标的初始值为0
income_sum, operating_cost, net_profit = 0, 0, 0
# 循环遍历所有报表文件，利用循环语句求出所有文件的营业收入总和、营业成本总和、净利润总和。
for file_name in file_list:
    df = pd.read_csv(file_name)
    # 获取营业收入
    income = df.iloc[0, 1]
    # 获取营业成本
    cost = df.iloc[1, 1]
    # 获取净利润
    profit = df.iloc[23, 1]
    income_sum += income
    operating_cost += cost
    net_profit += profit

# 构造新的DataFrame数据，并赋值给pd_df
pd_df = pd.DataFrame()
# 给pd_df添加一列'项目'内容，项目这一列的数据是'营业收入','营业成本','净利润'
pd_df['项目'] = ['营业收入', '营业成本', '净利润']  # 项目列有的三行内容
# 给pd_df添加一列'金额(2017-2019)'内容，'金额(2017-2019)'这一列的数据是'营业收入'对应的数值,'营业成本'对应的数值,'净利润'对应的数值
pd_df['金额(2017-2019)'] = [income_sum, operating_cost, net_profit]
# 将pd_df统计的营业收入、营业成本、净利润数据保存为csv文件。
pd_df.to_csv('C:/Users/Administrator/Desktop/集团总计.csv',encoding='utf-8-sig', index=False)
print('ok')
print(pd_df)
```

图 7-39　子任务 3 统计所有分公司连续三年利润表项目的汇总值

代码仅供参考，可以运行上面代码查看结果。

任务二　案例引入——数据可视化

美迪公司 2020 年各月的销售收入统计如表 7-6 所示。

表 7-6　美迪公司 2020 年各月的销售收入统计（单位：万元）

名称/月份	1月	2月	3月	4月	5月	6月	7月	8月	9月	10月	11月	12月
小熊迷你加湿器	604	460	196	190	202	240	206	252	174	160	264	580
智能恒湿加湿器	406	298	128	134	124	145	141	138	119	117	180	387
大容量上加水加湿器	210	140	65	70	55	71	80	73	60	57	86	196

公司财务部实习生李小新在对以上数据进行了基础的分析后，他发现月销售收入的变化趋势不够直观，因此他想对以上数据进行数据可视化操作。为了更加熟练地应用数据可视化的基础知识，他将工作任务分解为了 3 个小任务。

子任务 1　可视化加湿器销售收入趋势

任务描述

根据美迪公司产品需求文档说明，将三种加湿器在 2020 年的销售收入绘制为折线图，同时绘制四张子图展示其收入走势和数据的不同特征。利用 Python 完成任务，可以

熟悉 Python 的语法、变量和函数调用。步骤如下：

1. 设置中文字体和负数显示。
2. 导入美迪公司销售收入数据。
3. 第一张图表：将 3 种类型加湿器的销售收入分别绘制为 3 条折线图，并显示在 1 张图表上。
4. 第二张图表：设置子区域绘图，将区域划分为 2*2。
5. 第二张图表第一个子区域：绘制 3 种类型加湿器销售收入折线图，并设置标题为"折线图"。
6. 第二张图表第二个子区域：将小熊迷你加湿器和智能恒温加湿器的销售收入做对比绘制为双向条形图，并设置标题为"双向条形图"。
7. 第二张图表第三个子区域：将小熊迷你加湿器的销售收入绘制为直方图，并设置标题为"直方图"。
8. 第二张图表第四个子区域：查看大容量上加水加湿器和小熊迷你加湿器销售收入之间的关系，绘制为散点图，并设置标题为"散点图"。

得到子任务 1 可视化加湿器销售收入变化趋势如图 7-40 所示。

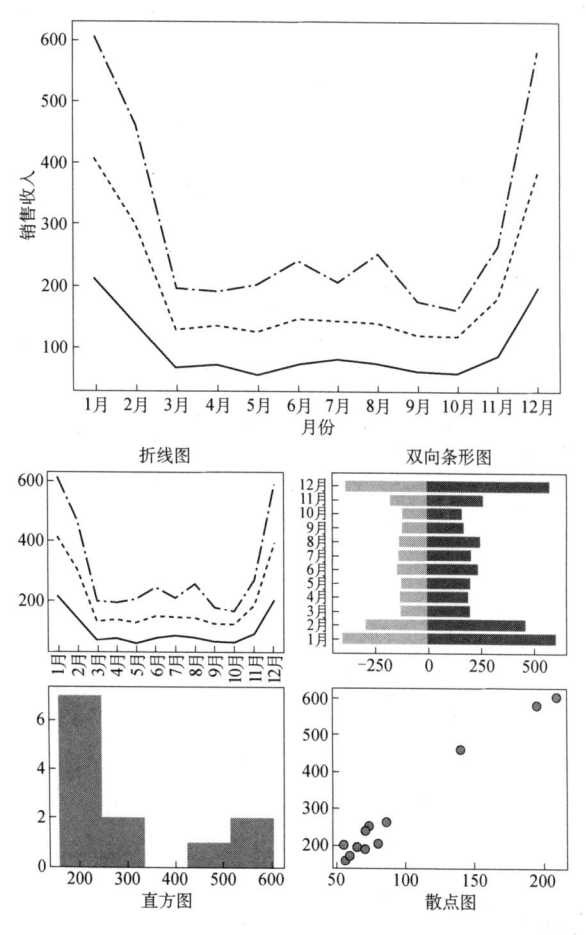

图 7-40　可视化加湿器销售收入变化趋势

子任务 2　可视化销售收入变动

任务描述

根据产品需求说明，分析 2020 年美迪公司旗下 3 种产品的收入变动情况，主要是将 3 种产品的销售收入绘制为堆积柱形图，计算每月合计销售收入和销售增长率，在堆积柱形图的基础上，将销售增长率绘制为折线图。利用 Python 完成任务，可以熟悉 Python 语法、变量、运算和函数调用。操作步骤如下：

1．设置中文字体和负值显示问题。
2．导入美迪公司的销售收入数据。
3．将 3 种产品的销售收入绘制为堆积柱形图。
4．计算每月的合计销售收入和销售增长率。
5．在堆积柱形图的基础上，将销售增长率绘制为折线图。
6．设置标签和标题。

子任务 2 结果如图 7-41 所示。

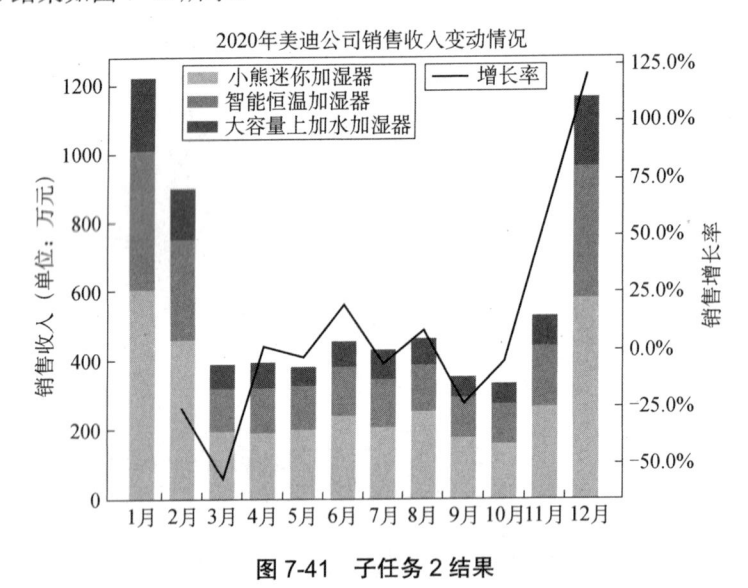

图 7-41　子任务 2 结果

子任务 3　可视化销售收入占比分析

任务描述

根据产品需求文档说明，将 2020 年美迪公司旗下 3 种产品的销售收入按照季节进行汇总，将汇总结果绘制为饼图，并将销售收入按月汇总，将汇总结果绘制为玫瑰图。利用 Python 进行学习和操作，可以熟悉 Python 语法、变量、运算和函数调用。

操作步骤如下：

1．设置中文字体和负值显示。
2．导入美迪公司的销售收入数据。

3．第一张图表：计算每月的合计销售收入数据，并将销售收入数据按季节进行汇总。
4．第一张图表：绘制饼图，展示按季节汇总的销售收入数据。
5．第二张图表：将每月的合计销售收入进行排序。
6．第二张图表：设置极坐标轴。
7．第二张图表：将 12 个月的销售收入绘制为玫瑰图。

子任务 3 中按季节汇总的销售收入数据的饼图如图 7-42 所示。按月汇总的销售收入的玫瑰图可运行代码查看。

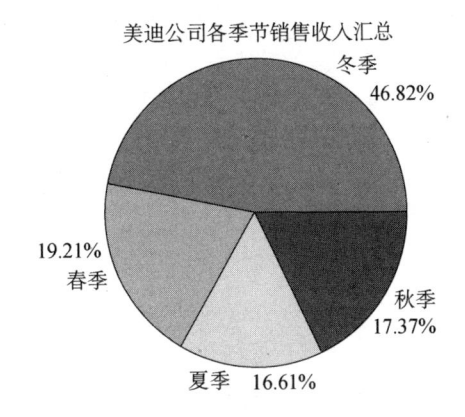

图 7-42　按季节汇总的销售收入数据的饼图

■❯ 参考代码

子任务 1 的参考代码在前面的"实战示例——可视化加湿器销售收入趋势"里，可自行总结。

子任务 2 可视化销售收入变动代码实例，如图 7-43 所示。

```
import matplotlib.pyplot as plt
# 导入Python库
import pandas as pd
import matplotlib.pyplot as plt
import matplotlib.ticker as ticker

# 1、设置中文字体和负数显示问题
plt.rcParams['font.sans-serif'] = ['SimHei']   # 设置中文字体为黑体
plt.rcParams['axes.unicode_minus'] = False     # 并设置负数显示问题

# 2.导入广东美迪电器销售公司销售收入数据。
df = pd.read_csv('C:/Users/Administrator/Desktop/Python应用之数据可视化/广东美迪电器销售有限公司2020年销售收入.csv')

# 3.将三种产品的销售收入绘制为堆积柱形图
fig, ax = plt.subplots()
width = 0.6
x1 = ax.bar(df['月份'], df['小熊迷你加湿器'], width, color='#5BC2E7', label='小熊迷你加湿器')
x2 = ax.bar(df['月份'], df['智能恒温加湿器'], width, bottom=df['小熊迷你加湿器'], color='#51629E', label='智能恒温加湿器')
x3 = ax.bar(df['月份'], df['大容量上加水加湿器'], width, bottom=df['智能恒温加湿器']+df['小熊迷你加湿器'], color='#6980C5', label='大容量上加...')

# 4.计算每月合计销售收入，并计算销售增长率
df['该月合计'] = df.apply(lambda row: row['小熊迷你加湿器'] + row['智能恒温加湿器'] + row['大容量上加水加湿器'], axis=1)
df['销售增长率'] = df['该月合计'].pct_change(periods=1)
print(df)

# 5.在堆积柱形图的基础上，将销售增长率添加为折线图
ax2 = ax.twinx()   # 设置双轴
ax2.yaxis.set_major_formatter(ticker.PercentFormatter(xmax=1, decimals=1))  # 设置轴坐标为百分比显示
ax2.plot(df['月份'], df['销售增长率'], label=u'增长率')

# 6.设置标签和标题。
ax.legend(loc='upper center')
ax2.legend(loc='upper right')
ax.set_ylabel('销售收入（单位：万元）')
ax2.set_ylabel('销售增长率')
ax.set_title('2020年美迪公司销售收入变动')
plt.show()
```

图 7-43　子任务 2 可视化销售收入变动代码实例

子任务 3 可视化销售收入占比分析实例，如图 7-44 所示。

```python
# 导入Python库
import numpy as np
import pandas as pd
import matplotlib.pyplot as plt

# 1. 设置中文字体和负数显示问题。
plt.rcParams['font.sans-serif'] = ['SimHei']  # 设置中文字体为黑体。
plt.rcParams['axes.unicode_minus'] = False  # 并设置负数显示问题

# 2.导入广东美迪电器销售公司销售收入数据。
df = pd.read_csv('C:/Users/Administrator/Desktop/Python应用之数据可视化/广东美迪电器销售有限公司2020年销售收入.csv')

# 3.第一张图表：计算每月合计销售收入，并将销售收入数据按季节进行汇总。
df['该月合计'] = df.apply(lambda row: row['小熊迷你加湿器'] + row['智能恒温加湿器'] + row['大容量上加水加湿器'], axis=1)
df['季节'] = ['冬季', '冬季', '春季', '春季', '春季', '夏季', '夏季', '夏季', '秋季', '秋季', '秋季', '冬季']
sizes = df['该月合计'].groupby(df['季节']).sum()

# 4.第一张图表：绘制饼状图，展示季节销售收入数据。
labels = ['冬季', '春季', '夏季', '秋季']
explode = (0.05, 0, 0.2, 0)
fig = plt.figure()
ax = fig.add_subplot()
ax.pie(sizes, explode=explode, labels=labels, colors=['#FF8DA3', '#FFD7CF', '#FFF8EC', '#FFC66E'], autopct='%1.2f%%')
ax.set_title('广东美迪销售公司各季节销售收入汇总')

# 5.第二张图表：将每月合计销售收入进行排序。
amount = pd.Series(df['该月合计'].values, index=df['月份'])
amount = amount.sort_values()
data = list(amount.index)
print(amount, data)

# 6.第二张图表：设置极坐标轴。
plt.figure(figsize=(15, 15))
plt.subplot(111, projection='polar')

# 7.第二张图表：将12个月份的销售收入绘制为玫瑰图。
N = 12
theta = np.linspace(0+(100/180)*np.pi, 2*np.pi+(100/180)*np.pi, N, endpoint=False)
width = 2*np.pi/N
plt.bar(theta, amount, width=width, bottom=30, color=np.random.random((len(sizes), 3)))
for a, b, c in zip(theta, amount, data):
    plt.text(a, b+100, str(c), fontsize=15, weight='bold')
plt.title('广东美迪销售公司月份销售收入排序')
plt.show()
```

图 7-44 子任务 3 可视化销售收入占比分析实例

> [!NOTE] 拓展阅读

浅析大数据时代背景下会计面临的机遇和挑战

随着大数据技术进入人们的生活和工作中，会计发挥着越来越重要的作用。会计作为企业重要的职业岗位，对企业的经营、发展以及经济市场的持续性发展起到了不可或缺的作用。由于大数据技术的持续性深入发展，会计的重要性表现得更为突出。然而在大数据时代背景下，会计行业也深受冲击，下面将在大数据会计背景下分析会计面临的机遇和挑战，为会计从业人员在个人职业生涯中持续性完善自身提供帮助。

1. 大数据的含义

大数据（Big Data），或称巨量资料，指的是涉及的资料数量规模巨大到无法透过主流的软件工具，但需要在合理时间内达到撷取、管理、处理并整理成为帮助企业经营决策的资讯。

2. 大数据时代背景下，会计从业人员的机遇

随着大数据技术的深入发展和普及，经济市场和企业信息变得更为多元化和复杂化。在这样的时代背景下，会计作为企业中以收集、处理和分析市场信息为主要内容的职业岗

位，其在企业中的地位变得日趋重要。如果会计从业人员能从复杂和多元的市场信息中准确地提取重要的市场信息，并敏锐地发现市场中的风险，就能帮助企业规避市场风险并准确捕捉有利的市场信息，在市场竞争中获得更有利的地位。可见大数据时代的发展让会计行业在企业中的地位更为重要了。

3. 大数据时代背景下，会计从业人员的挑战

任何事物都有好的一面和坏的一面。会计从业人员除了面对机遇之外，同样也面临着挑战，所谓"欲戴其冠，必承其重"，会计从业人员也需要坦然和正确地面对大数据时代背景所带来的挑战。职业岗位性质的转变是大数据时代的会计从业人员面临的主要挑战，其不仅需要具备相应的会计职业岗位所需专业知识和技术能力，并且还需要兼备管理能力和组织能力，这对会计从业人员是一个巨大的考验。

4. 面对机遇和挑战，会计从业人员应当做出正确的应对措施

首先，大数据技术在持续发展，要想准确地应用大数据技术提取市场信息，就需要会计从业人员不断提升自身的专业水平和技术水平。其次，会计从业人员在企业中的地位不断提升，职业岗位性质和职能权限也在转变，会计信息在经济市场和企业当中的重要性也在持续提升，面对这些转变，会计人员需要不断加强个人修养，提升道德素质。

本章小结

本章主要围绕用 Python 进行财务分析用到的两类库——Pandas 和 Matplotlib 进行实战演练，让学生切身实地感受到用 Python 处理财务数据的便利性，掌握用 Python 思维处理数据方法和手段，并让未来从事会计工作的学生与大数据时代密切联系。同时本章注重思想政治元素的融入，不仅培养学生基于大数据处理财务工作的能力，还注重诚实原则教育，让学生养成诚实守信的社会主义核心价值观，为社会建设贡献绵薄之力。

思考测试

1. 简述 Pandas 和 Matplotlib 运用到财务案例实战的主要作用有哪些。

2. 去网上找相关的财务案例，运用 Pandas 和 Matplotlib 进行数据处理。

参考文献

杨佩璐，宋强. Python 宝典[M]. 北京：电子工业出版社，2014.